재난과 위기에서 빛나는
지속가능경영

콘 마사카즈(Masakazu Kon) 지음 | 김철 감역 | 김필호 번역

日本옴사·성안당공동출간

Original Japanese edition
Jissen BCP Sakutei Manual Dai 2 Han
By Masakazu Kon
Copyright © 2012 by Masakazu Kon
Published by Ohmsha, Ltd.
This Korean Language edition co-published by Ohmsha, Ltd. and Sung An Dang, Inc.
Copyright © 2017
All rights reserved.

이 책은 Ohmsha와 BM 주식회사 성안당의 저작권 협약에 의해 공동 출판된 서적으로, BM 주식회사 성안당 발행인의 서면 동의 없이는 이 책의 어느 부분도 재제본하거나 재생 시스템을 사용한 복제, 보관, 전기적, 기계적 복사, DTP의 도움, 녹음 또는 향후 개발될 어떠한 복제 매체를 통해서도 전용할 수 없습니다.

[개정판 발행에 즈음하여]

　이 책은 2009년에 출판한 『신판 실천 BCP 책정 매뉴얼 사업 연속성 매니지먼트의 기초』의 개정 제2판입니다.
　초판을 발행하고 3년 남짓 지나는 동안 실제로 여러 재해가 발생했습니다. 2009년 5월에 신형 인플루엔자의 감염 확대, 2011년 1월에는 기리시마산(霧島山) 화산군이 본격적으로 분화하였고, 그해 3월에 전대미문의 거대 재해인 동일본대지진이 발생해 일본은 크나큰 타격을 입었습니다.
또, 그해 9월에는 태풍 12호가 기이(紀伊) 반도에 상륙해 관측 역사상 없던 산간지부의 강수량을 기록했습니다. 그리고 이 책의 집필을 마칠 때쯤인 2012년 5월 상순에는 간토(關東) 북부에 거대 회오리가 강타해 도시와 마을에 막대한 피해를 가져왔습니다.
　일본이 재해다발국이라는 것을 재차 실감하게 되는 동시에, 세계 여러 나라 중에서도 특히 일본만큼 사업 연속성 계획(Business Continuity Plan: BCP)의 도입을 필요로 하는 나라도 없다는 생각이 들었습니다. 이제 BCP는 세계화 시대의 요청이자 필연이 되었습니다. 민간·공공·대기업·중소기업을 막론하고 사업에 종사하는 모든 조직에 필요한 제도라고 생각합니다.
　이번 개정에서는 다음의 취지를 기조로 하여 전면에 걸쳐 재검토하였습니다.

1. 방법이나 순서를 많이 소개하였다
　BCP를 책정하는 방법이나 순서는 한 가지가 아닙니다. 초판 이후로 필자가 축적해 놓은 경험과 식견, 특히 분석과 평가방법에 대해 가능한 한 다수의 사고방식이 포함되어 있습니다. 특히 〈제5장 대책 각론〉에는 BCP 대책의 힌트가 되는 다양한 정보가 포함되어 있습니다.

2. 동일본대지진의 교훈을 살렸다

동일본대지진은 BCP의 필요성을 세상에 알리는 최대의 기회였습니다. 그러나 유감스럽게도 시간이 지남에 따라, 기업의 위기의식이나 관심이 사라져가는 것이 현실입니다. 이 책의 역할은 대지진을 교훈으로 BCP 철학이나 방법론을 확실히 남길 수 있도록 제1장을 시작으로 각 장에 그 사고방식을 반영하였습니다.

3. 용어를 재검토하여 변경하였다

지금까지 필자가 사용한 BCP 용어 중에는 통일되지 못한 표현들이 있었으나, 『국가의 사업 연속성 가이드 라인(제2판)』 및 『국제규격』의 일본어판 등을 참고로 약간의 용어를 변경하고 통일시켰습니다.

예 비즈니스 임팩트 분석 → 사업 영향도 분석, 긴급 시 대응계획 → 초동대응계획, 본격복구 → 재해복구 등

2012년 5월에 『사업 연속성의 국제규격 ISO 22301』이 발행되었습니다.

『사업 연속성의 국제규격 ISO 22301』의 도움을 받아 이 책의 책정순서를 근거로 해서 국제규격을 이해하고자 하거나, 혹은 BCP를 책정하고 싶은 독자를 위하여 〈제4장 사업 연속성 매니지먼트 시스템의 응용〉을 추가하였습니다. 이 책은 시험준비서의 의도는 없기 때문에 ISO 인증취득을 위한 지식이나 요령을 몸에 익히려는 것은 아니지만, BCP 책정의 사고방식을 어떻게 국제규격에 응용하면 좋을지에 대해서 요점을 정리해 두었습니다.

이 책은 BCP의 책정이나 재검토 당사자인 기업은 물론, BCP의 보급·개발을 담당한 지도자나 단체 직원, 기업이 책정한 다양한 BCP 사례를 수집·분석·검증해서 최고의 실천을 확립하는 연구관계자나 기업경영상담전문가에게도 유익한 책이 될 것이라고 기대하고 있습니다.

2016년 7월

콘 마사카즈(昆 正和)

머리말

이 책은 2008년 4월 출판사 규텐샤(九天社)가 발행한 『실천 BCP 책정 매뉴얼 사업 연속성 계획의 사고방식과 작성법』의 개정판입니다.

이번 개정에서는,
1. BCP 책정 프로세스에 대해서는 독자의 요청을 반영해서 보다 알기 쉬운 순서로 바꾸고,
2. BCP 책정의 과정뿐만이 아니라 이것을 계속적인 운용관리로 기업 문화에 뿌리내리게 하기 위한 단계(연습·보수 유지·평가)를 추가해 사업 연속성 매니저먼트의 구조를 실감있게 전달하고,
3. 지금 가장 경계되고 있는 신형 인플루엔자 대책을 BCP 책정에 반영시키고,
4. 샘플 서식에 대해서는 양보다 질을 중시하여, 가능한 한 표 속 항목의 의미나 커스터마이즈(customize)도 언급하여 쉽게 응용할 수 있도록 하는 등의 재검토 과정을 거쳤습니다.

기업은 계속 존속하고 성장을 전제로 하는 조직체입니다.
장기적인 관점에서 환경의 변화에 맞추어가고자 할 때, 예측불허의 사태, 즉 재해위험의 대응까지도 전략적으로 경영활동에 포함하지 않으면 안됩니다. 사업을 중단시키는 여러 가지 요인을 예측해 계획적으로 받아들이는 것은 확실한 경영전략 그 자체이기 때문에 사업 연속성 계획(BCP)이 모든 규모의 조직에서 중요하게 여겨지는 이유도 여기에 있습니다. BCP는 지금까지의 기업방재와 같은 일상 업무의 범위 밖에 있는 활동과는 다른, 위험에 대처하는 방침을 영업전략적으로 취해 어떤 사업을 우선으로 시킬 것인지, 사업이 정지해 있을 때 영업기능은 언제까지 복귀시킬 수 있는지, 임무 수행에 필수적인 요건을 사전에 설정해 둡니다. 그리고 사내교육이나 훈련

을 통해 장기간에 BCP를 기업풍토에 뿌리내리는 운용 과정은 BCM(사업 연속성 관리)이라고 하고 있습니다.

BCP에 대해서는 2005년 일본의 경제산업성과 내각부가 각각 가이드라인을, 2006년에는 중소기업청이 BCP 책정 운용지침을 발표해 보급을 시작했습니다. 본래 위기관리나 법령준수에 관한 의식이 높아 사회의 경계가 삼엄한 대기업이나 중견기업에서는 BCP의 도입이 진행되어 있다고 하나 중소·영세기업은 좀처럼 BCP에 눈을 돌릴 여유조차 없는 실정인 것 같습니다.

그러나, 지금까지 발생했던 대지진이나 집중호우의 피해 상황을 봐도 알 수 있듯이 재해는 기업을 선택하지 않습니다. 같은 규모의 재해를 비교한 경우, 대기업이나 중견기업에는 발에 가시가 찔린 정도의 영향일 수 있지만, 중소·영세기업은 치명적인 손상을 받게 됩니다.

장기간 업무를 중단하거나 폐업하는 중소·영세기업이 늘게 되면 지역의 산업이나 경제에 큰 손실이 올 뿐만 아니라 세계화가 진행된 지금은 각국의 나라들로부터 "일본은 위기관리가 취약한 나라다.", "일본기업과 거래하는 것을 고려해야겠다."하는 취급을 당하게 될 가능성도 있어 국제경쟁력의 저하도 염려됩니다. 그렇기 때문에 BCP는 넉넉한 재해 대책 예산을 소유한 대기업만이 아닌 모든 중소·영세기업도 함께 중요시해야 할 이유가 여기에 있습니다. 이 책은 BCP 도입의 기본적인 사고방식과 그 중요점, 구체적인 작업 단계를 중소기업에 맞고 알기 쉽게 해설함으로써 용이하게 BCP를 책정할 수 있도록 연구한 실전용 교본입니다. 사업 연속성에 관한 해설책은 여러 권 출간되어 있긴 있지만, 이책은 이제까지의 책과 다른 다음 두 가지의 특징이 있습니다.

특징 1. 실무 담당자의 시점

대기업 전용 BCP 집중전략을 목표로 했던 지금까지의 해설서와는 달리, 이 책은 어느 날 갑자기 사장이 BCP 책정을 명령하거나, 스스로 BCP의 필요성을 인식하여 경영진에게 제안해 도입을 추진하고자 하는 중소기업의 부장이나 차장·주임의 입장 즉, 기업 내 실무자 입장에서 쓴 책입니다.

특징 2. 실전성 중시

BCP는 사원 스스로 종이와 펜을 들고 모여 조사하고, 완성하고, 유지하지 않으면 정착되지 않는다는 점에서, 이 책은 무엇보다도 '구체성'과 '실천성'에 중점을 두었습니다. 개요 설명이나 배경 정보는 최소한으로 하고, 어느 것이 중요하고 필요한지 요건을 제시하는 것에 그치지 않고, 해결책을 최대한 구체적이고 기능적으로 집필하기 위해 노력했습니다.

그렇지만 BCP의 책정과정에 교과서와 같은 표준적인 방법은 확립되지 않은 것도 사실입니다.

한번에 체형에 딱 맞는 양복을 고르기 어려운 것처럼 이 책의 내용이 모든 규모, 모든 업종의 BCP 책정에 적용이 된다고는 할 수 없습니다. 그러나 이 책의 순서나 사고방식을 참고로 하면 지금까지 뿌옇던 안개가 걷혀 방향성이 확실히 보이기 시작하고 확실한 기반 위에 자신을 가지고 BCP 책정에 착수할 수 있을 것이라 생각합니다.

언제 일어날지도 모르는 예측불허의 사태에 대비해 BCP를 준비해 두면 재해를 예방할 뿐만 아니라 고객 거래처로부터 '위기관리 의식이 높으며 안심하고 거래할 수 있는 회사'로 인식되어, 또 하나의 신뢰를 성취할 수 있다고 확신합니다. 이 책이 BCP를 책정하려고 생각하는 모든 분께 도움이 되기를 바랍니다.

콘 마사카즈(昆 正和)

이 책의 구성과 사용법

이 책은 다음과 같이 구성되어 있습니다.

■ 제1장 '사업 연속성 계획'이란 무엇인가

사업 연속성 계획(BCP)의 의의와 목적이 중심이 되지만, 보다 근본적으로는 BCP와 마주 대하기 위한 생각으로 전개하고 있습니다. 키워드는 리스크 리터러시(risk literacy : 위험을 적절히 파악해서 대처하는 능력), 리질리언스(resilience : 회복력) 리더십입니다. 또 마지막 항목에서는 방재계획을 BCP에 연계시키는 기술에 대해 설명하고 있습니다.

■ 제2장 BCP의 책정 단계

BCP 책정 프로젝트의 시작부터 사업 영향도 분석·위험률 평가·사업 연속성 전략·행동 계획의 기획·BCP 문서를 작성하는 법까지 지면이 허락하는 한 상세히 썼습니다. BCP는 기본적으로 'WHAT'의 세계이고, 'HOW'는 스스로 생각하는 것이라고 취급되고 있습니다.

여기에서 소개한 가지각색의 사고방식은 독자가 최적의 HOW(방법·수순)를 찾아내는 안내 수단이 될 것입니다.

■ 제3장 연습·테스트·교육·유지보수

유럽과 미국의 연습수순 서적은 치밀하고 체계적이고, 종류가 풍부해서 보는 것만으로도 중압감을 느끼게 됩니다. 그러나 일본에 사는 우리는 나름의 치밀한 연습과 훈련을 실시하면 됩니다. 이 책에서 소개하고 있는 연습도 계속적·반복적으로 행해지는 간편한 것이 중심이 되어있습니다.

■ 제4장 사업 연속성 매니지먼트 시스템의 응용

BCP의 운용 측면인 사업 연속성 매니지먼트의 사고방식, PDCA 사이클을 중심으로 하는 전반 부분과 BCP의 책정 순서나 사고방식에 비추어 국제규격을 이해하는 데 나름의 견해를 서술하는 후반 부분으로 나누어집니다. 이 책에서 국제규격의 해석에 이용한 서적은 『ISO/FDIS 22301 최종

규격안』일본어 번역판입니다.

■ 제5장 대책 각론

BCP 책정 절차의 과정 중에 초동대응(初動對應)이나 사업 연속성 대응의 검토 단계에 들어서면 다양한 아이디어가 계속해서 나오는 경우는 드물고, 실제로는 아이디어가 나오지 않아 심사숙고의 과정이 계속되는 경우가 많습니다. 그때 조금이라도 도움이 되고자 준비한 것이 5장입니다. 동일본대지진을 통해 얻은 교훈을 실었습니다.

■ 다운로드 파일 사용에 관하여

부록으로 본편에서 이용한 몇 개의 샘플 템플릿을 게재하고 있습니다.

본편의 설명을 보완한 이미지로서 이해하기 위한 목적으로 이력서 용지처럼 복사해서 그대로 기입하여 사용가능한 것은 아니지만, 이것들을 조정해 각각의 회사에 맞는 최적의 포맷을 작성해보십시오.

샘플 템플릿은 옴사(http://www.ohmsha.co.jp) 사이트에서 파일 형식으로 다운받는 것이 가능하니 이용해 보십시오. 파일을 열기 위해서는 다음의 소프트웨어와 버전이 필요합니다.

- 윈도우 7, 윈도우 XP, 윈도우 비스타
- MS 엑셀 97~2007
- MS 워드 97~2007
- 어도비 애크로뱃 리더 6.0 이상

* 파일 입수에 필요한 패스워드 : m2a1sak

◆ 면책 사항 ◆

샘플 템플릿을 사용한 결과에 대해서 저자와 출판사는 어떠한 경우에 있어서도 책임을 지지 않습니다. 또 파일 텍스트는 구입자가 본인 소속 조직 내의 학습이나 연수 또는 BCP 책정 용도에 한해 복제하여 사용할 수 있습니다. 이외의 용도로 사용하거나 저작자 및 발행자의 사전 허가 없이는 전재·복제·복사를 할 수 없습니다.

차 례

개정판 발행에 즈음하여
머리말
이 책의 구성과 사용법

제1장 '사업 연속성 계획'이란 무엇인가? ·················· 1
1.1 내일의 사업을 지키기 위하여 ························· 2
  [1] 재해 중의 시간 /2
  [2] 비즈니스 상대를 선택하는 조건 /3
  [3] 고용의 유지와 결속력 /5
  [4] BCP의 유래와 의의 /6

1.2 위기대응 업무능력 ···································· 9
  [1] 위험의식의 회복 /9
  [2] 국경이 없는 위험 /10
  [3] 사회가 만들어내는 가까운 위험 /13
  [4] 위기대응 업무능력과 리더십 /14
  [5] 유연함과 강함의 발상 /17

1.3 회복 탄력성과 BCP ··································· 19
  [1] 회복 탄성력이란? /19
  [2] 조직의 회복 탄력성 /20
  [3] 공급 사슬의 회복 탄력성 /22

1.4 BCP의 기본형 ·· 25
  [1] BCP를 통해 명확히 해야 할 것 /25
  [2] BCP 책정 프로세스 개요 /27

　　　　[3] 행동계획으로서의 BCP /30
　　　　[4] 재해 방지 계획부터 BCP까지 /32

제2장 BCP의 책정 단계 · 35
STEP 01 BCP 책정 준비 · 36
　　　　[1] BCP 책정 프로젝트의 시작 /36
　　　　[2] 프로젝트 계획서 작성 /38
　　　　[3] 프로젝트 계획의 승인 /40
　　　　[4] 예상되는 질문 /41

STEP 02 BCP의 방향 정하기 · 44
　　1. BCP의 적용범위 정하기 · 44
　　　　[1] 사업 목적과 기업 이해관계자의 가시화 /44
　　　　[2] 지켜야 할 사업의 선정 /45
　　　　[3] BCP에 포함 되지 않는 범위에 대한 대처방법 /48

　　2. 재해의 상정 · 50
　　　　[1] 가장 경계해야 할 재해를 알기 위해 /50
　　　　[2] 재해 선정 /53

STEP 03 사업 영향도 분석(BIA) · 56
　　1. 사업 영향도 분석 개요 · 56
　　　　[1] 의의와 목적 /56
　　　　[2] BIA의 순서 /57
　　　　[3] 중요한 활동을 개시하기 위한 세 가지 지표 /59

　　2. 사업 영향도 분석의 실시 · 61
　　　　[1] 사업활동과 업무 흐름의 가시화 /61
　　　　[2] 중요한 활동의 확인 /62
　　　　[3] BIA의 실시 접근 /63

　　　　[4] 드래프트 BIA의 실시 방법 /65
　　　　[5] 상세 BIA(패턴 1)의 실시 방법 /67
　　　　[6] 상세 BIA(패턴 2)의 실시 방법 /69
　　　　[7] 의견조정·합의·승인 /72

STEP 04 위험률 평가 ·· 74
1. 위험률 평가란 무엇인가? ·································· 74
　　　　[1] 시작에 앞서 /74
　　　　[2] 위험률 평가의 순서 /75

2. 스코어링 방식에 의한 위험률 평가 ···················· 77
　　　　[1] 시작에 앞서 /77
　　　　[2] 스코어링 방식에 의한 위험분석 절차 /78

3. 정성적 평가에 의한 위험률 평가 ······················ 80
　　　　[1] 시작에 앞서 /80
　　　　[2] 개별 자원의 위험률 평가 /80
　　　　[3] 공용 자원의 위험률 평가 /83
　　　　[4] 위험 대책 옵션의 처치 방법 /85

STEP 05 사업 연속성 전략의 안건 ······························ 86
1. 사업 연속성을 위한 요건 ···································· 86
　　　　[1] 시작에 앞서 /86
　　　　[2] 연속성의 사고방식 /87

2. 사업 연속성 전략의 실현 방법 ·························· 90
　　　　[1] 통신판매업의 사례 /90
　　　　[2] 사업연속성 전략이 가시화되기까지의 흐름 /92
　　　　[3] 정밀 기기 부품 가공업의 사례 /93
　　　　[4] 사업 연속성 전략의 평가와 승인 /95

STEP 06 행동계획의 입안 · 97
1. 행동의 흐름 · 97
[1] 행동계획의 개요 /97

2. 긴급 시 조직체제 · 99
[1] 대책 본부의 의의와 목적 /99
[2] 대책 본부의 설치 요건 /101
[3] 대책 본부 시작의 두 가지 사례 /103
[4] 대책 본부의 운영 요건 /104
[5] 본부 운영과 회사 기능의 유지 /106

3. 초동 대응 계획의 책정 · 107
[1] 시작에 앞서 /107
[2] 초동 대응 조직 /108
[3] 보고 라인과 전달 내용 /109
[4] 초동 행동의 책정 /110
[5] 재해 상황 확인과 BCP 발동의 판정 /112

4. 연속성·복구 계획의 책정 · 113
[1] 시작에 앞서 /113
[2] 연속성·복구의 활동 조직 /114
[3] 사업 연속성 전략의 실행 /115
[4] 재해 복구 활동 /117
[5] 회사 기능의 유지 /117

STEP 07 계획서 작성법 · 119
1. 초동 대응 계획의 구성과 작성법 · 119
[1] 구성 /119
[2] 차례 구성 /121
[3] 차례 구성에 대한 상세한 설명 /122

2. 사업 연속성 계획의 구성과 작성법 ················· 124
    [1] 구성 /124
    [2] 차례 구성 /125
    [3] 상세 항목의 설명 /127

제3장 연습·테스트·교육·유지보수 ················· 129

3.1 연습 개요 ················· 131
    [1] 시작에 앞서 /131
    [2] 연습 요건 /132
    [3] 연습 분류 /133
    [4] 연습 종류 /135
    [5] 운영 스태프와 역할 /138
    [6] 테마·종류·범위·목적의 설정 /139
    [7] 연습 시나리오 작성법 /142
    [8] 연습 시행 /146
    [9] 연습 결과 정리 /154
    [10] 연습의 연차계획에 대하여 /157

3.2 테스트 개요 ················· 158
    [1] '사용할 만한' BCP가 되기 위하여 /158
    [2] 테스트 종류 /158
    [3] 테스트 결과의 피드백 /160

3.3 교육 개요 ················· 162
    [1] 사업 연속성에서 교육의 의의와 목적 /162
    [2] 교육의 접근법 /163

3.4 유지보수와 문서 관리의 개요 ················· 166
    [1] 최신 정보를 유지하기 위하여 /166
    [2] 유지보수의 요점 /166

[3] 문서 관리의 요점 /168

제4장 사업 연속성 매니지먼트 시스템의 응용 ········· 171
4.1 실천주기의 확립 ········· 172
[1] BCP를 활성화시키는 구조 /172
[2] PDCA 사이클의 성립 /174
[3] BCM과 BCMS /176
[4] 국제규격의 발행이 의미하는 것 /177

4.2 ISO 22301 규격해석 요점 ········· 180
[1] 규격을 이해하면 어떤 장점이 있는가? /180
[2] BCMS의 계획 /182
[3] BCMS의 실행 /187
[4] BCMS의 점검과 평가 /192
[5] BCMS의 시정과 개선 /194

제5장 대책 각론 ········· 197
5.1 귀가 곤란자 대책 ········· 199
[1] 귀가 곤란한 상황이란? /199
[2] 회사에서의 대응 /200
[3] 귀가할 수 없는 경우의 행동 /201

5.2 스태프 확보 ········· 203
[1] 스태프 결원의 원인과 대책 /203
[2] 스태프 확보를 위한 관리책 /205
[3] 스태프의 안전관리와 마음의 안정 /207

5.3 통신수단의 확보 ········· 209
[1] 통신에 주는 영향과 요구의 다양성 /209

[2] 하드웨어적 대책 /210
[3] 소프트웨어적 대책 /212

5.4 긴급 시 정보수집 ···214
[1] 정보수집의 필요성 /214
[2] 수집하는 정보의 특징과 수집 방법 /215

5.5 위기대응의 의사소통 ··217
[1] 의사소통의 중요성 /217
[2] 효과적인 의사소통 대응 포인트 /218
[3] 메시지 패턴의 3가지 예 /219

5.6 절전·정전 대책 ··221
[1] 사업의 영향 /221
[2] 절전·에너지 절약 대책 /222
[3] 정전 대응 /222

5.7 정보 시스템의 데이터 복구 ·································224
[1] BCP에서의 데이터 복구 요건 /224
[2] RTO와 RPO의 결정 /224
[3] RTO와 RPO를 충족하는 요건 /225

5.8 데이터와 문서 자산의 보호 ·································227
[1] 정보 자산의 리스트 작성 /227
[2] 원격지에 보관 /228

5.9 공급자의 위험대응 ···230
[1] '입수 불능'에 대한 위기감 /230
[2] 공급자 위험의 가시화 /230

5.10 건물 재해와 대체 거점 ····································234

[1] 목적과 용도의 명확화 /234
[2] 대체 거점의 운영요건 /235
[3] 장기화를 고려한 대체 거점의 요건 /236

5.11 재해 시 상호협력과 제휴 · 237
[1] 상호협력과 제휴의 중요성 /237
[2] 재해 시 협정의 체결 /238
[3] 협정서의 기재 요소 /239

5.12 재해 대책 자금의 확보 · 240
[1] 재해 손실의 가시화 /240
[2] 필요한 자금의 확보 /241

5.13 이동·수송·교통대책 · 243
[1] 재해로 인한 직접적인 영향 /243
[2] 예상되는 피해와 대책 /243

5.14 판데믹(pandemic)과 방사능 오염 재해 · · · · · · · · · · · · · · · · · 245
[1] 판데믹 [pandemic] (전염병의 만연) /245
[2] 원전 재가동 후 방사능 오염 대책 /247

부록 1 샘플 문서집 · 249
- 프로젝트 실시계획 /250
- BIA 리포트 /252
- 초동 대응 계획 /254
- 사업 연속성 계획 (BCP) /260
- 판데믹 대응 계획 /265

부록 2 다각적인 영향도 지표 · 271
1. 재무적 영향 /274
2. 업무 운영에 미치는 영향 /276

3. 월별 영향도 /278

4. 인프라에 대한 의존도 /280

5. 인풋이 단절된 경우의 영향 /282

6. 업무중단에 따른 아웃풋의 영향 /284

7. 수동에 의한 업무 달성도 /286

찾아보기 ·· 288
참고정보 ·· 292

01

'사업 연속성 계획'이란 무엇인가?

1.1 내일의 사업을 지키기 위하여
1.2 위기대응 업무능력
1.3 회복 탄력성과 BCP
1.4 BCP의 기본형

1.1 내일의 사업을 지키기 위하여

재해 중의 시간
비즈니스 상대를 선택하는 조건
고용의 유지와 결속력
BCP의 유래와 의의

1 재해 중의 시간

"시간이야말로 가장 현명한 의논 상대이다."라고 말한 것은 고대 아테네 정치가 페리클레스였습니다. 눈앞에 큰 어려움에 가로막혔을 때나, 구제할 수 없을 만큼 타격을 입었을 때도 많은 시간이 흐르면 그 고통은 점차 감소되어 치유되어 간다고 합니다.

그러나 '모든 경우에 시간이 좋은 의논상대가 되어준다.'고는 할 수 없습니다. 1987년 프랑스와 서독 합작영화 〈베를린 천사의 시〉에 이런 대사가 있습니다. "시간이 치유해 준다고? 시간이 병에 걸렸다면 어떻게 하지?"

일본은 세계에서 발생하는 지진의 10분의 1을 차지하는 지진대국입니다. 그리고 세계에서 손꼽히는 태풍이 지나가는 길목이기도 합니다. 이 점은 누구나 알고 있는 사실입니다. 그러한 만큼 누구나 어떤 종류의 '면역'을 갖고 있는 것도 사실입니다. 처절히 파괴되어도 '시간이 지나 어떻게든 된다.'고 하는 낙관론과 '일본은 몇 번이고 재해를 견뎌온 역사와 지혜가 있다.'는 자부심을 갖고 있습니다.

우리는 때때로 신문이나 TV를 통해 재해로부터 강하게 다시 일어선 기업의 모습을 봅니다. "큰 재해임에도 불구하고 잘 일어나 굳게 섰구나!"하고 용기를 얻습니다. 그러나 이러한 기업은 다행스럽게도 철저한 재해복구 전술 때문에 살아남은 기업입니다.

사업경영이라고 하는 활동을 높은 곳에서 넓게 바라보면, 반드시 이러한 시간적 낙관론이나 자부심으로 이겨낼 수 있는 이야기가 아니라는 것을 알 수 있습니다. 대지진이나 강렬한 태풍에 휩쓸리면, 피해를 당한 기업의 몇 퍼센트는 도산하게 됩니다. 왜 문을 닫을 수밖에 없는가? 어떤 대책을 세우면 최악의 사태를 면할 수 있는가? 그러한 교훈을 말하지도 못하고 아무 말 없이 시장을 떠나가 버립니다. 기업이 재해를 입게 되면 남겨진 것은 '존속할 것인가', '폐업할 것인가' 이 둘 중에 하나밖에 없습니다.

　복구를 위한 시간과 자금 역시 한정되어 있어 이해를 공유하는 사람들의 마인드도 시간과 함께 변화합니다. 상처나 병의 치료처럼 시간이 지나면 복구되고 목숨을 연장할 수 있는 그런 개념이 아닙니다. 재해를 입은 많은 기업들은 머지않아 영업이 정지됩니다. 이에 수반되는 기회손실은 재해에 의해 생긴 손실액이 상회할 뿐만 아니라 복구가 늦어지면 늦어질수록 손해액도 커집니다.

　2년, 3년을 거쳐 겨우 복구한 기업이 있을지 모르지만 그러한 기업은 예외라고 할 수 있습니다. 사업활동의 주기가 비교적 느슨했던 옛날과 달리, 정보화와 세계화가 진행된 결과 비즈니스가 가속·확대되어 국내에 그치지 않고 전 세계에 경쟁자가 북적거리는 것이 지금의 경제상황입니다.

　당신의 회사가 재해손실을 입어 병든 시간의 포로가 되어버리면 이해관계자(stakeholder)들이 동정의 말을 걸어오는 일은 있어도 끈기 있게 복구해 준다고 하기는 어렵습니다.

　'시간을 병으로 만드는 것' 그것이 바로 재해입니다.

② 비즈니스 상대를 선택하는 조건

　세계화가 진행되는 지금 비즈니스의 기회 또한 가속도로 증가하고 있지만 그런 만큼 경쟁도 심해 상대에게 요구하는 거래조건도 다양합니다. 납품기일을 제대로 지켜 줘야 하거나 조금 무리한 부탁도 들어줘야 하는 경우, 낮은 가격을 요구하는 등 여러 가지가 있습니다. 그러나 오늘날의 비즈니스는 한 가지 더 중요한 조건이 요구됩니다. 그것은 바로 재해로부터의 대응입니다. 한쪽이 재해에 무방비·무관심인 것은 상대에 대해 잠재적인 위험이 되는 것입니다. 어느 날 신규 거래처로 유망한 고객이 당신의 회사에 방문해 다음과 같이 질문했다고 합시다.

제1장 / '사업 연속성 계획'이란 무엇인가?

"만약 큰 재해를 당했다고 했을 때 귀사는 어떤 대처를 하실 계획입니까?"

이 물음에 당신은 고객을 납득시킬 수 있는 해답을 제시할 수 있습니까? 완벽한 "방재 매뉴얼이 준비되어 있습니다. 파일 캐비닛은 금속으로 고정했고, 스프링클러나 소화기도 설치되어 있습니다. 소방관을 불러 1년에 한 번 방재훈련도 시행하고 있습니다". 그러나, "회사 차원에서는 어떻게 대처할 것인가?"에 대한 물음에는 막연해져 대답할 길이 없고, 더는 아무것도 떠오르지 않는다는 것이 현 상황이지 않을까요?

어느 회사든 자급자족으로 사업을 운영하는 것은 불가능합니다. 이윤을 추구하기 위해서는 여러 분야의 이해관계자들과의 관계 속에 살려가야 할 필요가 있습니다. 오히려 기업이 그러한 다중다색의 기업 이해관계자에 의해 사회적인 의의가 주어지고 평가되면서 활동되고 있다고 해도 과언이 아닙니다. 원재료나 상품의 구입처, 고객·사용자·자금 조달처·동업자·협력회사·외주업자·주주·종업원 등 실제로 여러 관계자와 연결되어 유지되고 있습니다. 따라서 어떤 이유로든 갑자기 사업이 중단되었을 때 곤란한 것은 당사자뿐만이 아닙니다. 그로 인한 영향의 확대는 그물망처럼 연결되어 있는 이해관계자라고 해도 좋습니다.

사업 연속성 계획(Business Continuity Plan: BCP)이 인명·재산에 중점을 두는 지금까지의 재해예방보다 상위에 있는 관리수준의 사고방식은 이해관계자의 영향을 중요시하고 있기 때문입니다. 여기서 한 번 더 앞서 질문을 상기해 보십시오.

"만약 큰 재해를 당했다고 했을 때 귀사는 어떤 대처를 하실 계획입니까?"라고 고객으로부터 질문을 받았을 때, BCP가 도입된 기업이라면 다음과 같이 대답할 것입니다. "우리 회사에서는 큰 재해를 입었다고 해도 미리 준비해둔 복구 수단을 구사해 목표 기간까지 업무를 재개할 태세가 되어 있습니다. 안심하십시오."라고.

③ 고용의 유지와 결속력

광범위하게 발생하는 대규모 자연재해는 지역의 고용에 심각한 손상을 줍니다. 동일본대지진으로 동북 연안부의 많은 기업들이 심각한 피해를 받아 폐업을 하거나 복구의 실마리조차 보이지 않는다는 이유로 많은 정직원과 임시직원이 해고되었습니다. 퇴직이나 전출이라는 수단으로 인원정리를 단행한 공장도 있습니다.

도호쿠(東北) 각 기업의 생산이 정지되면서 그곳으로부터 공급받는 다량의 제품이나 상품·서비스를 취급하는 재해지 이외의 사업자가 기능 부전을 일으킨 이유로 해고나 입사 결정을 취소하는 경우도 다반사입니다. 이러한 사정은 해외에서도 예외가 아닙니다. 예를 들면, 2011년에 발생한 태국의 홍수는 직접적인 피해를 받은 제조업(일본계기업) 40개 기업 중 고용을 유지하는 기업이 과반수였던 반면, 희망퇴직을 신청하거나 정리해고를 실시한 기업도 30% 이상 증가했습니다. 종업원의 임금지급이 현금흐름에 영향을 준 기업도 적지 않습니다.[1] 한편, 종업원측에서 자발적으로 회사에 등을 돌리는 경우도 예상됩니다. 종업원이 '이 회사는 재해가 발생했을 때 나와 내 가족을 지켜주지 못할지도 모른다.' 라는 회의감이 들면 신속한 초동대응을 취하거나 복구활동을 할 인원을 확보하지 못할 가능성이 있습니다. 회사에 중요한 경쟁력의 원천인 직원이 언제 복구될지 모르는 회사를 단념해 그만두는 경우도 적지 않습니다. 복구가 완료되어도 유능한 인재가 그곳에 없다면 다시 처음부터 인재를 육성해야 합니다.

재해가 발생했을 때, 고용을 유지하는 것의 의미와 이점은 무엇일까요? 그것은 종업원의 가계와 함께 지역경제를 유지할 수 있다는 것입니다. 그 예로 종업원 한 명으로 운영하는 개인상점이라고 해도 상점이 재해를 입어 폐업하게 되면 당장 다음날부터 상점주인과 그 가족, 종업원과 그 가족이 생계를 유지하지 못하게 됩니다.

---

[1] 「태국 대홍수에 관한 재난 피해 기업 앙케트 조사결과의 공표에 관하여」, JETRO(일본 무역진흥회) 방콕 사무소 자료.

제1장 / '사업 연속성 계획'이란 무엇인가?

이런 현상이 사회 여기저기에서 발생하면 특히 지역 격차가 일어나고 있는 지금, 재해로 피폐한 피해지역의 경제가 일어서기는 어려울 것입니다. 다른 한 가지 이점은 '희망'이라고 하는 무형의 가치입니다. 재해를 입었다고 해도 회사와 연결되어 있다는 안도감은 종업원에게 희망을 주어 회사는 물론 더 나아가서 지역에 대한 충성심이 강화되어 복구 속도가 더욱 빨라질 것입니다.

또, 평상시의 이점도 잊어서는 안 됩니다. 회사가 BCP를 도입해 솔선하여 훈련을 하고, 비상 시의 대응에 대해서 설명회를 하는 것만으로도 종업원에게는 "회사가 위기에 대처할 대비가 되어 있다. 만일의 재해에 대비해 나도 회사를 위해 전력을 기울이자."라고 하는 결속력과 연대의식을 높이게 됩니다. 사업은 사람에 의해 확장됩니다. 이 사실은 재해를 입었을 때에도 변하지 않습니다. BCP를 도입하는 것은 재해의 1차, 2차 피해를 막는 것뿐만 아니라 3차 피해, 고용의 상실이라고 하는 사태의 회피·경감에도 기여한다는 것을 잊으면 안 됩니다.

4 BCP의 유래와 의의

BCP는 사업 중단의 원인과 여러 가지 위험을 상정해 두어 미리 피하고, 혹은 피해를 받아도 신속히 복구될 수 있도록 방침과 행동순서를 규정한 것입니다. BCP의 목적은 사업 중단의 영향을 최소한으로 하는 것으로 기업의 경쟁력이나 신용을 유지하는 것과 함께 중요 고객이나 거래처, 공급사슬(22페이지 3 참조), 종업원을 비롯한 많은 이해관계자의 이익을 지키는 데 있습니다.

또, 교육과 훈련을 통해 BCP를 사내에 전개·침투·정착시켜가는 계속적인 활동 주기를 사업 연속성 매니지먼트(Business Continuity Management: BCM)라고 합니다.

BCP를 영업 전략으로서 취하는 포괄적인 과정인 BCM은 재해위험을 감소시킬 뿐만 아니라 기업 가치나 경쟁력을 높이는 것으로서 각국의 기업과 그 외 조직에 도입이 진행되어 있습니다.

1.1 내일의 사업을 지키기 위하여

사업 연속성의 사고방식은 위험관리와 같이 본래 조직의 위기관리 의식 속에서 발생했습니다. 거기에는 위기에 대비하기 위해서는 무엇을 해야 하는지만 있고, 어떻게 실행해야 하는지에 대해서는 가르쳐주지 않습니다. 실현방법은 위기대응을 하는 각각의 조직에 맡겨져 있을 뿐 이 상황에 몰두했을 때만 자신에게 있어 의미 있는 BCP의 형태가 보이게 되는 것 뿐입니다. BCP의 이와 같은 애매한 점으로 인해 몇 가지 오해를 불러일으킨 것도 사실입니다.

예를 들면, "BCP는 사업이 중단되면 1일이라도, 1시간이라도 빨리 재개하지 않으면 안 된다."는 오해입니다. 이 요구를 액면 그대로 실행하려고 한다면 경영자원의 완전 이중화나 삼중화를 도모하거나, 혹은 그런 막대한 대책투자에 대한 반발심으로부터 BCP를 멀리하게 될 것입니다.

BCP는 무조건적으로 빨리 영업재개를 강요하는 것이 아닙니다. 조기에 복구해야 하는 것이 BCP의 목적 중 하나이긴 하지만 중요한 것은 '사업의 목적과 사명을 다해 이해관계자와의 신뢰관계를 유지하기 위해서는 어느 활동을 우선순위로 하는 것이 좋은가.' 하는 것입니다.

기업은 날이 갈수록 전략적인 경영을 하지만 비상사태에 있어서도 전략적인 행동을 해야 할 필요성이 있습니다. 중요한 서비스가 1분 동안이라도 멈추게 되면 고객에게 배상책임을 해야 하거나, 고액의 판매기회를 놓치게 되는 사업이 있는가 하면, 영업보다 지역과의 연대를 우선으로 해야 하는 중·장기적인 신용확립으로 이어지는 사업도 있습니다. 혹은 병원이나 장애인 복지시설과 같이 이용자의 생명유지나 정신안정으로부터 업무를 쉬거나 뒷전으로 할 수 없는 사업도 있습니다.

사업이 중단됐을 때 어느 활동을 우선시할 것인가를 선택하는 것이 바로 BCP인 것입니다.

"BCP 책정은 너무 어렵고 많은 시간이 필요하다."라는 오해도 있습니다. 사업을 계속하기 위한 비법은 모든 최고경영진과 관리자층, 그리고 현장담당자의 지식과 경험 속에 있습니다.

제1장 / '사업 연속성 계획'이란 무엇인가?

　새롭게 다른 공부를 할 필요가 없습니다. 어렵게 느껴지는 이유는 당신이 모르는 것이 아니라 BCP 관련 콘텐츠를 제공하거나 절차를 지도하는 측의 문제입니다. 또, '법적으로 해야 할 의무가 있는 것이 아니므로, 만들지 않아도 되지 않은가?' 하는 의견도 있습니다.

　이렇게 생각하는 경영자는 재해에 대비하는 것과 법을 지키는 것을 혼동하는 것입니다. BCP는 비상사태에 살아남고 싶은 기업을 위해 스스로 만드는 것입니다. 자사의 안정과 고객의 신뢰·신용 유지, 종업원의 안전과 고용 유지를 도모하기 위해서는 법적으로 속박될 이유도 없으며 그럴 필요도 없습니다.

1.2 위기대응 업무능력

위험의식의 회복
국경이 없는 위험
사회가 만들어내는 가까운 위험
위기대응 업무능력과 리더십
유연함과 강함의 발상

1 위험의식의 회복

기업은 버블 붕괴, 리만 쇼크라고 하는 경제적 위기 상황을 벗어나기 위해 다양한 대책을 세워왔습니다. 해외이전, 노동력 합리화, 철저한 경비 삭감. 한마디로 이익의 최대화와 비용의 최소화를 실현하기 위한 모든 수단입니다. 운전자의 시야는 속도를 높이면 높일수록 좁아지게 된다고 합니다. 지금의 기업도 시야가 좁아진 채 정중앙 한 점만을 향해 돌진하고 있다고 할 수 있습니다. 이런 상황에서 만약 예측하지 못한 사태에 직면하게 된다면 기업은 어떻게 될까요? 예측하지 못한 사태란 문자 그대로 어떤 일이 눈 앞에 펼쳐질지 모른다는 것입니다.

대지진이 올지도 모르고, 지구 온난화에 동반되어 빈번하게 일어나는 이상 기온현상이나 생태계의 변화에 의한 유해충의 발생, 농작물의 흉작, 그리고 신형 인플루엔자 같은 전염병이 만연해질지 모릅니다. 중대한 실수나 사고, 불상사, 믿기 어려운 원재료 값이나 연료 운반의 가격 상승, 혹은 글로벌화에 동반된 기업수익의 악화와 고용의 영향일지도 모릅니다.

자연재해나 지구 온난화, 정보화와 세계화가 뿜어내는 예상치 못한 위협은 지금까지의 방재대책이나 임시방편의 긴급대책만으로는 해결할 수 없습니다. 지금 요구되는 것은 직원 한 사람 한 사람의 일상 업무 중에 위험에 대처하는 감각을 곤두세우는 것이 아닐까요? 어떤 위협이 느껴졌을 때, "어라? 왜 그럴까?"하고 돌아볼 수 있는 "이러한 상태가 계속되면 끝은 어떻게 되지?"라며 추측하는 시점이라고 바꾸어 말해도 좋을 것입니다.

우리들이 평소에 아무 거리낌 없이 자동차, 고속철도, 비행기를 이용할

제1장 / '사업 연속성 계획' 이란 무엇인가?

수 있는 것은 단지 빠르고 쾌적하고 교통비가 싸고 서비스가 좋다는 단순한 이유뿐만이 아닙니다. '이 교통기관이라면 철저하게 안전대책이 되어 있을 거야.'라는 마음속의 신뢰감이 뒷받침되어있기 때문입니다. '마음속의 신뢰감'이란 바꾸어 말하면 이 교통기관을 만든 회사에 대한 신뢰감이자 설계자, 제조업자, 서비스를 제공하는 직원을 비롯한 정비사 등 구성원의 성실성이나 책임감, 경험이나 기술력, 실적에 대한 평가라고 말할 수 있습니다.

아직 정보화되고 세계화가 되기 전의 사회에서는 지금보다 훨씬 더 위험을 피부로 느끼고, 사고할 수 있는 기회도 좋은 환경에 있었다고 생각합니다. 그것은 넓은 의미로 자연을 경외하는 마음이라고 할 수 있습니다.

'편리해진 만큼 잃은 것도 많다.'고 하는 표현을 여러 글에서 볼 수 있는데 위험에 관해서도 같은 표현이 쓰여지고 있습니다. 우리들은 편리성과 생활의 쾌적성을 얻은 한편, 위험을 바로 인식하고 적절히 대처할 수 있는 능력을 잃어가고 있습니다. 지금 진짜 필요한 것은 정보 업무능력이 아닌 위기대응 업무능력이라고 생각합니다.

② 국경이 없는 위험

우리에게 위험대응 업무능력이 문제시 되는 배경에는 언제 발생하여 영향이 미칠지 모르는 국경 없는 위험의 존재가 있습니다. 이번 장에서는 그 위험에 대해 짚어봅니다.

① 지진과 쓰나미의 위협

지진은 일본을 비롯해 세계적으로 빈번히 발생해 도시를 붕괴하며 많은 희생자를 냅니다. 2004년에 수마트라 지진(매그니튜드 9.1), 2008년에 중국 쓰촨(四川) 대지진(매그니튜드 7.8), 2011년에 뉴질랜드 남섬 지진(매그니튜드 6.1)은 2011년 동일본대지진(매그니튜드 9.0) 다음으로 기억에 남는 곳입니다. 일본의 도시는 모든 것들이 고밀도로 집중되어 있어 도로망과 철도망이 모세혈관같이 되어 있습니다.

상업시설이나 사무실 건물 맨션들이 서로 다투듯 밀집해 있습니다. 개개의 기업들은 대책을 강구해야만 합니다. 또 수마트라 지진과 동일본대지진의 쓰나미 피해를 통해 명백해졌듯이, 대규모의 쓰나미가 한 번 발생하게 되면 BCP가 대처할 수 있는 합리적인 사전대책과 사후대책은 거의 없다고 할 수 있습니다. 쓰나미는 높은 파도와는 달리 충격으로 파괴된 배와 차량, 집, 가구 등 무수한 잔해들이 휩쓸려 맹렬한 위력으로 마을을 직격합니다. 한 번 피해를 입으면 BCP에서 말하는 복구 목표 시간 이내에 복구하는 것은 불가능합니다.

② 수해의 위협

수해는 태풍 등의 집중호우나 장마 혹은 우량과 관계없이 수해로 제방이나 용수로 댐이 붕괴했을 때도 발생합니다. 2011년 태국에서의 홍수는 역사적인 강우량과 인프라 정비 부족, 그리고 배수 상태가 좋지 않은 평야지대라고 하는 많은 악조건이 겹쳐 장기간 침수피해의 영향이 지속되기도 했습니다. 그러다보니 현지에 거점을 둔 많은 일본 기업이 제조 정지로 인한 공급 체인이 단절되는 광역 재해 특유의 사태를 경험했습니다.

홍수에 대비하기 위한 대책으로는 건물이나 부지 주변에 턱을 쌓거나 건물 외벽을 방수구조로 하여 물의 침투를 막는 방법이 있습니다. 건물 자체의 침수를 막는 방법으로는 건물부지에 성토하거나, 기초나 토대를 높게 하고, 한 층의 공간을 두고 짓는 필로티 구조나 주차장과 쓰지 않거나 못쓰게 된 물품의 창고로 활용하여 1층에는 사업 연속성에 필요한 중요자산은 두지 않는 대책도 있습니다.

③ 지구 온난화의 위협

지구 온난화는 대기오염과 같은 지역적인 문제와 달리 세계적 규모의 대응이 시급한 긴박한 과제입니다. 직접적인 영향으로는 해수면의 상승과 빙하의 용해로 인한 홍수, 토사류 재해, 동식물이나 곤충, 해양생물의 생육환경의 변이에 동반하는 유해식물과 생물의 발생, 농업과 어업의 피해, 그리고 우리 주변에서 일어나는 가장 심각한 문제는 바로 이상기온의 빈발입니다. 강력한 비바람을 동반한 열대저기압과 태풍이 통과할 때 피해를 본 주민들은 "이런 무서운 재해는 태어나서 처음이다."라고 말들 합니다.

지구 온난화는 또 다른 측면의 문제도 있습니다. 이산화탄소 배출을 억제하기 위한 대책으로 인해 기업경영에도 여러 가지 부하가 발생하는 것입니다. 서양에서 시행된 탄소세 제도나 대체 에너지의 전환 등도 하나의 예입니다. 가까운 장래에 이런 대책이 국내에도 폭넓게 강제적으로 추진 된다면 이산화탄소 삭감 의무를 태만히 하거나 경시하는 기업은 비용증가나 벌칙, 사회적 신용의 실추 형태로 영향을 받게 될 것입니다.

④ 정보 시스템의 위협과 사이버 테러

정보 시스템이나 네트워크는 복잡해지면서 업무에 긴밀하게 적용하면 할수록 위협에 대해서 과민해집니다. 과민해진다고 하는 것은 사소한 영향에도 막대한 결과가 나올 수 있다는 것입니다. 정보 안정보장 기술의 진화는 눈부시지만, 그 위험대책은 인적 요인을 상정한 것이 많아 지진이나 수해같은 물리적인 영향에는 여전히 취약한 측면이 남아있습니다. 또 최근에는 사이버 테러 사건도 눈에 띕니다. 사이버 테러는 중요한 기간(基幹) 시스템에 침투하여 데이터를 파괴하고 정보를 뒤집어 놓거나 대량 패킷을 넣어 기능을 정지시키기도 합니다. 자연재해에 의한 사회 시스템의 혼란에 편승해 공격해올 가능성도 있으니 주의가 필요합니다.

⑤ 판데믹의 위협

전 세계 사람들이 고속운송수단을 이용해 빈번하게 왕래할 수 있게 된 오늘날 치사율이 높은 전염병의 세계적 유행인 판데믹(pandemic)에 대한 경계는 여전히 계속되고 있습니다. 2009년 우리는 H1N1 신형 인플루엔자로 인한 판데믹을 경험했습니다만, 다행히도 바이러스는 약한 독성이어서 그 영향은 한정적이었습니다. 그러나 이것으로 신형 인플루엔자의 유행이 멀리 있는 것은 아닙니다. 언젠가 다시 일어날 것을 우리는 알고 있습니다.

그러나, 그 '언제'라고 하는 것을 모릅니다. 닥쳐올 대지진과 같은 마음의 준비가 필요하다고 이해하시면 됩니다. 판데믹 대책에는 '어떻게 감염자를 격리해 사람과의 접촉을 피할 것인가?'가 문제입니다. 출퇴근 시간에 대중교통기관의 이용을 가능한 한 피하고, 사원식당이나 휴게실은 폐쇄하며, 회의의 횟수를 줄이는 등 퇴보적인 대책을 세워 비즈니스라기보다 인간의 기본적인 활동 그 자체가 저해 받게 됩니다.

⑥ 방사능 오염의 위협

「Nuclear Technology Review 2011」(국제원자력기구: IAEA)에 의하면, 세계 원자력발전소 원자로의 수는 미국(104기), 프랑스(58기), 일본(54기) 그 밖의 나라들을 포함해 30개국의 합계로 출력 375,267MW(e), 총합 기수는 411기가 된다고 합니다. 전력을 안정 공급하는 클린 에너지로 국민의 절대적인 안심과 신뢰를 얻으며 보급해온 세계 곳곳의 원자력 발전시설. 그러나 한번 사고가 일어나 방사능이 퍼지면 손상 컨트롤이 극히 어렵고 국토의 상당 부분에 심각한 영향을 불러일으킵니다. 연이어 발생하는 대규모 자연재해 그리고 테러와의 전쟁은 원자력발전소를 파괴해 방사능을 오염시키는 또 하나의 위협이 되고 있습니다.

③ 사회가 만들어내는 가까운 위험

앞서 제시한 세계 공통 위험에 대해 우리 사회 시스템이나 기술의 네거티브 (-) 측면 혹은 동전 앞뒷면 같은 관계에 따라 계속해서 일어나는 위험이 있기 때문에 유의할 필요가 있습니다.

여기에서는 이런 사례를 몇 가지 제시하겠습니다. 1988년 미국 옐로스톤에서 발생한 삼림화재로 150만 에이커(ac)에 달하는 산이 불탔습니다. 방대한 양의 마른 가지, 가랑잎과 수풀 같은 가연성 물질이 화재를 확장시킨 주원인이었음은 말할 것도 없습니다. 이러한 가연성 물질이 삼림 한가운데 높게 쌓인 원인은 무엇일까요? 그것은 산불을 최대한 방지하려는 미국 산림청의 철저한 방화대책이었습니다. 그 철저함으로 인해 오랜 기간

제1장 / '사업 연속성 계획'이란 무엇인가?

산불의 영향을 받지 않아 쌓이고 쌓인 마른 나뭇가지의 가연물이 쌓인 것입니다. 그래서 대형 대삼림 화재가 쉽게 발생했다고 할 수 있습니다.

위험을 줄이기 위한 또 다른 대책이 반대로 위험을 가져오거나 다른 위험으로 확대되기도 합니다. 이것은 현대사회 위기의 특징이라고 할 수도 있습니다. 이런 예는 이루 말할 수 없이 많습니다.

예를 들어, 높이 쌓아 올리기만 하는 방조제입니다. 5미터의 쓰나미를 상정해 구축한 방조제가 10미터의 거대한 쓰나미로 인해 붕괴되어 다음번에는 좀 더 높고 두터운 방조제로 만들었다고 해서 쓰나미를 막을 수 있을까요. 아무리 견고한 방조제라고 해도 자연을 상대할 수는 없습니다. 사람들의 생활이 로젠베르크 요새와 같은 방조제 안쪽으로 격리됨으로써 반대로 쓰나미에 대한 경계의식이 낮아질지도 모릅니다. 이는 다음에 큰 쓰나미가 왔을 때 대피가 늦어지는 사람들이 발생할 위험을 낳는 것입니다. 보다 가까운 일상생활에서도 같은 사례가 있습니다. 아이에게 응급사태가 발생했을 때 바로 연락할 수 있도록 휴대전화를 줍니다. 이것이 범죄자들에게 이용되거나 다른 위험을 불러오는 원인이 되기도 합니다. 자동차의 이동이 심한 주택가의 도로를 일방통행으로 해 가드레일을 설치합니다. 그러나 운전자 중에는 역행하는 차도 없고 통행인에 대한 주의를 덜해도 되기 때문에 걱정 없이 스피드를 내는 사람도 있을 것입니다. 이것이 주택가 교통사고의 위험을 초래합니다.

과도한 규제완화나 시장화도 교통사고의 위험을 고조시킵니다. 조건만 충족하면 프로와 아마추어 관계없이 여러 사업자가 참여할 수 있습니다. 사업자는 격심한 가격경쟁의 위험에 휘둘리기 때문에 비용을 제한 하지 않으면 안됩니다. 그 결과 안전이나 품질이 떨어져 비용압력의 위험이 중대한 사고와 불상사를 불러일으키는 또 다른 형태의 위험으로 전가됩니다.

④ 위기대응 업무능력과 리더십

기업조직에서 위기대응의 능력을 생각할 때 어떠한 연구방법을 취하더라도 반드시 그 중심에는 '최고경영자의 리더십'이라는 과제에 당면하게 됩니다. 사내에 사업 연속성의 문화를 뿌리내리고 비상 시에도 BCP가 원활히 기능을 수행하게 되는 것도 전부 최고경영자가 위기대응능력을 갖고 리더십으로 이끌 수 있는 힘으로 살릴 수 있느냐 없느냐에 달려 있습니다. 조직의 위기대응 행동의 성공 여부를 결정하는 전형적 사례를 소개하겠습니다. 하나는 영국의 탐험가 어니스트 섀클턴의 남극대륙 횡단 조난사고와 생환, 그리고 또 하나는 일본 육군 핫코다산(八甲田山) 설중행군 조난사건입니다.

1914년 8월, 인듀어런스호에 몸을 실은 섀클턴 부대는 남극대륙횡단을 위해 출항합니다.

도중에 불행히 그들이 탄 배는 빙하에 부딪혀 조난되지만, 고립무원의 위기적 상황에 한 명의 희생자도 없이 살아 돌아옵니다. 섀클턴은 이런 비상사태에 승조원들의 의욕이 떨어져 마음이 하나로 되지 않는다는 것을 주지하고 있었습니다. 섀클턴의 보고서 「인듀어런스호 표류기」에서 그 위험을 미연에 방지하는 언동과 자세를 여러 곳에서 볼 수 있습니다. 예를 들어, 그는 배가 침몰된 후 남극대륙횡단의 본래 목적을 '신속히 전원이 살아서 돌아간다'는 목표로 전환해 통솔과 동기부여의 유지를 도모했습니다. 승조원을 위한 또 다른 배려와 통속력은 다른 곳에서도 보입니다. 한 명 한 명에게 보람을 느낄 수 있는 역할을 분담해 주거나, 운동을 시키며, 백과사전을 보며 모두가 의논하는 시간을 만들었습니다. 또 구조를 위해 보트로 엘리펀트섬에서 800마일 떨어진 망망대해로 나올 때에도 자신에게 무슨 일이 발생할 것에 대비하여 섬에 남은 사람 중 통솔력 있는 사람을 남기고 반대로 자주 침울해 하는 사람은 보트에 태워, 남아있는 사람들의 사기 저하를 막는 조치를 취하였습니다.

섀클턴의 위기대응능력과 리더십은 승조원에 대한 배려와 통솔 그리고 목표달성을 위한 불굴의 의지로 유감없이 발휘했기 때문에 무사히 전원 생환할 수 있었다고 생각합니다.

제1장 / '사업 연속성 계획'이란 무엇인가?

핫코다산 설중행군의 조난은 1902년 1월에 일어났습니다. 일본육군 제8사단의 보병 5연대가 러시아전에 대비해 한겨울에 핫코다산에서 설중행군 훈련 중 조난당한 사건입니다. 훈련참가자 210명 중 199명이 사망한 이 비극의 원인은 정확히 판명되지 않았습니다. 예상되는 요인 중에는 심각한 기상이변 현상(연중 최저 추위의 날씨)이 일어났다거나, 방한복이 충분히 준비되어 있지 않았다는 짐작과 함께 다음을 추측할 수 있습니다.

첫 번째로 리더십의 문제입니다. 이 행군의 총지도자였던 칸나리(神成) 중위와 수행자와의 지휘 명령 및 의사 결정의 권한이 뒤바뀌어 있었던 것입니다. 수행자인 야마구치(山口) 소위를 비롯한 동행 대위들이 칸나리 대위와 상사 또는 동격이었기 때문에 목숨이 걸린 비상사태에서 명령이 통하지 않았던 것으로 추측됩니다. (닛타지로(新田次郎) 저, 「하코다산(八甲田山) 죽음의 방황(彷徨)」/신 전륙군 묘지(辛畑陸軍墓地), 설 중 행군 조 자료관 자료(雪中行軍遭難資料館資料))

다음으로 위기대응 업무능력에 관련된 현저한 정보나 인식부족이 있습니다. 칸나리 대위는 '설산의 위험'에 대한 지식도 경험도 없었습니다. 설중행군에 대한 경험도 없는 상태에서 신병 소대편성으로 가장 가까운 언덕에서 행해진 예비훈련은 맑은 날씨에 진행되어, 설중행군에 상정되는 위험을 대비할 수 있는 기회를 얻을 수 없었습니다. 더구나 5연대는 출발 전날 늦게까지 환송회가 열려 수학여행 가는 학생들처럼 들뜬 사람도 많았다고 합니다. 그렇다고는 하나 이러한 요인으로 추측되는 제5연대의 조난이 모두 칸나리의 리더십 결여와 위기대응능력 부족으로 돌리는 것은 옳지 못합니다. 혼란을 불러일으킬 수 있는 부대 편성, 그리고 설산에 대한 정보와 경험이 부족한 칸나리 대위를 최고 책임자로 임명한 것, 이 두 가지를 결정한 대대본부에 근본적인 문제가 있었다고 할 수 있습니다.

최고 책임자의 의식 여부에 따라 조직 전체를 좋은 방향으로도, 나쁜 방향으로도 이끌 수 있습니다. 이것은 위험에 한할 뿐 아니라 비즈니스 전반에도 해당되는 이야기이지만 달리 말하면, 위기대응능력에 기조한 리더십의 유무와 경영의 본질에 직결되는 문제라는 것을 가리킵니다.

5 유연함과 강함의 발상

BCP를 근본으로 한 위기대응 업무능력은 어떻게 활용되는 것일까요. 위험을 바르게 인식하여 적절하게 대응한다는 것은 어떤 것인지 다음 세 가지 조건을 통해 알아봅니다.

첫 번째는 기술이나 서비스의 한계를 감지하고 있는가의 여부입니다. 위험대책이나 사업 연속성 대책을 검토할 때, 최신 기술이나 서비스의 도입에 주목이 집중됩니다. 한 예로 백업 사이트를 데이터 복구 요원이 쉽게 설치할 수 있도록 도쿄 내에 본사로부터 차로 15분 정도 되는 곳에 설치했다고 합시다. 그러나 만일 도쿄 직하 지진이 발생하면 도쿄의 도로는 긴급차량의 도로확보로 인하여 통행이 정지되고 자유로운 통행이 금지될 가능성이 있습니다. 대책기술의 장점만이 아니라 그 단점도 동시에 검토해야 하는 것을 회의에 참석한 전원이 잘 파악해두어야 합니다.

다음으로 경험 위주로 행동하지 않아야 된다는 것입니다. 과거에 한 번도 일어난 사례가 없기 때문에 이번에도 일어날 리가 없다, 과거에 발생했던 사건을 초월하는 일은 있을 수 없다는 생각에 빠져서는 안 됩니다. 위험대책에 대한 타협이라고 말할 수 있습니다. 이론적으로 있을 수 있는 일이거나, 혹은 만일 위험이 닥치면 큰 피해를 입게 된다고 생각되면 정면으로 부딪치지 않으면 안 됩니다. 이것은 다음의 최악의 상황과 관계가 있습니다.

세 번째는 최악의 상황에 대처하는 자세입니다. 2011년에 일어났던 후쿠시마(福島) 제1원전사고는 위기관리의 대처방법에 대해 일본과 미국과의 결정적인 차이를 제기했습니다. 후쿠시마 제1원전 시설 재해 상정은 인지와 경험에 근거한 것이었습니다. 다시 말해 역사상 그리고 이론상 10미터가 넘는 큰 파도가 친다고 해도 경험해보지 못한 사람으로서는 실감이 나지 않기 때문에 대체가 필요하지 않다는 판단입니다.

이것은 흔히 공장주들이 "우리는 중량이 4톤이나 되는 장치가 있기 때문에 아무리 큰 지진이 일어난다고 해도 도망갈 필요가 없어."라며, 자신만만하는 자세와 같다고 할 수 있습니다.

제1장 / '사업 연속성 계획'이란 무엇인가?

또, 사고의 중대함을 은폐한 일본측과 최악의 사태를 상정한 미국측의 차이는 피난구역 20km권(일본)과 80km권(미국)이라는 커다란 차이로 나타났습니다. 미국의 대응은 현재 상황으로부터 판단해서 이론상 발생할 수 있는 최악의 사태를 상정하는 것입니다. 그러나 이것은 미국 원자력 규제 위원회(NRC)이기 때문에 필요로 하는 특별한 상정이 아닙니다. 최악의 사태를 상정하는 것은 위기관리의 기본적인 자세이기도 합니다. 민간에서도 외국 자본계 기업 중에는 재빠르게 간사이(關西)로 거점을 옮기는 움직임도 보였습니다. 이 차이는 그대로 일본과 외국의 위기의식의 차이라고 해도 무방합니다.

BCP에서는 최악의 상황을 어떻게 대비하는 것일까요? 막연히 모든 것이 괴멸되어 불에 탄 벌판이 된 상황을 상정하는 것은 무의미합니다. 상정해야 하는 것은 '가장 목표로 삼고 있는 경영자원, 즉 보틀넥(bottleneck: 병목현상) 자원이 가장 바람직하지 못한 타이밍이어서 사용, 접근, 공급불능이 되면 어떻게 할 것인가?' 라는 것입니다.

구체적으로는 사업이 다 망하기 그지없는 시기에 재해가 발생한다면, 경력 10년 베테랑 기술자가 회사에 나올 수 없게 된다면, 혹은 중요한 기본 시스템이 가동되지 않는다면 하는 것을 의미합니다. BCP에서는 대지진이나 화산폭발이 언제 발생하고, 어느 정도의 규모인지에 관한 이른바 위험원인을 밝혀내는 것은 그리 중요하지 않습니다(이것은 방재와 초동대응의 문제입니다). 반대로 위험이 발생한 결과 보틀넥(병목현상)에 일어날 수 있는 최악의 상황을 상정해 얼마나 신속히 그 자원의 기능을 대체하고 회복할지에 중점을 두는 것뿐입니다.

1.3 회복 탄력성과 BCP

회복 탄력성이란?
조직의 회복 탄력성
공급 사슬의 회복 탄력성

1 회복 탄력성이란?

역사적인 사변이나 대재해는 때때로 사람들을 생각지 못한 사고에 몰리기도 합니다. 실제로 동일본대지진 발생 이후로 웬만한 재해는 대처할 수 있도록 "상정 외의 것을 상정해야 한다."라는 다소 과잉 반응이라고 생각되는 발언이 여기저기에서 떠돌았습니다. 재해방지력을 강화시킴으로써 중대한 위기에 대처한다. 이것은 바람직한 일입니다. 하지만 자연의 섭리를 강제로 인간이 관리한다는 강제성을 느낄 수 있습니다.

상정 이외의 것을 상정하는 것은 불가능합니다. '상정 외'라고 하는 것은 일어날 수 없는 일이 일어났을 때의 영향이 크고 한번 일어나면 마치 전에 그것을 예측하거나 대피할 수 있었을 것같이 보이고, 인식론 연구자 겸 작가인 나심 니콜라스 탈레브가 '블랙 스완'이라고 부르는 것과 다르지 않습니다. 그렇지만, 블랙 스완은 예측할 수 없다고 해도 상정 외의 피해를 받았을 때, 그것을 대나무 같이 유연하게 받아들여 신속하게 회복하는 능력을 몸으로 익힐 수 있을 것 같다는 것이 '회복 탄력성'의 개념입니다.

회복 탄력성(resilience)은 본래 물리학이나 환경학·심리학에 등장하는 용어로 곤란을 극복해서 완벽히 적응할 수 있는 힘, 회복력, 다시 일어설 수 있는 힘을 말합니다. 회복 탄력성의 형용사는 '회복력 있는(resilient)'으로 변합니다. 근래 사업 연속성 분야에서도 사용되어 본격적인 연구도 시작된 것 같습니다. 회복 탄력성은 BCP와 같은 도큐먼트(document: 기록)의 형식을 취하는 것이 아닙니다. 연습이나 훈련처럼 실행하는 것도 아닙니다. '상태'를 나타내는 말입니다. 물론 그 상태를 실현시키기 위한 수단으로서

제1장 / '사업 연속성 계획'이란 무엇인가?

BCP나 훈련 등 유형의 아이템으로 필요합니다.

이 책에서는 재해대응이나 사업 연속성의 의미로 사용하는 '회복 탄력성'을 두 가지 측면에서 생각해 보고자 합니다. 한 가지는 조직(기업)의 회복 탄력성이고, 다른 한 가지는 공급 체인의 회복 탄력성입니다. 영어로는 'organizational resilience'라는 용어가 있습니다(http://en.wikipedia.org/wiki/Resilience_(organization) 등). 이것도 재해나 위험에 대응과 신속한 회복을 목표로 하는 생각 같습니다만 역사가 짧아서 명확히 통일되어 있지 않은 것 같습니다.

2 조직의 회복 탄력성

이 장에서는 '조직(기업)의 회복 탄력성'이란 무엇인가, 어떤 조건을 만족시킨 상태가 조직의 회복 탄력인지 생각해 보겠습니다. 조직의 회복 탄력은 만일 재앙이 있어도 사업에 오는 영향을 피해 신속히 복구할 수 있는 능력으로 파악할 수 있습니다. 이것은 그대로 BCP의 목표인 사업 연속성 문화가 사내에 침투해 조직력과 하나가 되어 자율적으로 행동하는 상태와 중복됩니다. 다소 이상적인 면이 있지만, 구체적으로는 다음과 같은 점을 지적하는 것이 아닐까요.

① 위기를 감지하는 감각

'경영의 최고진', '현장의 최고진'에게 해당하는 것이지만, 위기 사태의 발생과 그 위험을 빠르게 인식하는 능력 즉, 위험 회복 탄력성이 있는 것이 중요합니다. 매스컴을 떠들썩하게 만들었던 불상사나 사건·사고의 대부분은 리더의 위험에 대한 회복 탄력성이 결여되어 있는 경우가 많습니다.

상황은 일상적인 비즈니스에서도 같습니다. A사와 B사가 막 합병을 했을 때, 통합한 것에 대한 이점만 보고 위험을 인식하지 못한다면 어떻게 될까요? 회복 탄력성이 있는 기업이라면 긴급할 때도 평상 시에도 발휘할 수 있습니다.

② 리더의 판단력과 수행력

이 장에서 말하는 리더란 긴급사태 발생 시 리더십을 발휘해야 할 책임이 있는 모든 입장에 있는 사람입니다. 최고 경영자에만 국한되지 않는 것입니다. 권한을 넘겨받은 그들은 눈앞에서 일어나는 상황을 빠르게 이해하고, 정보를 수집하거나 전달해 알리고 판단하여 최선의 지시를 내려야 할 책임이 있습니다. 재해의 위험을 막는 데 실패하거나 오히려 더 확대시키는 최대의 원인은 일련의 대응이 잘 안 되었을 때 발생합니다.

③ 원활한 정보 전달

재해를 악화시키는 최대 요인 중 한 가지는 '정보의 불투명성과 커뮤니케이션의 저해'에 있습니다. 정보 전달이란 이를테면 혈류와 같습니다. 정체 없이 흘러야만 정보가 필요로 하는 상대에게 샅샅이 도달합니다. 도중에 혈관을 막는 것이 있으면 바로 건강을 해치고 경우에 따라서는 목숨이 걸린 사태까지 발생하게 됩니다. 정보 전달에 한한 것은 아닙니다만 비상시에 계층의 울타리를 치우고, 평탄한 루트와 유연한 룰로써 신속하고 정확하게 상대에게 전하는 의사소통을 실현하는 것이 회복 탄력의 요건입니다.

④ 적응력

찰스 다윈은 "살아남는 종(種)이라는 것은 가장 강한 것도, 가장 지능이 높은 것도 아니다. 변화하는 환경에 잘 적응하여 살아남는 것이다."라고 말했습니다. 이 말은 재해 시의 회복 탄력성에도 딱 들어맞습니다. 아무리 뛰어난 복구방침이 BCP에 포함되어 있다고 해도 실제로 피해상황이나 재해로 인한 영향의 크기에 따라서는 원래 상태로 돌아갈 수 없는 것도 있습니다. 이럴 때 임기응변으로 방침을 전환하여 새로운 환경에 적응하는 결단과 용기, 그리고 창의적인 방법으로 극복할 수 있는 조직이 탄력회복적인 조직이라고 할 수 있습니다.

③ 공급 사슬의 회복 탄력성

공급 사슬이란 원재료의 조달부터 설계·제조·물류·재고·판매까지의 일련의 흐름을 가리키는 용어로서, 이 흐름 속에 들어간 구입처와 납입처라고 하는 관계에 있는 기업을 서플라이어(공급자)라고 합니다. 또, 이 생산 라인을 완벽히 관리하기 위한 방법을 공급망 관리(Supply Chain Management: SCM)라고 하며, 이것에 의해 대기업이나 글로벌 기업은 새로이 생산계획이나 배송계획을 세워, 필요한 원재료의 양을 각 공급자에게 통지해서 시장에서 필요한 상품을 시기적절하게 제공하고 있습니다.

복잡한 경제 환경에 얽혀있는 오늘날 비즈니스의 대부분은 공급 사슬의 일원으로서 연관되어 있다고 할 수 있습니다. 대규모 재해는 공급 사슬이 될 가능성이 높아지게 됩니다. 특히 일본에는 세계적으로 기술력 있는 중소기업이 몰려있는 지역이 곳곳에 있고, 이들 기업이 공급 사슬을 구성하고 있어서 재해 발생 시 어떻게 회복 탄력을 높일 것인가가 매우 중요한 과제로 되어 있습니다. 그 재해에 강한 공급자의 연결, 즉 회복 탄력이 강한 공급 사슬은 어떤 것일까요?

이 책에서는 다음 세 가지 사고방식을 제시하고자 합니다.

① 공급자 간에 제휴·협력 체제가 되어 있다

이것은 BCP의 사업중단 위험 대책의 응용 버전입니다.

어떤 기업도 자급자족으로 사업을 경영할 수 없고, 자사의 경영자원 확보 능력에는 한계가 있는 것부터, 자사 단독의 대책을 넘어 비상 시에는 이해관계에 있는 다른 기업(동업자·협력회사) 등과 연계·협력하는 약속을 하는 등의 옵션이 있습니다. 이것에 의해 자사 또는 상대기업이 재해를 입으면 장소나 기계장치·원재료의 제공을 비롯하여 상호 경영자원을 융통해 맞추거나 대체생산을 위탁하는 대응이 가능하게 됩니다.

공급 사슬의 경우 국내뿐 아니라 해외의 생산거점이나 협력기업을 포함해 복수의 기업체들이 유기적으로 연결되어 있지 않으면 안됩니다.

② 물류 네트워크에 내성이 있다

대규모 자연재해나 사고의 경우 제품과 서비스를 제공하는 물리적인 수송망이 단절될 가능성이 있습니다. 그 원인은 도로나 교량의 붕괴, 수송기지의 재해, 교통규제, 신호기의 일제 정지에 의한 엄청난 교통체증, 연료부족, 드라이버 부족, 수송차량의 파손 등 이유도 다양합니다. 따라서 수송 네크워크의 저해요인을 밝혀내 적정재고의 유지나 주요 스톡 포인트(대도시, 지방 소도시의 유통의 중계 기지)의 분산과 대체, 루트와 수송수단의 저해요인의 다중화(육상·해상·항공 등) 대책을 미리 짜놓는 공급망 관리가 구축되어 있는 것이 중요합니다.

③ '허브 기업'이 특별 지정되어 있다

공항의 기능을 예로 설명하겠습니다. 기상 악화로 인한 전편 결항이라든가, 항공회사의 파업, 테러 위협에 대한 경계의 원인으로 어느 공항이 가동을 정지시켰다고 봅시다. 그것이 지방의 작은 공항이라면 편수가 적기 때문에 많은 승객에게 영향을 주지 않습니다. 반면에 나리타 공항이나 상하이 공항, 프랑크푸르트 공항과 같은 소위 허브 공항이 기능을 멈추면 모든 나라와 지역을 연결해 주는 항공편이 결항하여 수많은 승객에게 영향을 끼칩니다.

공급 체인에서도 같은 경우가 있습니다. 어느 기업이 여러 가지 용도로 사용하는 범용소재를 다양한 업계에 제공하고 있고, 혹은 희소한 원재료와 부품을 생산하는 기업에 많은 거래처가 연계되어 있는 경우에 이 기업들은 허브 공항과 같은 입장이 됩니다(이 경우 허브 공항 같은 물리적으로 거대하고 복잡한 조직일 필요는 없습니다).

따라서, 이런 '허브 기업'이 재해로 인해 조업을 정지하면 공급체인 전체에 악영향을 끼칠 가능성이 있습니다([그림 1-1]을 참조).

제1장 / '사업 연속성 계획'이란 무엇인가?

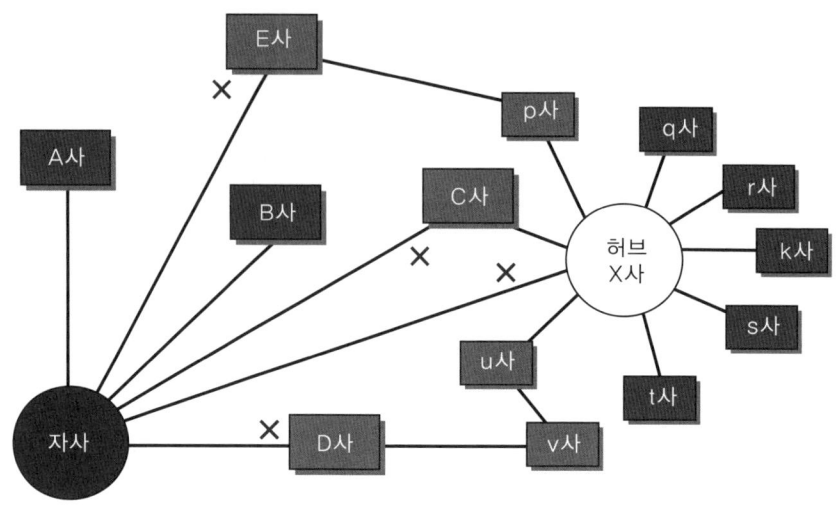

허브 기업 X사를 유지함으로써 X사는 본래대로
C사, D사, E사로부터의 공급정지도 회피할 수 있다.

[그림 1-1] 공급 사슬 회복 탄력성의 열쇠는 '허브 기업'

'허브 기업이 자체적으로 허브라는 것을 인식하고 있는 것, 허브 기업의 거래처도 그 회사가 허브라는 것을 알고 있는 것을 전제로 각각의 BCP를 책정하여 전제조건인 ①과 ②를 실천하고 있다.' 이것이 회복 탄력적인 공급체인의 하나의 형태라고 할 수 있습니다.

1.4 BCP의 기본형

BCP를 통해 명확히 해야 할 것
BCP 책정 프로세스 개요
행동계획으로서의 BCP
재해 방지 계획부터 BCP까지

1 BCP를 통해 명확히 해야 할 것

"BCP를 이해하는 데 상상력이 필요하다." 이것은 BCP의 책정을 경험한 조직의 담당자도, BCP를 지도하는 컨설턴트도 동일하게 실감하고 있는 부분입니다. BCP를 이론적으로 생각하는 것은 구체적인 전략을 세우기 위해 불가결합니다. 동시에 BCP에서 요구되는 것을 실제로 이미지화하는 연습도 몸소 익혀둘 필요가 있습니다. 사업 영향도를 분석하거나, 위험 영향 평가를 하거나, 사업 연속성 전략을 입안하거나 하는 것입니다. 이미지화하는 것이 곤란한 사람이 있습니다만 그들은 가끔 다음과 같은 실수를 범할 수 있습니다. 예컨대, 'BCP 책정회의가 시작하자마자 자동안부확인 시스템 도입에 얼마나 비용이 드는가?', '백업 서비스는 어느 업자가 가장 믿을 만한가?' 등의 상용 베이스의 대책 의논이 시작됩니다. 혹은, "피해 상정이 없으면 BCP가 만들어지지 않는다."고 하거나, 기상청이나 재해예방기관이 웹사이트에서 공개하고 있는 데이터 자체로 극히 상세한 시나리오를 가져옵니다. 어느 쪽이나 공통된 것은 지금 정말 필요로 하는 것을 스스로 이미지화할 수 없기 때문에 빌린 물건이나 기성품의 정보로 대신 사용하고 있다는 것입니다.

이런 실패를 하지 않기 위해서 먼저 모든 출발적인 위험을 정면으로 이미지하는 것부터 시작합시다. 다음과 같은 경우 당신은 어떻게 판단하고 대처할 것인지 생각해 보십시오.

• 일하는 도중에 갑자기 정전되어 컴퓨터나 조명을 사용할 수 없게 되었

습니다. 휴대전화로 뉴스를 보니, 전력회사에서는 복구 대책이 서 있지 않습니다.
- 큰 지진이 발생한 후, 전화도 휴대폰도 터지지 않고, 고객과 거래처의 연락이 끊어져 버렸습니다. 외근을 나간 사원과 가족의 안부가 걱정됩니다.
- 제조회사의 화재사고로 발주해오던 중요한 부품을 납품받을 수 없는 상황입니다. 게다가 바꿀 업자는 쉽게 찾을 수도 없고, 만약 찾았다고 해도 다시 주문을 하기에는 시간에 맞출 수가 없습니다.
- 폭우로 사무실의 복도까지 물이 침수되었습니다. 신속히 중요한 서류와 데이터를 안전한 장소로 옮겨야 합니다. 당신은 어떤 데이터나 문서 자산이 중요한지 바로 구별해낼 수 있습니까? 그 데이터와 서류를 도중에 파손·분실했다면 어떻게 하시겠습니까?
- 인플루엔자의 집단감염으로 생산 라인의 숙련된 기술자 5명 중에 3명이 회사에 나올 수 없게 되었습니다. 사실상 생산 라인은 정지 상태라고 할 수 있습니다. 당신이 라인의 책임자라면 어떻게 대처하시겠습니까?
- 기계장치에 중대한 문제가 발생해 급하게 라인을 멈추게 되었습니다. 거래처의 큰 회사들에 폐해를 끼치기 전에 다시 제조해야만 합니다. 그런데 그 시한은 언제입니까? 그리고 그 시한을 초과하면 어떤 영향이 있습니까?
- 한밤중에 강한 지진이 발생했습니다. 다음 날 아침, 회사로 달려가보니, 건물 일부분이 붕괴되어 있고 출입이 금지되어 있었습니다. 뒤이어 회사원들과 사장님까지 도착했습니다. 그들은 이후에 어떻게 행동해야 할까요?

이상은 '예상치 못한 사태'의 극히 일부분에 지나지 않습니다. 이것들은 모두 일어날 것 같지도 않는 것에 대해 질문을 한 것이 아니고, 아무 때고 발생할 수 있는 사례를 든 것입니다.

이 질문들을 어려움 없이 대답하는 사람은 BCP라는 개념 없이도 BCP에 필적한 재해 대응계획을 갖추고 있다 해도 좋습니다. 반면, 대답을 할 수 없는 사람은 사업 중단의 위험에 처해 있다고 해도 과언이 아닙니다.

더불어, 이 질문들의 배경에는 다음과 같은 근본적인 물음이 있는 것도 덧붙여 둡니다.

- 당신의 조직에서 사업목적·방침은 무엇입니까?
- 비상시에 사업의 목적과 방침이 달성되지 않을 때 가장 곤란한 것은 누구입니까?
- 비상시에 사업의 목적과 방침을 달성하기 위해 할 수 있는 일(미션)은 무엇입니까?

BCP를 책정한다고 하는 것은 이런 근본적인 물음에 대한 일관성 있는 대답을 찾아내는 것입니다.

② BCP 책정 프로세스 개요

BCP 책정 과정은 아래 ①~⑦의 과정을 거칩니다([그림 1-2] 참조). 이것은 문헌 기록으로서 BCP가 완성하기까지를 취급한 것이지만 완성 후에는 BCP를 활용한 연습이나 정보 갱신, 재검토의 흐름이 있습니다(제3장 참조).

① BCP 책정의 준비

BCP 책정 활동을 프로젝트라고 부르려면 먼저 프로젝트의 시작에 상응하는 준비가 필요합니다. 이 장에서는 BCP 책정회의에 모이는 멤버를 결정할 때의 포인트와 BCP 책정 지표라고 할 수 있는 BCP 도입계획서 작성 순서에 대해서 설명합니다.

② BCP의 방향 결정

BCP의 방향을 두 개로 나누어 생각해봅니다. 첫 번째는 '적용범위'의 문제, 다른 하나는 '재해의 상정'입니다. 전자의 적용 범위란 사업 목적이나 경영이념의 확인, 지켜야 하는 사업의 책정, 사업 활동의 범위를 가리키는 것입니다. 후자의 재해 상정에는 기업으로서 경계해야 할 재해의 선정, 피해상정의 정도에 대해서 살펴봅니다.

③ 사업 이해와 중요한 활동

BCP를 통해 사업을 지키고 유지하기 위해서는 무엇보다도 사업에 필요한 요소를 이해해야 합니다. 인간에 비유하자면, 건강한 몸을 유지하기 위해서는 먼저 자신의 몸 상태를 정확히 아는 것부터 시작하는 것과 같습니다. 다음으로 사업에 필요한 요소를 재해로 잃었을 때 영향을 추정해 그곳에서부터 사업을 계속하기 위해 몇 가지 지표를 세웁니다.

④ 위험 대응

'진도 6의 지진' 같은 재해 원인에 근거한 위험의 상정으로부터는 예방적인 대책 이미지밖에 생각나지 않습니다. BCP에서는 '사원이 회사에 나올 수 없다', '서버를 사용할 수 없다', 이런 사업을 중단시키는 요인(=재해의 결과나 영향)을 근거로 하여 위험을 평가하고, 여러 가지 대책을 세웁니다.

⑤ 사업 연속성 전략의 입안

이 장에서는 ③에서 결정한 내용을 기준으로 하여 사업이 중단되었을 때 신속한 계속·복구 요건을 세웁니다. 사업 연속성을 위한 전략(대체 수단)은 경영의 근간과 관련된 것만으로 정성들인 옵션과 근본을 준비한 뒤에 경영관리 레벨을 합의해야 합니다.

⑥ 행동계획의 입안

⑤까지는 BCP의 부품을 수집하는 작업이었습니다. 이 부품을 조립하는 순서가 이 장에서 설명하는 '행동계획'의 입안이며, 재해의 발생 → 피해 상황의 판정 → BCP 발동의 판정 → 연속성 대책의 실행 및 부문별의 재해 복구에 이르는 활동에 들어갑니다. 뒤에 설명하는 바와 같이 BCP의 행동계획

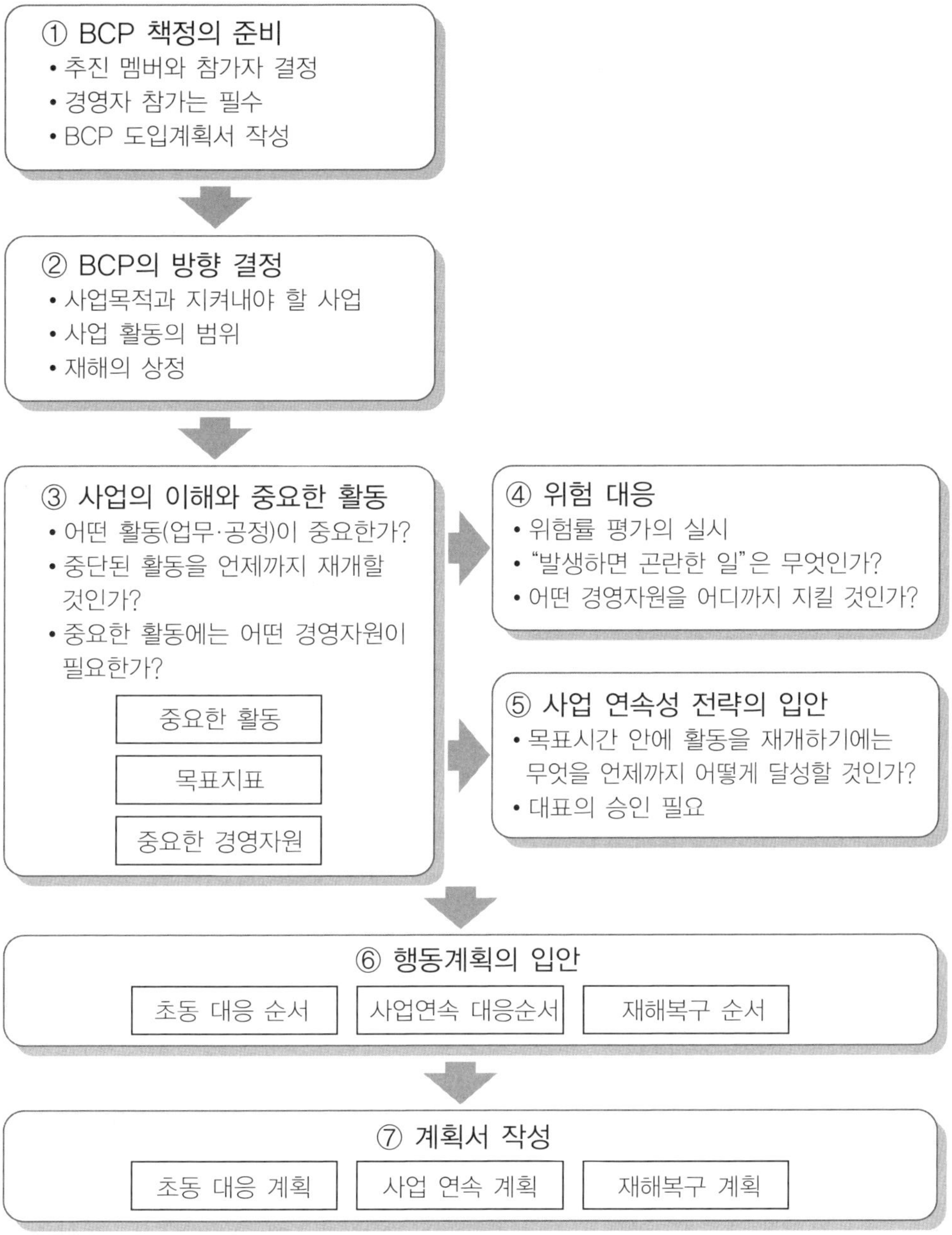

1.4 BCP의 기본형

① BCP 책정의 준비
- 추진 멤버와 참가자 결정
- 경영자 참가는 필수
- BCP 도입계획서 작성

② BCP의 방향 결정
- 사업목적과 지켜내야 할 사업
- 사업 활동의 범위
- 재해의 상정

③ 사업의 이해와 중요한 활동
- 어떤 활동(업무·공정)이 중요한가?
- 중단된 활동을 언제까지 재개할 것인가?
- 중요한 활동에는 어떤 경영자원이 필요한가?

  - 중요한 활동
  - 목표지표
  - 중요한 경영자원

④ 위험 대응
- 위험률 평가의 실시
- "발생하면 곤란한 일"은 무엇인가?
- 어떤 경영자원을 어디까지 지킬 것인가?

⑤ 사업 연속성 전략의 입안
- 목표시간 안에 활동을 재개하기에는 무엇을 언제까지 어떻게 달성할 것인가?
- 대표의 승인 필요

⑥ 행동계획의 입안
- 초동 대응 순서
- 사업연속 대응순서
- 재해복구 순서

⑦ 계획서 작성
- 초동 대응 계획
- 사업 연속 계획
- 재해복구 계획

[그림 1-2] BCP가 완성되기까지의 흐름

은 초동 대응, 사업연속 대응, 재해 복구의 세 가지로 구성되어 있습니다.

⑦ 계획서 작성

BCP를 제대로 운용하려면 각각의 부품을 모아 조립하는 순서를 정하고 다음 단계로 지금까지의 결정과 합의 사항을 가시화하는 것이 필요합니다. 여기서는 BCP를 문서로 작성하기 위한 순서를 포함하여 문서를 완성한 후 운용과 유지보수에 대해서도 설명합니다.

> **주의**
>
> [그림 1-2]에는 최종 아웃풋이 '초동 대응 계획', '사업 연속 계획', '재해 복구 계획' 세 가지로 구성되어 있습니다. BCP란, '사업 연속성 계획'의 부분만을 책정한다고 생각하는 분은 당황하실지 모르겠지만 상세하게는 다음의 ③에서 설명합니다. BCP에는 이 세 가지를 포함한 총칭(넓은 의미의 BCP)과 중심 부분의 통칭(좁은 의미의 BCP)이 있다고 이해해 주세요.

③ 행동계획으로서의 BCP

위에서 설명한 각 스텝은 BCP를 구성하기 위한 소재가 되는 정보를 입수·검토·선택·합의·문서화하는 프로세스인데, 여기서 유의해야 할 점은 이 아웃풋이 긴급할 때 판단과 행동이 어떤 액션으로 어떤 위치에 서게 되는지 이미지화해가면서 진행할 필요가 있다는 것입니다.

이것들을 의식하지 않으면 직소 퍼즐의 세계에서 헤매는 것처럼 당황하거나, 전망의 악화를 경험하게 될 것입니다. 여기에서는 BCP를 행동의 측면에서 파악한 '행동계획'에 대해 살펴보겠습니다. BCP의 행동은 재앙 발생 직후 대응부터, 사업유지에서 복구까지 이어져 재해 대응을 종식시키기까지를 말합니다. 이 일련의 흐름은 '초동 대응', '사업연속 대응', '재해

[그림 1-3] BCP의 행동 계획

복구'로 불리며, BCP의 행동계획을 결정하는 중요한 측면입니다(그림 1.3 참조). 일반적으로 BCP는 세 가지 측면 전체를 가리키지만 엄밀히 말하면 이것은 '넓은 의미의 BCP'이며, BCP의 핵심 부분에 해당하는 사업계속 대응은 '좁은 의미의 BCP'라고 할 수 있습니다.

① 초동 대응

초동 대응에는 가장 초기에 하는 행동으로 재해 발생 확인, 신체 안전의 확보, 화재 초기 진압, 부상자 구조, 가장 가까운 안전한 장소로 피난하는 것 등이 있습니다. 다음으로 관계자의 안전이 확보된 시점에서 안부 확인을 합니다. 안부 확인을 할 때는 사원의 연락처 리스트를 정비하여 복수의 안부 확인 수단을 갖는 것이 중요합니다. 그리고 사업의 원활한 운영을 저해하는 사태임이 판명되면 바로 대책 본부를 세웁니다.

대책 본부원의 모임과 장소 확보에 대해서 명확한 기준을 세워두는 것이 중요합니다. 스태프 모임 여부나 상품과 서비스의 공급 중단, 라이프 라인(생활을 유지하기 위한 여러 시설)의 정지 상황, 중요 시설 기관이나 사내 인프라의 재해 상황 등을 확인하고, 긴급을 필요로 하는 경우에는 응급조치를 취합니다. 비상시의 상황을 확인한 결과 사업을 계속할 전망이 보이지 않는다고 판단된다면 신속히 BCP를 발동해서 필요한 스태프 멤버를 소집합니다. 그 후에 중요 업무를 계속 진행할 그룹, 복구와 정리를 할 그룹, 회사 기능을 유지할 그룹으로 나누어 각각의 임무를 수행합니다.

② 사업 연속 대응과 재해 복구

사업 연속성은 일상적인 복구 대응으로는 시간이 너무 많이 소비되기 때문에 손이 늦어지는 경우에 발동합니다. 말하자면 가상 복구 대응에 대비할 수 있습니다. 여기에 중요한 두 가지 포인트가 있습니다.

첫 번째는, '누가 무엇을 준비할 것인가?' 하는 담당자의 역할을 명확히 하는 것과, 다른 하나는 '언제까지 준비할 것인가?'인 달성 시간(목표 복구 시간)의 명확화입니다. 긴급사태는 시간과의 싸움입니다. 특히 '언제까지'

제1장 / '사업 연속성 계획'이란 무엇인가?

가 정해지지 않은 행동계획은 시간을 정하지 않고 목적지에 도달하는 것과 같은 것으로 BCP라고는 부르지 않습니다.

사업연속 대응에 대해 재해 복구는 가상 복구에서 긴박한 상황을 견디고 있을 때, 통상의 업무가 행하여지는 상태로 돌아가기 위한 활동입니다. 재해 복구를 개시하는 시기는 BCP의 발동과 거의 같은 시간이거나 재해 현장의 안전이 확보된 시점이 됩니다.

4 재해 방지 계획부터 BCP까지

재해 방지 계획(여기서는 소방 계획이나 재해 방지 대책 계획 매뉴얼의 총칭입니다)은 많은 기업이나 학교·병원·복지시설에 널리 보급되어 있습니다. 대략적으로 말하면 BCP의 위상에서 말하는 '초동 대응'에 상응되는 규정이기 때문에 이미 재해 방지 계획을 완비해 둔 조직의 경우에는 BCP 책정을 초동 대책 이후의 부분 즉, 주요 업무의 지속과 복구에 관련된 부분을 중심으로 검토하고 결정하면 좋습니다.

기존의 재해 방지 계획을 기초로 하면 익숙한 서식을 활용할 수 있고, BCP 책정의 노력과 시간을 절약할 수 있다는 이점이 있습니다.

[그림 1-4]를 기초로 좀 더 자세히 설명하겠습니다.

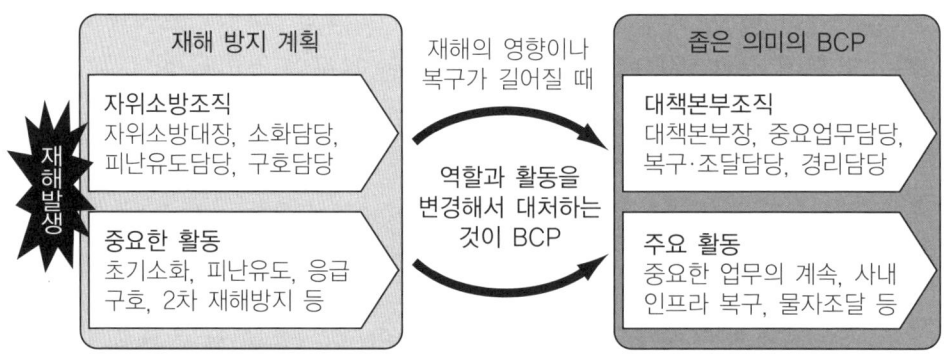

[그림 1-4] 재해 방지 계획부터 BCP까지

재해 방지 계획은 재해가 발생하면 자위소방조직의 멤버가 자동 집합하여 초기 화재 진압이나 피난 유도·안부 확인·구호 등의 역할에 최선을 다합니다. 그 주된 목적은 재해 발생 시의 안전확보와 2차 재해의 확대방지에 있기 때문에, 구체적인 조직의 역할이나 권한은 초동 대응의 범위로 멈추게 되어 있습니다. 지진이나 수해와 같은 재해의 영향이 장기화되어 복구가 진행되지 않는다면, 임기응변으로 그때그때 상황에 맞게 생각하고 행동하는 수밖에 없습니다. 한편 BCP는 당연히 재해의 영향 때문에 바로 본래의 조직 활동을 재개할 수 없는 상황이 계속될 것 같다고 판단되었을 때 발동하는 사후대응의 계획입니다. 재해 방지 계획은 전부 복구하지 못한 초동 대응 이후에 힘을 발휘하는 계획입니다. 양자는 전반과 후반의 형태로 보완관계에 있습니다.

재해 방지 계획과 협의의 BCP 부분 두 가지를 병용해 간이형 BCP로 하는 경우 적용되는 것은 비교적 소규모인 중소기업이나 상점·학교·병원·복지시설 등 비상시에 종업원의 역할이나 이해관계자에 대한 대응 범위가 비교적 작은 조직으로 한정됩니다.

사업이나 조직의 규모가 크고 복잡해 보다 치밀한 위기관리 대응을 바란다면 전체적으로 일관성 있는 본격적인 BCP를 책정할 필요성이 있는 것은 말할 필요도 없습니다. 간이형 BCP를 책정한 경우라면 필요에 따라 정기적인 재검토와 개선의 기회를 통해, BCP로서 재해 방지 계획 부분을 초동 대응 계획에 업그레이드해서 내용에 충실히 할 것을 권장합니다.

02
BCP의 책정 단계

STEP 01 BCP 책정 준비
STEP 02 BCP의 방향 정하기
STEP 03 사업 영향도 분석(BIA)
STEP 04 위험률 평가
STEP 05 사업 연속성 전략의 안건
STEP 06 행동계획의 입안
STEP 07 계획서 작성법

STEP 01 BCP 책정 준비

BCP 책정 프로젝트의 시작
프로젝트 계획서 작성
프로젝트 계획의 승인
예상되는 질문

1 BCP 책정 프로젝트의 시작

총무부 A씨가 BCP(사업 연속성 계획) 작성법 세미나에 참석하여 터득한 지식을 인용해 업무 중간중간 틈틈이 BCP 양식을 만들어 대략적으로 기입해 간다고 생각해 봅시다.

상사와 사장의 승인까지 받아내고 완성한 BCP를 파일철로 정리하며 안도의 숨을 쉬는 A 씨. 그러나 실제로 재해가 발생해 발 디딜 틈도 없는 무시무시한 재해 현장에서 위와 같은 과정의 BCP로 과연 사장의 인정을 받을 수 있을까요?(A 씨에게는 미안하지만…)

위기에 빠진 사업을 어떻게 하면 빨리 회복시켜 존속케 하느냐에 대해 규정한 BCP는 경영자의 사고가 반영되어 있지 않으면 "불상을 만들고 혼을 넣지 않았다."라고도 말할 수 있습니다. 따라서 BCP 책정 회의에는 매회 최고경영자를 포함시키고 긴급 상황에 대응하는 방법을 생각해 나가기 위한 체제를 만들어야 합니다. 아래에는 BCP의 책정에 경영자를 정점으로 해서 의사결정 경영진이 참여하는 프로젝트를 추진하기 위한 요점에 대해 설명합니다.

회사마다 조직의 직위명이나 정의에 다소 차이가 있습니다만 다음과 같이 정의하겠습니다.

① 경영자

사장 혹은 사장과 동등한 권한을 갖는 임원 클래스가 총책임자로 참가합니다. 공장이나 사업부 단위로 BCP를 책정하는 경우에는 공장장이나 사업

부장도 포함합니다. 경영자가 참가하는 이유는 앞서 설명한 그대로 BCP 책정의 각 국면에서 하향식(top-down : 톱 다운-회사에서 임원진이 의사 결정하고, 상부에서 하부로 전달하는 것)에 의한 의사결정이 필요하기 때문입니다. 경영자에겐 유사 시에 지도자로서 역할을 다해야 할 의무가 있습니다.

② 관리자층

BCP가 대상으로 하는 사업 부문과 사내 인프라를 유지하는 부문의 책임자(IT 부문, 건물이나 전화·전기·비품 등을 관리하는 총무부), 백 오피스 부문(영업·재무·인사·법무)의 책임자도 참가합니다. 관리자층에 대해서는 각각 하위 책임자 즉, 여러 공정이나 사무의 현장 주임도 참가함으로써 보다 구체적인 작업을 진행할 수 있습니다. 단, 너무 많은 사람으로 구성되지 않도록 주의해 주세요.

또 조직개편에 관한 주제로서, BCP 책정 프로젝트의 멤버와 긴급 시에 참석할 대책 본부 멤버를 같이 할 것인지 별도로 할 것인가의 문제가 뒤에 나올지 모릅니다. 이에 대해서는 BCP 책정에 참여하는 멤버와 대책 본부를 구성하는 멤버를 같이 하는 것이 대체적으로 바람직하다고 할 수 있습니다. 멤버가 다르면 책정 과정을 통해 공유·합의한 방침과 순서를 다시 한번 대책본부 조직으로 계승하는 수고를 또 해야 하기 때문입니다. 중소기업에서는 다른 멤버를 지명할 여유가 없기 때문에 필연적으로 같은 멤버가 되는 경우도 적지 않습니다. 제조업의 BCP 책정 프로젝트와 대책 본부의 활동이 겹치는 멤버의 사례는 다음과 같습니다.

- 프로젝트 책임자 – 사장, 전무, 임원, 공장장 등
- 사무국 – 총무·인사부장(회의록 작성, 의견·조사·분석 결과 정리)
- 참여 멤버 – 각 부문의 입장을 전략적으로 BCP의 방침으로 입안하는 멤버

제2장 / BCP 책정 단계

- 생산부장
- 제조부 책임자
- 영업부장
- 정보 시스템부장
- 재무부장
- 인사부장

② 프로젝트 계획서 작성

멤버가 모이면 프로젝트 실시 계획서를 작성합니다. 계획서 작성 목적은 아래의 ①~③과 같습니다.

① BCP 책정의 목적과 목표를 명확히 한다

BCP는 다소 오해받기 쉬운 측면이 있는 것도 사실입니다. 예를 들면, 재해 방지 대책과 같은 것이라고 혼동하는 사람도 있습니다. 일본은 지금까지 지진 재해 방지 대책에 심혈을 기울여온 역사가 있습니다. "우리 회사 사옥은 내진 보강 공사를 마쳤기 때문에 BCP가 필요 없다."고 생각하는 경영자도 있습니다. IT 관리자 중에는 "정보 시스템의 장해 대책 중 하나에 지나지 않는다."라고 하는 사람도 있습니다.

이런 오해를 일으키지 않도록 BCP는 경영 전략상의 문제여야 하며, 단순히 사원의 안전이나 사업 자산을 보호하는 것만을 목적으로 하는 '재해 방지 대책'과는 달리 회사가 오랫동안 키워온 기업 이해관계자들과의 신용·신뢰 관계를 유지하고, 공급의 책임을 다하는 것을 '목적'과 '목표'로 하는 간결한 형태로 만들어야 합니다.

② 예상치 못한 사태에 직면했을 때 지켜내야 할 사업을 명확히 한다

어떤 경영자는 "예측하지 못한 사태에 직면했을 때 어떤 사업을 먼저 지켜야 하는지 판단해서 답이 나오는 것도 아니고, 그런 사고방식이 이해되지도 않는다. 우리 회사는 어떤 사업이든 똑같이 소중하다."라고 말합니다.

그러나 이것은 사업을 '재산'으로 보는 평범한 발상에 지나지 않습니다. 사업 중단이라는 긴급사태에 직면하면 막상 이런 생각이 떠오르지 않을 것이 분명합니다. '트리아지(triage: 부상자 분류)'라는 작업을 예로 보겠습니다. 트리아지는 재해 시 의료 장소에서 부상자나 환자의 심각성이나 긴급한 정도에 따라서 처치 우선순위를 정하는 작업입니다. 한정된 의료진과 의약품을 가장 유효하게 활용하면서 가장 많은 환자의 목숨을 구하기 위한 방법으로 활용되고 있습니다.

만약 실려 온 부상자와 환자를 모두 무차별적으로 치료하려고 하면 순식간에 의료 자원이 부족해질 뿐만 아니라, 목숨을 구해야 하는 타이밍을 연속해서 놓쳐버리게 됩니다. BCP가 사업의 우선순위를 정하는 것은 제한적인 경영 자원을 가장 효과적이고 효율적으로 사업의 지속과 복구를 위해 분류해 두어 단지 유형 자산만 지키는 것이 아니라 사회에서 가장 중요한 신용과 신뢰 관계, 경쟁력 등의 무형 자산을 지키기 위한 최선의 방법입니다.

③ BCP 책정에 대해 전 회사적 이해와 협력을 구한다

BCP 책정 작업의 과반수는 조사나 관계자의 조정으로 이루어집니다. 이때 각 부서의 부장이나 과장·주임, 혹은 현장 담당자를 비롯한 수많은 협력자가 필요합니다.

따라서 BCP의 의의나 목적을 경영자나 관리자층에 승인을 받고, 책정 활동과 관련해서 합의와 협력에 대한 약속을 주고받을 필요성이 있습니다. BCP의 책정은 이른바 전 회사의 활동이자 사장을 비롯한 많은 사람들의 이해와 협력 없이는 성공할 수 없습니다.

계획서에 기록할 참고 사항은 아래와 같습니다(전부 동일하지는 않습니다). 또한, 부록 1에 실행 계획 샘플이 기재되어 있으니 참고로 하세요.

■ BCP 책정 프로젝트의 목적
　BCP의 의의와 프로젝트를 통해 어떻게 BCP를 구축할 것인가를 명확

제2장 / BCP 책정 단계

히 합니다. 뒤에 설명할 프로젝트 승인 회의도 유념하여 확인해 주세요.

■ **사업 종류(사업 구성)의 리스트**
BCP 책정의 첫 단계로서 재해로부터 지켜내야 할 사업을 선정하는데 그 기반이 되는 정보로 자사가 주력하는 사업 목록을 활용해 주세요.

■ **성과(아웃풋)**
BCP 문서의 기록과 함께 관련 자료명도 반드시 명기합니다.

■ **프로젝트 멤버와 각 부문의 협력자**
현장 주임, 경우에 따라서는 협력 회사의 사원 이름도 기재합니다.

■ **일정**
완성까지의 일정을 기재합니다. 회사의 규모에 따라 다르지만, 월 3회 프로젝트 회의를 열어 2~4개월 정도의 기간이 필요하다고 여겨 집니다.

③ 프로젝트 계획의 승인

계획서가 완성되면 사무국 내에서 확인하고 문제가 없으면 프로젝트 참가자에게 제시하여 이해와 승인을 구합니다. 경영자와 앞으로의 조사에 협력해 줄 관리자 팀을 모아 BCP 방향성의 확인과 협력 요청을 하십시오. 경영자의 승인을 받고 정식으로 BCP 책정 활동이 시작됩니다.

계획의 승인 정도라면 경영자에게 제출하는 것만으로도 충분하다고 생각할 수 있을지 모릅니다만 관계자를 소집하게 하는 이유는, 프로젝트의 멤버는 "뜻을 반드시 같이 하지는 않는다."는 단 한 가지의 이유 때문입니다. BCP에 대한 이해도와 필요성, 기대하는 정도를 그 장소에서 확인해 사장이나 전무, 부장이나 과장들의 합의를 받을 필요성이 있습니다.

예를 들어 경영자나 부서장이 BCP를 재해 방지 대책 매뉴얼과 같은 것으로 잘못 알고 있거나, 정보 시스템의 사용 가능성을 강화하는 목적으로 이해하고 있거나, 재해에 강한 기업으로 자사를 어필하기 위한 광고 수단 정도로만 생각하고 있다면 BCP도 그 정도로밖에 만들어지지 않습니다.

BCP를 도입하여 얻을 수 있는 효과나 이점은 다양하지만 잘 작성된 BCP를 도입해야만 비로소 실현시킬 수 있습니다.

BCP에 대한 몇 가지 오해나 편중된 기대를 안고 있는 그대로 책정 계획을 승인한다면 실제 조사 단계에서 좀처럼 협력을 얻을 수 없고, 다음 단계가 허락되지 않을 것입니다.

최악의 경우에는 BCP 책정 계획이 중단되는 상황이 발생하기도 합니다. 가까스로 완성되었다고 해도 경영자의 방침과 방향성이 제대로 반영되지 않은 BCP는 나침반을 탑재하지 않은 배와 같아 연습이나 보수 유지도 허술해져 결국에는 책상 밑에 숨는 것밖에 되지 않습니다.

4 예상되는 질문

경영자는 이익과 비용에 대해 엄격합니다. 어떤 활동을 시작할 때 그 의미와 목적은 물론이고 그것이 어떤 가치를 생산하는지, 그 가치를 만들어 내기 위해서는 어느 정도의 비용이 드는지 주의를 기울입니다. 부장과 과장도 예외는 아닙니다. 그렇지 않아도 여러 가지 일로 바쁜 그들에게 더 많은 요청을 하는 것이기 때문에 납득할 수 있는 대답을 준비해 두어야 합니다.

여기서는 프로젝트 계획 발표에 있어서 경영자와 관리자로부터 BCP에 대한 예상되는 질문을 상정해 그 해답의 방법이나 대처 방법에 대해 설명하겠습니다.

Q1 BCP를 도입하면 어떤 이점이 있습니까?

BCP를 토대로 사업 연속성 체제를 구축한다면 아무런 대책도 세우지 않았던 경우에 비해 훨씬 손해를 적게 볼 수 있습니다. 또, 빠른 복구를 위한 대책이나 절차를 미리 정해 두기 때문에 매상(賣上) 기회 상실이나 고객 유실, 경쟁력의 저하나 기업의 이해관계자에 미치는 영향을 최소한으로 억제해 사업 중단의 위기를 극복할 수 있습니다.

또한, 국내외를 불문하고 오늘날의 비즈니스는 BCP를 도입한 적극적인 기업 즉, 사업 중단 위기에 강한 기업을 요구하고 있습니다. BCP는 신용과 평가 면에서 거래를 유리하게 이끄는 주요 원인이 되고 있습니다. BCP를 가짐으로써 금융기관으로부터 우대 융자를 받을 수 있는 제도 또한 정비되어 있습니다.

Q2 성과물은 무엇입니까? 눈으로 볼 수 있는 형태를 원합니다.

먼저 사업으로의 영향 조사는 BIA 리포트(후설)를 작성하고, 전 부서가 어떤 업무를 우선적으로 복구해야 하는지, 업무 중단의 허용 기한은 언제인지 등의 흥미 있는 결과를 보입니다. 이와 같은 위험률 평가에 대해서도 경영 자원의 취약성이나 어떤 예방책이 필요한지 보고서를 정리해 제출합니다. 또 최종적으로는 사업 연속성 계획이라는 문서를 완성시켜 배포합니다.

Q3 BCP가 가능한지, 못하는지의 여부는 어떻게 확인할 수 있습니까?

BCP의 유효성은 몇 가지의 테스트나 연습을 통해 확인할 수 있습니다.

Q4 자사에서 BCP를 갖추고 있어도 라이프 라인(생활 유지를 위한 주변 생활 시설)의 기능이 멈춰있다면 그림의 떡이 되는 것입니까?

BCP에서는 라이프 라인의 복구 여부 등의 외적인 요인보다도, 목표로 하는 기한 내로 복구하기 위해서 어떻게 해야 하는가를 검토합니다. 정전이 계속되도 수리업자가 올 수 없고, 따라서 복구의 기미가 보이지 않는 상황을 가정해, 미리 정해둔 대체 시설로 옮기거나 협력 회사에 제조나 서비스 업무를 위탁하는 일도 있습니다.

Q5 당사는 A사에서 생산하는 희소원료를 수입하고 있는데, 만약 A 사가 재해를 입게 되면 당사의 라인은 멈출 수밖에 없습니다. 이때 BCP에서는 어떤 대처를 해야 합니까?

이것은 확실히 BCP를 운용하고 있는 대기업이나 중견 기업이 중소기업

STEP 01 BCP 책정 준비

에 대해 안고 있는 문제와 같습니다. 이런 경우에는 A사에 BCP 책정을 장려하고, 재해를 입었을 때 복구 지원을 나가는 보호 대책을 실행합니다. 또 A사의 재료를 사용하지 않고 범용성이 높은 원료를 타사로부터 조달하는 방법도 검토합니다.

Topics   BCP에서 '재해'의 의미

'재해'라는 용어를 접했을 때, 대다수의 경우는 지진이나 태풍 같은 자연재해나 화재·폭발 사고 등 물리적인 파손이나 손실이 있는 상황을 머릿속에 떠올립니다. 그러나 BCP에서는 사업(업무)을 중단·혼란시키는 돌발적인 상황을 모두 '재해'라고 간주합니다. 자연재해나 화재 사건 이외에 큰 정전 사고, 테러 공격, 폭동, 신형 인플루엔자 같은 역병을 포함해 넓은 범위를 지칭한 '재해'는 디재스터(disaster) 혹은, 디스럽션(disruption)으로 부르고 있습니다. 이 책에서는 '재해'라는 용어를 디재스터나 디스럽션과 같은 의미로 사용하고 있습니다.

STEP 02 BCP의 방향 정하기

BCP의 적용범위 정하기
재해의 상정

STEP 02 1 | BCP의 적용범위 정하기

1 사업 목적과 기업 이해관계자의 가시화

재해로부터 사업을 지키기 위해서는 먼저 사업을 성립시키기 위한 요소와 사업의 활동 범위를 가시화해야 합니다. 이 요소와 범위를 정하지 않고 BCP 책정에 착수하는 것은 목적지도 정하지 않고 떠나는 여행과 같은 것입니다. BCP에서는 재해로부터 지켜야 할 요소와 활동 범위를 '적용 범위(scope)'라고 합니다. 이것은 다음과 같이 설명할 수 있습니다.

- 사업 목적(조직의 활동 목적)으로 주목한 범위
- 사업 활동과 긴밀하게 연관되어 영향을 주는 기업 이해관계자의 범위
- 사업 활동을 위해 필요한 의존 자원의 범위

사업의 목적이란 "우리는 무엇을 위해 활동하고 있는가?"라는 것입니다. 사업에는 '사람'이 있고, 그 사람이 자사에 대한 기대를 하며 서로 '신뢰관계'가 확립되어 형성됩니다.

재해로 인하여 사업의 목적이 달성되지 않는다고 하는 것은 이 '사람·기대·신뢰'가 무너진다는 것입니다. 사업의 목적은 업종에 따라 큰 차이가 있습니다.

제조업이나 서비스업에서는 고객에 대한 공급 책임과 경쟁력의 유지가 목적이 되며, 공공 교통기관에서는 사용자의 안전이 목적이 되고, 자치단체나 병원, 복지사업에서는 이용자의 생명과 건강의 유지에 주목합니다.

다음은 이런 사업에 관련된 이해관계자 즉, '기업의 이해관계자'를 떠올려 주시기 바랍니다. 고객·종업원·투자가·주주·공급자·공공 지역의 주민, 규제 당국 등 사업 활동을 통해 여러 사람이 연계되어 있다는 점을 느끼실 것입니다. 기업 이해관계자와의 관련 정도는 그들이 당신의 조직 활동에 대해 요구하고 기대하는 것과 같이 필요의 정도에 비례합니다.

어떤 사람은 사업을 통해 제공되는 제품과 서비스의 이점을 누리고 싶다고 생각합니다. 또 다른 사람은 당신의 조직을 경쟁자로서 혹은 감시 감독하는 입장에서 바라볼지도 모릅니다. 그리고 마지막으로, BCP의 전략이나 전술, 위험 대책을 확립한 뒤에 필요로 하는 것이 사업 활동을 위해 없어서는 안되는 의존 자원의 범위입니다. 사업은 자사 단독으로 자급자족할 수 없습니다. 사업의 흐름을 보면 입력(input) 측면에서는 발주처나 매입처(공급자)가 있고, 사내 프로세스에는 종업원이나 생산 설비, IT 등이 있습니다. 그리고 출력(output) 측에는 운송업자와 납입처·고객·소비자·일반 시민이 있습니다. 이상 세 가지를 고려하는 것이 BCP로 지켜야 하는 적용 범위를 정하는 것이며, 확고부동한 BCP를 구축하기 위한 밑그림이 되는 것입니다.

이것들에 대해서는 프로젝트 계획에 기재되어 있는 사업의 종류를 따라 확인해 주세요. 다음의 항목부터는 BCP의 적용 범위를 확인하기 위한 구체적인 방법에 대해 설명합니다.

2 지켜야 할 사업의 선정

여기서는 BCP가 어떤 사업(제품이나 서비스)을 지키는 것인가를 설명합니다. 이것은 복수의 사업을 경영하고 등급이 다른 여러 가지 단골처에 제품과 서비스를 제공하고 있는 기업이 가장 먼저 다루어야 할 중요한 검토 사항입니다. 순서는 아래와 같습니다.

① 사업 구성을 이해한다

사업 구성에 관한 기본 정보는 프로젝트 계획에 기재되어 있는 주력 사업의 목록을 참조합니다. 각 사업마다 과거 수년간의 업적이나 거래 실적 등, 비교적 상세한 정보를 미리 준비해 두면 검토가 수월합니다. 일례로 어느 회사가 다음과 같은 사업 구성과 거래처를 갖고 있다고 가정해 봅시다.

사업 구성	거래처
• X 제품의 제조 • Y 제품의 제조 • Z사 전용 OEM 공급 • 기술 컨설턴트	• 상장 기업 20사 30공장 • 그 외의 중소 400사

② 조사 관점을 준비한다

사업 중단 사태에 직면했을 때 경영자나 영업부장, 생산부장들은 어떤 사업의 존속을 가장 걱정할까요? 최소한 단골에 대한 공급은 유지하고 싶다고 생각할까요? BCP에서는 먼저 이 두 가지를 가시화해야 합니다. 이것들을 검토하기 위한 관점은 다음과 같습니다.

- 사업의 성장성
- 경쟁력(기술·가격 등)
- 시장 점유율
- 이윤의 크기
- 위약금이나 범칙금의 크기
- 기업 이해관계자에게 미치는 영향(손실·사명·책임의 중대성)
- 법령·규칙에 대한 저촉

이러한 관점은 [표 2-1]과 같은 평가표(여기에서는 '사업 선정 매트릭스'라고 지칭합니다)를 작성하고 사업 중단의 영향도로서 A, B, C(고, 중, 저)의 순위로 준비하여 평가해 보십시오. 이 사례에서 평가 포인트는 4개가 있습니다.

- '사업의 성장성'은 Y>X로, Y 제품 쪽에 성장 기대가 있습니다.
- '시장 점유율'은 현재 X>Y로, X 제품의 점유율이 높은 것을 알 수 있

STEP 02 BCP의 방향 정하기

습니다.
- '이윤의 크기'는, 시장 점유율과 같은 방법입니다.
- '기업 이해관계자에 미치는 영향'은 Y>X로 Y 제품의 영향이 높습니다.

[표 2-1] 사업 선정 매트릭스

사업 중단의 영향	X제품의 제조	Y제품의 제조	Z사 대상 OEM 공급사업	기술컨설팅 사업
사업의 성장성	C	A	C	B
경쟁력(기술·가격 등)	B	A	B	C
시장 점유율	A	B	C	C
이윤의 크기	A	B	C	C
위약금이나 벌칙금의 크기	C	C	B	–
이해관계자에 미치는 영향	B	A	C	C
법령·규제에 저촉	–	–	–	–
BCP에 적용	제외	적용	제외	제외

영향도: A=높음, B=중간, C=낮음

위의 표 해석의 한 예로 다음과 같이 판단할 수 있습니다.

현재 시장 점유율과 이윤의 크기는 X 제품이 훨씬 높습니다만, X 제품이 성숙 제품으로서 앞으로의 성장성은 보이지 않는다고(사업의 성장성: Y>X) 간주해 이 기업에서는 Y 제품을 BCP로 지켜야 하는 사업으로 선정하였습니다.

③ 활동 범위를 특정한다

BCP에 포함된 사업에 대해서는 그 활동 범위를 확인하여 어디까지 포함할지 명확한 정의를 내릴 필요성이 있습니다. Y 제품의 제조가 [표 2-1] 같은 활동으로 성립한 경우 점선으로 둘러싼 범위가 BCP의 적용 범위가 됩니다. 제품과 서비스를 제공하는 일련의 프로세스가 복수의 지역에 걸쳐 있을 때 이 거점들도 모두 포함한 것이 됩니다([표 2-1]의 다마(多摩) 공장, 쓰쿠바(筑

波), 도쿄 본사 등). 또 부품 매입처 P사가 BCP에 포함되어 있는데 어떤 이유로 P사로부터의 부품 공급이 정지될 때를 대비해 다른 업자를 리스트에 추가해야 합니다, 즉, P사의 공급 정지를 위험 대상으로 해야 한다는 의미입니다. 이런 개별 대책에 대해서는 추후에 설명하겠습니다.

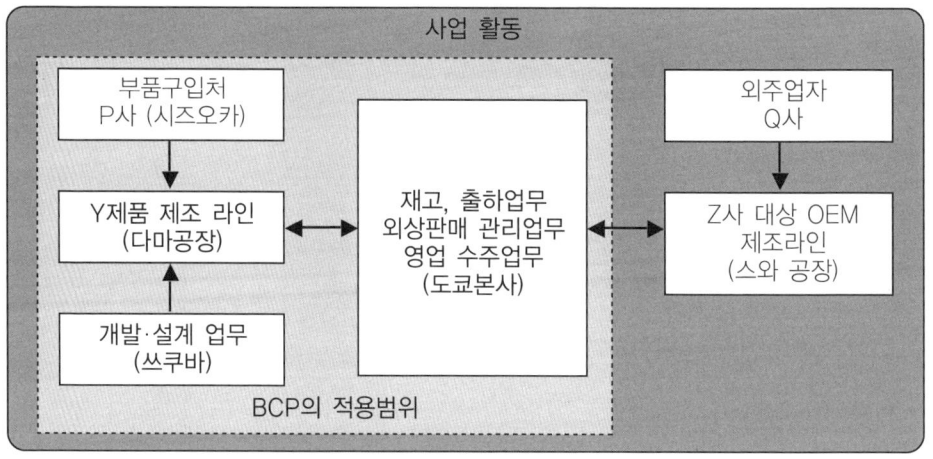

[그림 2-1] BCP에 포함되는 사업의 활동 범위의 특정

③ BCP에 포함되지 않는 범위에 대한 대처 방법

BCP의 대상이 되는 사업(제품과 서비스), 기업의 이해관계자, 사업과 관련된 활동범위를 특별히 정했다고 하는 것은 그 반대로 BCP로 지켜내야 하는 대상으로부터 제외된 범위도 있다고 하는 것입니다. 이 대상 이외의 범위에 대해서는 그 이유를 명확히 하여 긴급 상황에 대비해 BCP를 대신할 수 있는 대책을 세워야 합니다.

여기서는 [표 2-1]의 'Z사 대상 OEM 공급 사업'과 '기술 컨설팅 사업'의 예로, 다음의 세 가지 조치를 소개합니다.

① 비용 전가·사업의 이전

가장 간단한 방법으로는 재해 복구 비용을 보험회사에 전가하는 방법이 있습니다.

단, 어디까지나 비용 이전이고, 잃어버린 데이터나 무형의 재산(신용이나 브랜드)을 회복하는 것은 어렵습니다. OEM 공급 사업의 경우 같은 제품의 제조를 외부에 위탁하거나 해외로 이전하는 방법, 기술 컨설팅 사업에 대해 내외의 사업자와 기술 제휴(노하우를 이전)를 하여 경영자원의 위험을 분산하는 방법 등이 있습니다.

② 사업의 위험 수용

위험 대책에 필요한 비용이 그 효과를 초과한다고 판단되는 경우나, 위험이 표면화한 후에도 대응 가능한 경우에는 위험의 발생 가능성이나 영향에 변화를 불러일으키는 대응을 취하지 않고 그대로 위험을 받아들이는 일이 있습니다. 이것이 위험의 수용입니다.

Z사 대상 OEM 공급 사업의 예로 말하자면 고객의 주문 빈도가 낮고 납기적으로도 그만큼 서두르지 않아도 되는 경우 OEM 공장이 재해를 입었을 때 통상 복구 순서(제조 회사로부터 재구매나 수리업자의 내방 일정에 맞춘 복구 작업)로 마무리하려는 대응을 말합니다.

③ 사업의 종료와 보류

OEM 공급 사업에 대해서 재해로 공급이 불가능해질 때 "그 시점에서 Z 회사와의 OEM 계약을 해제한다.", "완전히 복구할 때까지 공급을 기다린다." 등의 결정을 이행합니다. 기술 컨설팅 사업의 경우는 경영 자원이 큰 손상을 입어 지속적인 업무를 할 수 없을 때 그 시점에 컨설팅 사업을 종료한다는 옵션이 예상됩니다(앞에서 본 [표 2-1]의 평가로 기업 이해관계자나 사회적 책임, 재무에 미치는 영향을 충분히 고려하는 것).

또한, BCP에 포함되지 않는 범위에 대해서는, 만일 재해가 발생한다고 해도 BCP로 조준해 둔 활동에 나쁜 영향을 주거나, 다른 위험의 원인이 되지 않도록 주의해야 합니다. BCP 적용 범위로 정할지 제외할지에 대해서는 객관적으로 선을 긋는 것이 쉬운 일은 아닙니다. 이 판단이 경우에 따라서는 '상정 외'라고 불리우는 사태를 일으키기 때문입니다. 제외 사항이

제2장 / BCP 책정 단계

비상시에 어떤 영향을 미치는지에 대해서는 BCP 완성 후 재검토나 평가를 통해 옳고 그름을 가려갈 필요성이 있습니다.

STEP 02 2 | 재해의 상정

1 가장 경계해야 할 재해를 알기 위해

지금까지는 사업의 목적과 관련된 기업의 이해관계자를 고려하면서 BCP로 보호해야 할 사업을 선정하여 그 활동 범위를 확인했습니다. 여기서는 선정된 사업범위가 어떤 위협(재해)의 영향을 받기 쉬운지 추정하는 단계에 대해 설명합니다.

회사에서 가장 경계해야 할 재해에는 어떤 것이 있을까요? 일본에 사는 사람들은 당연히 지진이라고 생각하는 사람도 있을 것입니다. 그러나, 동일본 대지진 재해는 발생 원인이 지진이기는 하지만 실제로는 대규모의 쓰나미나 원전 사고에 의한 방사능 오염, 계획적인 정전, 매입처의 재해에 의한 원재료 조달 불능, 납입처의 재해로 인한 매출 기회의 상실을 비롯한 다양하고도 연쇄적이며 복합적인 재해가 보고되어 있습니다. 업종과 지리적인 환경에 따라 재해의 종류 및 영향의 크기도 상당히 다르기 때문에 가장 경계해야 할 재해도 기업에 따라 다를 것입니다. 여기서는 재해를 선택할 때 기준이 되는 세 가지 판단 재료에 대해 설명하겠습니다.

- 해저드 맵(재해 방지 예측도)
- 주변 환경과 입지 조건
- 과거 재해와 피해 기록 자료

(1) 해저드 맵에 의한 검토

재해를 선택할 때, 판단 재료 중 한 가지는 국토교통성이나 자치단체가 인터넷상에서 공표하고 있는 해저드 맵입니다(국토교통성 해저드 맵 포털 사이트: http://disapotal.gsi.go.jp).

자사 소재지나 사업 거점을 포함한 해저드 맵을 다운로드하여, 상정되는 피해의 정도를 확인합니다. 해저드 맵은 '홍수', '내수', '고조류', '쓰나미', '토사 재해', '화산' 등 다양한 종류들이 있습니다. 사용 방법은 아래와 같습니다.

① 해저드 맵 다운로드 방법

먼저 자사의 소재 지역을 포함한 해저드 맵 몇 종류를 다운로드합니다.

한 예로 이바라키현(茨城)이나 시즈오카(靜岡)현의 연안부에 있는 기업은 '지진'과 '쓰나미' 해저드 맵을 받으시고, 화산 영역에 있는 기업이라면 '화산'과 '지진'의 해저드 맵을 받습니다. 하천이나 용수로 연안에 있는 회사는 '홍수'나 '내수·외수의 범람' 해저드 맵을 다운로드해 두세요.

② 해저드 맵에서 위험성 판단하기

해저드 맵을 펼치면 재해를 입게 될 가능성이 있는 지역이 색별로 기록되어 있습니다.

자사의 소재지, 주요 사원의 통근 구역과 주소를 비롯하여 각각의 관점으로부터 어느 정도 재해의 가능성을 가늠합니다. 예를 들어 홍수 해저드 맵으로 재해가 미치는 곳으로 표시된 범위를 보았을 때, 회사는 침수를 피할 수 있을 것 같지만, 사장과 전무의 자택은 피해를 입을 것 같은 판단이 됩니다. 혹은, 지진 해저드 맵으로 진도 6의 큰 지진이 발생하면 과반수 이상의 사원은 귀가 곤란이 되거나 회사에 나올 수 없게 된다는 판단이 서게 됩니다.

> **주의**
>
> 동일본 대지진 때 도호쿠(東北) 지방을 중심으로 쓰나미 해저드 맵의 상정을 훨씬 웃도는 피해가 나와 이것을 교훈으로 전국 해저드 맵의 상정에 대한 재검토가 진행되고 있습니다. 해저드 맵은 피해의 범위나 정도를 단정하는 것이 아닙니다. 이것을 활용하는 기업은 기재된 정보를 기계적으로 적용할 것이 아니라 어디까지나 '발생할 수 있는 피해의 예상'이라고 생각하는 것이 중요합니다.

(2) 주위 환경과 입지 조건

재해를 선택할 때 판단 재료의 두 번째는 주변의 지리적 환경이나 위치 조건 등을 더욱 상세하게 확인하는 것입니다. 이것은 해저드 맵으로만은 판단 곤란한 경우나 포착되지 않는 다른 재해의 가능성을 찾아낼 때 유효한 방법입니다. 자사의 주변 환경이나 입지 조건과 관련하여 다음과 같은 가능성을 짐작해볼 수 있습니다.

- 매립지에 있는 회사 → 큰 지진에 의한 액상화 현상으로 인한 수해, 가옥의 기울어짐·침하·토사 분출과 같은 재해를 받을 가능성
- 해발 0미터 지대 → 쓰나미, 내수·외수 범람의 위험성
- 뒤편에 언덕이나 높은 경사면이 있는 회사 → 토사 붕괴의 가능성
- 철도·도로의 고가 아래에 있는 회사 → 차량이나 적재물이 낙하해 사옥을 파괴할 가능성
- 화산 기슭의 들판에 있는 회사 → 화산의 분화와 동반된 분출물, 분연 피해의 가능성

그 외 다음과 같은 항목이 체크 포인트입니다.

- 건물이 면해 있는 도로의 상황 → 좁다 / 넓다
- 주위의 지리적 특징 → 평야의 내륙부 / 산의 골짜기에 개간한 토지 / 바다·하류·용수로 옆
- 건물이 있는 장소 → 평평한 지대 / 다른 곳보다 낮은 지대(분지) / 언덕의 중턱 / 높은 지대
- 주위 건물 → 낡은 건물이 많다 / 새로운 건물이 많다
- 인접 건물과의 간격 → 간격이 여유가 있다 / 밀집하여 여유 공간이 없다

한편, 주위 환경이나 입지 조건과 관련하여 재해의 대상으로 할 것인가, 말 것인가를 정하는 것을 검토할 때 사내의 구성원만으로는 완벽히 판단을 내릴 수 없을 때도 있습니다(지진 때 땅이 진흙탕으로 되는 액상화 발생 여부의 판

단 등). 이런 경우에는 필요에 따라 지질조사 회사에 상담해 주세요.

(3) 과거 재해와 피해 기록 자료

과거의 기록으로 재해 발생 위험을 체크하는 방법도 있습니다. 역사적인 대지진이나 큰 쓰나미, 화산 재해 등의 기록은 각 고장에 있는 자료관에서도 얻을 수 있습니다. 또한, 과거에 자사에서 발생했던 재해 기록을 밝혀내 보는 것도 중요합니다.

눈에 띄는 큰 재해뿐 아니라 작은 화재나 종업원의 상처 등 비교적 작은 일도 참고로 합니다. 어쩌면 그것들이 앞으로 발생하게 될 큰 재해의 화근일지도 모르기 때문입니다. 최근의 사례를 검토하기 위한 좋은 예로는 말할 것도 없이 2009년에 발생했던 신형 인플루엔자와 2011년의 동일본대지진입니다.

한 가지 당부하고 싶은 점은, "과거 재해의 크기나 심각성은 어디까지나 참고 정보에 지나지 않고, 따라서 그 기록을 넘는 사건은 일어나지 않을 것"이라고 생각하는 것은 위험하다는 것입니다. 예를 들자면, 2009년의 신형 인플루엔자는 약한 독성으로 영향이나 피해는 비교적 적었지만 H5N1과 같은 강한 독성의 심각한 판데믹(세계적인 감염병 유행 현상)이 발생하지 않는다는 보증은 어디에도 없습니다. 지금까지 설명한 몇 가지의 견해는 새로운 거점이나 대체 거점을 마련할 때 재해 위험의 검토에 도움이 되는 것이라고 할 수 있습니다.

또한 태국의 장기간에 걸친 홍수(2011년), 미국에 빈번하게 발생하는 허리케인 피해(2005년 카트리나 등) 등을 참고로 할 수 있습니다.

2 재해 선정

재해는 몇 가지를 선정하는 것이 좋을까요? BCP가 예측할 수 없는 사태에 대비하는 계획이라는 점을 생각하면, 사업의 목적이나 존속을 위협하는 재해는 모두 BCP의 대상으로 하는 것을 원칙으로 합니다. 예를 들면 '지진'을 선정하는 경우, 이와 함께 동반되어 발생할지도 모를 '화재', '쓰나

'미', '액상화', '토사붕괴'가 사업에 있어 현실적인 위협이라면 이것들을 모두 열거하여 위험에 대한 대응 방침에 편성시켜야 할 것입니다.

그러나, 실제로는 BCP를 도입하는 조직의 규모나 역량, 예산적인 제약을 고려해 이것들을 참고하여 가장 경계해야 할 재해를 1~3개 조합하는 방식이 무리 없이 실패하지 않는 BCP 책정의 열쇠라고 할 수 있습니다. 재해 종류의 추가와 대응력의 증강에 대해서는 사업 연속성의 운용 관리 체제(제4장 참조)를 통하여 단계적으로 높여갈 수 있도록 하십시오.

재해 선정 결과는 다음에 논의할 위험 평가(risk assessment)의 기본 정보로써 사용하게 되는데 그에 앞서 다음 사항에 유의해 주세요. 일본에서는 일반적으로 BCP나 재해 계획을 책정할 때 관습적으로 재해의 종류를 확인한 후에 세세한 '피해 상정'을 작성하는 과정이 있습니다. 그중에는 이를 위한 조사와 작성에 많은 시간과 노동력을 써 마치 기상청이나 소방 기관 자치단체의 방재과가 인터넷에 공표하는 구체적인 피해 상정을 기록하는 경우도 적지 않습니다. 그 예를 다음에 소개하겠습니다.

권장하지 않는 피해 상정의 예
- 재해의 종류: 진도 6의 직하형(땅 밑에서 수직으로 일어나는 형태) 지진이 평일 오전 10시에 발생
- 재해 발생의 조건: 계절=12월, 기온=0℃, 날씨=맑음, 풍향= 2m의 북풍
- 본사가 있는 A지점, 데이터 센터가 있는 B지점, 지점이 있는 C지점 중에 본사와 지점의 건물의 일부가 파손
- 출근율: 재해 다음 날 10%, 2일째 30%, 5일째 50%, 7일째 60%
- IT 설비: 충격에 의해 서버 A와 서버 B의 하드디스크의 고장
- 전기: 7일간 정전
- 수도: ……

이와 같은 상세한 사항은 BCP의 책정을 번잡하게 하거나, 어떤 BCP에도 반영되지 않거나, 혹은 반영시키고 싶어도 원인과 결과의 관계가 복잡해 반영되지 않는 실패를 불러오는 것으로 이어집니다. 안타깝게도 이러한 구체적인 설정에서는 비상시에 대처해야 할 본질적인 일은 보이지 않습니다. 뒤에서 설명하겠지만 BCP로 지켜야 하는 대상이나 순서는 전략적인 결정으로 정하는 것이지 자의적인 재해 모의시험을 기조로 하여 정하는 것이 아닙니다. BCP 전략이 아직 정해지지 않은 단계에서 재해 상정을 깊이 파고들어봤자 결국 그러한 상정은 쓸모없게 될 뿐입니다.

"구체적으로 피해를 상정하지 않으면 이미지가 떠오르지 않고, 행동 순서도 대책도 서지 않는다."라는 사람이 자주 있습니다만, BCP는 영화처럼 하나의 상상 위에 시나리오를 꾸며내는 것이 목표가 아니기 때문에 피해 상정에 대한 과도한 의존이나 선입관은 불식하도록 유의해 주세요.

이와 같은 이유로 BCP에서는 위에 기록한 상세한 피해 상정은 사용하지 않고 오로지 뒤에 설명하는 사업 영향도 분석에서 확인된 중요한 업무를 지지하는 경영 자원이 사용·접근·공급되지 않는 상태를 상정하는 방법을 취합니다. 어떻게 해도, 처음부터 재해 상정이 없으면 앞으로 나아갈 수 없다는 사람은 다음과 같은 객관적인 상정을 쓰면 좋습니다.

> **권장하는 피해 상정의 예**
> - 진도 5 이상의 대지진
> - 전기 전화회선: 2주간 정지
> - 수도, 가스: 3주간 정지

이것들은 모두 내진·붕괴·낙하 방지 대책이나 비상시 비축 품목이나 수량을 정할 때 객관적인 지표로서 사용할 수 있습니다.

STEP 03 사업 영향도 분석(BIA)

사업 영향도 분석 개요
사업 영향도 분석의 실시

STEP 03 1 | 사업 영향도 분석 개요

1 의의와 목적

 BCP는 사업 목적의 수행에 필요한 여러 활동을 미리 확인해 두어 만일 사업이 정지해도 그 활동을 우선적으로 시작하며 유지할 수 있도록 하기 위한 계획입니다. 이 목적을 실현하기 위한 첫걸음으로 앞 단계에서는 BCP의 운용 범위를 정했습니다.

 여기에서 소개하는 '사업 영향도 분석(Business Impact Analysis: BIA)'은 BCP의 적용 범위를 참고하면서 위에서 설명한 중요한 활동을 계속하기 위한 다음의 세 가지 요건을 정하는 과정입니다. 첫 번째로, '중요한 활동'의 가시화입니다. 사업의 목적에 공헌하는 활동 중에 그 목적을 달성하지 못할 때의 영향이 큰 활동을 확인합니다. 다음으로, 재해 중에 중단한 중요 활동을 언제까지 어느 정도의 가동 수준과 품질로 개시하는 것이 바람직한지 그 수치 목표를 정합니다. 마지막으로, 중요 활동을 개시하기 위해 중요 경영 자원을 명시하는 것입니다. 이 요건은 만일 이 경영 자원의 사용·접근·조달이 되지 않는 경우의 대책을 생각하기 위한 기초 데이터가 됩니다.

 BIA는 경영분석처럼 수식 데이터를 적용하거나 복잡한 가상을 반복하면서 최적치를 끌어내는 작업이 아닙니다. 오히려 누구나 일상 업무 안에서 행하는 전통적인 조사나 집계 작업의 이미지와 가깝다고 할 수 있습니다.

2 BIA의 순서

BIA 실시 순서의 흐름은 아래와 같습니다. 전체 이미지는 그림 2.2를 참조해 주세요.

① 중요한 활동 명시

'중요한 활동'이란 일반적으로는 사업 운영에 불가결한 '업무'나 '공정'을 가리키지만, 사업의 목적이나 방침에 따라서 보다 유연하고 폭넓은 해석이 요구됩니다(이와 관련해서는 62페이지 「2 중요한 활동의 확인」을 참조).

중요한 활동을 확인하기 위한 정보원으로서 '조직도'나 '업무의 플로차트' 등을 활용합니다.

② 중요한 활동 우선순위 결정

사업에 불가결한 여러 활동을 명시했다면 다음으로 각각의 활동이 정지한 경우의 영향의 크기를 시간의 흐름에 따라 평가합니다. 그리고 그 영향이 최대가 되는 시기를 확인하여 이 시기부터 거슬러 올라가 중대한 사태에 이르기 전에 활동을 재개하기 위한 시간 지표와 활동 시 가동 레벨을 결정합니다. 이러한 목표 지표로부터 각 활동을 개시하기 위한 우선순위가 결정됩니다. 또, 이러한 목표 지표는 후에 사업 연속성 전략 책정에 활용됩니다.

③ 중요한 경영 자원과 의존처의 확인

각각의 활동은 사업의 목적을 달성하기 위해 일익을 담당하고 있으나, 각 활동에 구체적인 형태를 부여하고 있는 것은 경영 자원(사람·물건·정보, 기타 등)과 의존처입니다. 이것들의 요소가 확인되어 있으면 예측 불허의 사태가 발생하여 피해를 입었을 때 최소한 어떠한 요소만 갖추어져 있으면 활동이 계속 가능한지를 한눈에 알 수 있습니다. 경영 자원의 정보는 후에 위험률 평가에 활용할 수 있습니다.

④ 분석 결과의 보고와 승인

①~③에서 얻어진 결과에는 경영진이 의사 결정을 하기 위한 중요한 정보가 포함되어 있습니다. 사업을 추진하기 위해 필요한 활동은 무엇인지, 그것들은 어떤 경영 자원을 필요로 하는 것이며, 활동 개시의 목표 지표는 무엇인지 등입니다. 이 정보들은 이후의 위험률 평가나 사업 연속성 전략의 중요한 단서가 되기 때문에 최고경영자와 관리자층의 합의와 승인을 얻지 않으면 안됩니다.

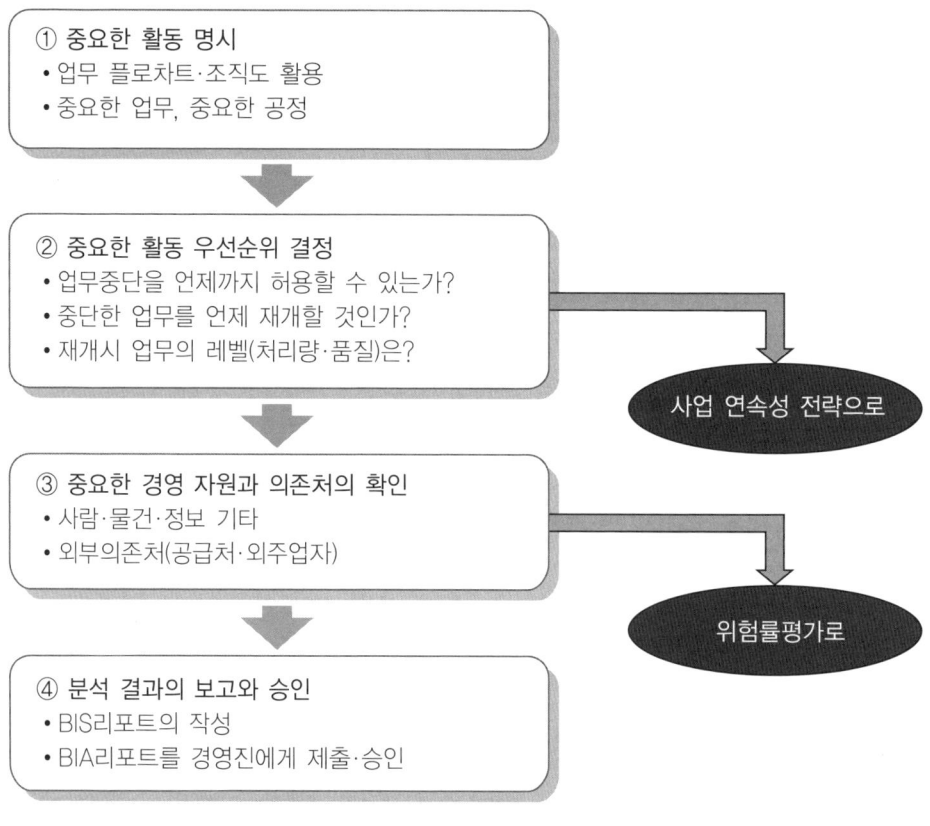

[그림 2-2] BIA의 절차

BIA에서 한 가지 주의해야 할 점은 중요한 활동에 우선순위를 정하는 목적이 비상시 경영 자원의 '선택과 집중' 때문이라는 것입니다. 업무 가치의 우열을 가리기 위한 것이 아닙니다. BIA의 대상에 포함되지 않은 업무 부문의 담당자에게도 전력을 다해 다른 기능을 유지하고 회복하기 위한 노력이 요구되는 것은 당연한 일입니다.

③ 중요한 활동을 개시하기 위한 세 가지 지표

최초로 업무 A를 수행하고, 다음에 업무 B, 그리고 C를 수행합니다. 중요한 활동의 우선순위를 정하기 위해서는 어떤 판단 재료를 사용해야 할까요? BIA에서는 이 질문에 대답하기 위해 다음과 같은 세 가지 지표를 이용합니다([그림 2-3] 참조).

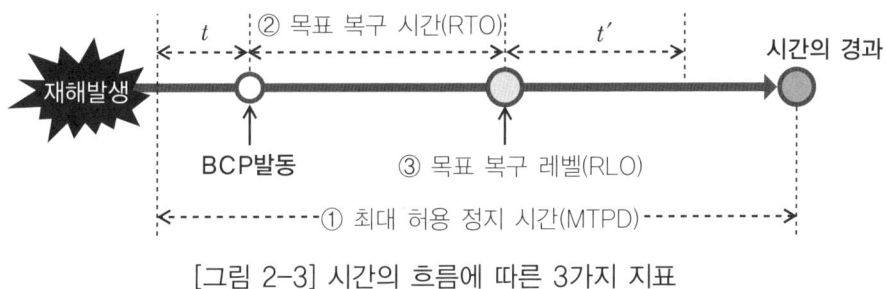

[그림 2-3] 시간의 흐름에 따른 3가지 지표

① 최대 허용 정지 시간(Maximum Tolerable Period of Downtime : MTPD)

사업 정지의 영향이 최대가 됩니다. 즉, 이 이상으로 중요한 활동의 정지 상태가 계속되면 사업의 목적을 달성할 수 없을 뿐만 아니라 경우에 따라서는 회사의 존속에 관련된 사태가 일어날 수 있는 시기를 가리킵니다. 사업 정지가 허용되는 한계선이라고도 합니다.

② 목표 복구 시간(Recovery Time Objective: RTO)

사업이 심각한 사태에 빠지기 전, 즉 ①의 최대 허용 정지 시간에 달하기 전에 활동을 재개하여 위기를 극복하는 것이 이 목표치입니다. '목표 복구 시간'은 중요한 활동을 개시하기 위한 준비 시간이며 재해 방지 용어에서 자주 사용하는, 재해 현장을 복구하기 위한 '복구 목표'와는 의미가 다릅니다.

③ 목표 복구 레벨

중요한 활동을 개시하기 위해서는 어느 정도의 처리 능력과 가동 레벨로 실행할 것인지에 대해 사전에 정해 둘 필요가 있습니다. 예를 들어, 중요한 활동에 착수하는 인원수에 대해 스태프 10명이 할 것인지, 최소 인원으로 세 명이 할 것인지, 혹은 제품의 제조로 말하자면 통상생산량의 60%를 목표로 할 것인지, 최저 30%만 달성하면 되는지의 결정 여부를 정하는 것입니다. 구미에서는 이런 종류의 복구 레벨을 RLO(Recovery Level Objective)나 최저요건을 나타내는 MBCO(Minimum Business Continuity Objective)로 나타냅니다.

[그림 2-3]의 't'를 주목해 주세요. 이것은 사업이 정지된 후 BCP가 발동되기까지의 시간의 타임 래그(시차)입니다. 이는 상황을 판단하거나 재해의 정도를 어림잡아봄으로서 필연적으로 발생하는 경과 시간을 나타냅니다. 병원과 같은 생명의 문제가 걸린 업무나 금융·IT의 처리 서비스 중에는 't+RTO'가 끝도 없이 0에 가깝습니다. 즉, 업무 정지 자체를 허용할 수 없을 정도로 긴급성이 높은 것도 존재합니다.

다음으로 't'''에 주목해 주세요. 이것은 RTO(중요한 활동을 개시하고)부터 사업 목적을 달성하기까지의 실행 시간에 해당합니다. 예를 들어, 제조업에서 제조를 개시하고 고객에게 납품되기까지의 시간, IT 서비스업에서는 IT 자원의 가동을 개시하고 이용자가 서비스를 이용할 수 있을 때까지의 시간입니다. RTO를 정할 때는 이 t'에 필요한 시간을 참고하여 MTPD보다도 앞의 시점에서 제조나 서비스가 제공될 수 있도록 설정합니다.

목표 복구 시간과 목표 복구 레벨을 보다 엄밀히 생각하면 "어느 시점에서 어느 정도의 레벨로 활동을 재개할 것인가?"하는 단계적인 발상을 필요로 하는 경우도 있습니다.

그 예로, 최초의 도달점으로 RTO = 3일의 시점에서는 30%의 가동률, RTO = 7일의 시점에서는 50%까지 가동률을 끌어올리고자 검토를 하는 경우도 있습니다. 그러나 이것은 BIA에 익숙해져서 분명하고 일관성 있는 순서를 확립하고 나서 응용 버전으로서 적용한 것을 권장합니다.

목표 복구 시간과 목표 복구 레벨은 BIA뿐만 아니라 다음에 설명하는 사업 연속성 전략의 입안에도 사용됩니다. 저울의 추와 같이 항상 의식하며 조정하고 사용하는 것이 기술입니다.

STEP 03 2 | 사업 영향도 분석의 실시

1 사업 활동과 업무 흐름의 가시화

조직의 규모는 커지면 커질수록 전체를 보기 어렵게 됩니다.

BCP로 사업을 지키는 것은 알고 있지만, 사업을 구성하는 조직이나 업무 기능, 그 상호 관계가 너무나 광범위하고 복잡하기 때문에 도저히 전체적으로 통제할 수 없습니다. 더욱이 구체적으로 어디의 무엇을 지켜야 하는지 확인하는 것이 어렵습니다. 여기서부터 BCP 책정 착수의 어려움이 시작됩니다. 이 때문에 BCP에서는 사업의 전체 요소를 감안해서 이해하는 방법으로 BCP의 수비 범위에 있는 조직의 활동이나 업무의 흐름을 가시화하는 것을 추천합니다. 먼저 프로젝트 전 구성원이 다음 ①~③의 정보를 공유해 사업 목적의 달성과 관계가 깊은 활동을 확인해 주세요.

① 적용 범위부터

「Step 02 BCP의 방향 정하기」에서는 지켜야 하는 사업, 기업 이해관계자의 활동 범위를 확인하였습니다. 처음에 이것들의 적용 범위를 확인해 주세요.

② 조직도부터

조직도는 계층별·부문 부서별로 직위나 역할명, 소속자의 성명, 인수 등을 기재한 것입니다. 이것을 기조로 사업 목적의 달성에 관련된 역할이나 기능의 그룹, 키맨(이 사람이 없으면 업무가 진행되지 않는다) 등을 정하는 것이 가능합니다.

③ 업무 플로부터

업무 플로는 사업의 일련의 활동 흐름을 플로 차트로 나타낸 것입니다. 예를 들어 주문 처리부터 시작해 생산 계획의 일정, 원재료의 발주, 제조의 각 공정을 거친 완성, 완성품 포장 후 출하한 뒤에 납품을 청구하는 흐름입니다. 업무 플로 차트는 사업 활동을 가시화하는 가장 일반적이고 확실한 방법입니다.

② 중요한 활동의 확인

BIA에서 말하는 '활동'이란 일반적으로는 각 부서에 할당된 가지각색의 업무나 제조 공정을 가리킵니다. 그러나 사업의 종류에 따라, 평상시에서 비상시로 바뀌었을 때 사업의 목적이나 사명이 달라지는 것도 있습니다. 즉 BIA에서 특정한 활동은 반드시 부서별로 통상 업무 속에만 한정되지 않고 보다 유연한 폭이 있는 관점으로 특정할 필요가 있는 것입니다. 이 해석을 바꾸면 수익을 유지하는 것만을 목적으로 한 조기 영업 재개형의 BCP가 될 수도 있습니다. 사업의 특성이나 목적에 필적하는 '중요한 활동'을 끌어내기 위한 포인트는 다음과 같습니다.

① 제품이나 서비스의 공급 책임

'공급 책임'은 제조업이나 IT 서비스, 인재 파견, 상사 등의 업종에 전형적인 파악 방법입니다. 그러나 각각의 중요한 활동의 방법은 다릅니다. 예를 들면 부품 제조업에서는 생산 활동에 필요한 업무나 공정이 선택됩니다. 또, 오피스계의 인재 파견사업의 경우, 통상 업무로서의 할당 업무나 사무 처리는 의미를 형성하지 않고 파견 스태프의 안전 확보, 파견 요구 우선순위 정하기 등의 초동 대응과 중복되는 활동을 책정할 가능성도 있습니다. 상사나 공원 시설 보수 사업과 같은 이른바 개인 사업주의 집합체 같은 조직의 경우에는 중요한 활동을 개개의 담당자 기준으로 선정하는 방법도 있습니다.

② 사회에 미치는 영향의 크기부터

조직의 활동이 정지되면 사업보다는 사회나 경제, 혹은 지역 주민에 대해 심각한 영향이 끼칠 것을 염려해 파악하는 방법입니다. 인프라 사업·행정·금융 서비스·병원·복지·수송·의료·의약품·식료품의 제조 판매 등에 있어서 비상 시의 우선 사업에 해당합니다. 생활협동조합의 판매 사업에서는 재해 지역의 식료 공급이 당면의 활동으로 선택되는 경우가 많습니다. 또, 데이터 센터는 지금이야말로 BCP의 전략적 기능을 다 하는 중요한 인프라 사업의 하나라고 할 수 있습니다. 이러한 시설은 이미 탄탄한 재난 대책 조치를 취하고 있지만, 전원 단절이 난관이 되기 때문에 이를 회피하거나 조기 재개하기 위한 일련의 활동을 선택하는 것을 생각해볼 수 있습니다.

③ 경영 전략적 측면에서

엄격한 경쟁에 노출되어 있는 영업 세계에서는 경영 전략론에서 친숙한 '강함·약함'을 유지하고 보강하여 '다섯 가지 위협'*에 대처하기 위한 중요한 활동을 선정하는 방법도 있습니다. 예를 들어, 사업 X의 강점이 저가격일 경우, 그 가격 경쟁력의 원천이 되는 일련의 업무(제조 비용이나 구매 부문 재고 관리 노하우 등)가 중요한 활동으로서 확인될지도 모릅니다. 사업 Y의 경쟁 우위성이 친절하고 신속한 고객 대응에 있다면 콜센터나 고객 지원 업무가 중요한 활동으로 선택될 것입니다.

③ BIA의 실시 접근

본래 BIA의 평가는 중요한 활동 하나하나에 적용하는 작업입니다.

예를 들어, 사업 X에 대해 BIA를 적용한다고 하는 것은, 사업 X의 목적 달성에 빠질 수 없는 개개의 프로세스(업무나 공정)에 대해서 최대 허용 정지 시간(MTPD)이나 목표 복구 시간(RTO), 복구 레벨(RLO)을 추정하는 것입니다. 그렇지만 조직의 규모나 업종·업태에 따라 프로세스 하나하나에 대해

---

* M. E. 포터의 『가치 사슬 분석』, 『다섯 가지 경쟁 요인 분석』 외 SWOT 분석에 관한 서적 등을 참조

제2장 / BCP 책정 단계

BIA를 적용하지 않아도 사장의 지식과 경험으로부터 바로 숫자를 이끌어 내는 경우도 있습니다. 아래에 이러한 사업의 성격을 참고한 세 가지 접근법을 소개하겠습니다(다른 여러 가지 방법도 있습니다).

① 드래프트 BIA

소규모 사업이나 단일 제품·서비스, 간소한 업무 프로세스로 성립되어 있는 사업은 사장이나 현장 책임자의 경험적 판단을 중심으로 사업(제품·서비스) 레벨의 BIA를 실시하는 것만으로도 필요 충분한 목표지표를 이끌 수 있는 경우가 있습니다. 이런 간편한 방법이 바로 '드래프트 BIA'입니다.

② 상세 BIA(패턴 1)

'상세 BIA(패턴 1)'는 사업 레벨의 드래프트 BIA의 순서를 하위 업무나 프로세스 레벨의 BIA에 대치한 버전으로, 중요한 개개의 활동마다 MTPD, RTO, RLO를 이끌어갑니다. 업무나 공정의 상호 관계, IT 자원의 의존 관계 등이 비교하기 쉬운 형식으로 되어 있습니다.

③ 상세 BIA(패턴 2)

'상세 BIA(패턴 2)'는 각각의 업무가 긴밀한 의존 관계나 연속된 관계가 아닌 독립형 업무에 적합한 방법입니다. 예를 들어, 행정이나 병원, 복지사업, 학교 등의 업무 활동은 제조 공정(A→B→C…)처럼 연속되는 것이 아닌 사용자의 필요와 제공하는 서비스의 종류에 대응한 종적 관계의 형태로 구성되어 있습니다. 어떤 방식의 BIA에 있어서도 사업 정지의 영향 평가를 할 때는 다음과 같은 점들에 유의하세요.

- 원인이 무엇이고 어느 정도의 재해를 입어서 사업이 정지되었는지는 생각하지 말고 사업 정지에 의한 '영향·결과'만을 평가한다.
- 사업 활동을 둘러싼 환경이나 사이클에 기복이 있는 경우는, 정점(혹독함·절정)의 상황을 상정한다.

두 번째의 혹독함·절정에 해당하는 예에는 수요에서는 성수기, 기상이나 기후에서는 한겨울과 한여름이 있습니다. 이외에도 결재일이나 지불하기 전날도 이에 속합니다. 고빗길의 상황도 마찬가지입니다. 이른바 '최악의 상황'을 상정하는 것이 BCP를 생각해가는 데 중요한 점입니다.

4 드래프트 BIA의 실시 방법
① 특징
- 최고경영자 스스로 영향을 평가해 목표 지표를 결정한다.
- 경영 자원은 기재하지 않아도 좋다(위험률 평가로 지정).
- 상세 BIA에 앞서 대략적인 방향을 정하는 데도 사용할 수 있다.
- 참가자 간 의견 조정에는 시간을 끌지 않고 신속히 진행한다.
- 연 1회의 각 지표 재검토를 할 때 간편하게 실행할 수 있다.

② 실시 순서
- 최고경영자 이하 프로젝트 멤버 전원이 참가한다.
- 사무국 주최의 최고경영자를 인터뷰한다.
- 사업(제품·서비스) 레벨의 MTPD, RTO, RLO를 구한다.
- 순서의 가시화와 루틴화(기계적인 일상 업무)의 기구로서 드래프트 BIA 시트(다음 페이지)를 사용한다.

③ 해설
드래프트 BIA 시트는 3개의 블록으로 구성되어 있습니다. 메인은 가운데 항목의 기입란입니다. 가로줄은 사업 정지에 의해서 표면화되는 영향 요인으로서 5개 항목이 제시되어 있습니다. 이 표는 상위 3항목까지는 사업 정지의 영향 요인을 나타냅니다. 세로줄은 사업 정지의 경과 시간을 나타냅니다. 또, 하단에는 사업 정지의 영향도를 평가하기 위한 기준이 정의되어 있습니다. 평가 방법은 예를 들어 '수익 기회의 상실'의 영향이 '8~15일'까지는 'M(중)'이지만 '16~30일'이 되면 'H(고)'가 됩니다.

제2장 / BCP 책정 단계

즉, 16일이 지나면 무수익으로 인한 자금난(경영난)에 빠질 가능성이 있습니다. 따라서 이 이상으로 사업 정지가 계속되면 심각한 사태에 빠지는 것을 의미하는 최대 허용 정지 시간(MTPD)은 '16일 이후'로 추정됩니다. 이와 같은 각 요인을 시계열적으로 평가하여 각각의 MTPD를 구해, 최종적으로(다소 비합리적인 표현입니다만), 총합적으로 감안하여 바람직한 사업 재개 시기인 목표 복구 시간(RTO)과 RTO의 시점에서 복구 레벨(RLO)을 추정해서 상단 우측에 기재합니다.

드래프트 BIA 시트

사업(제품·서비스) 명	X 제품 제조사업		
중요한 기업 이해관계자	대기업 메이커 S, F, C사	RTO 10일	RLO ○%

사업 정지의 영향 시간	24시간	1~3일	4~7일	8~15일	16~30일	1~2개월	3개월	MTPD
수익기회의 상실	L	L	L	M	H	H	H	16일
계약·SLA의 저촉	L	L	L	M	M	M	H	1개월
신뢰·브랜드 실추	L	L	L	M	H	H	H	16일
인명·건강·사회에 영향	–	–	–	–	–	–	–	–
법령 위반	–	–	–	–	–	–	–	–

〈영향도 기준〉

사업 정지의 영향 요인	영향=L(소)	영향=M(중)	영향=H(대)
수익기회의 상실	전혀 없다/별로 영향 없다	단기 자금마련의 영향	경영난에 빠질 가능성
계약·SLA의 저촉	전혀 없다/별로 영향 없다	가벼운 클레임·위약금	중대한 클레임·위약금
신뢰·브랜드 실추	전혀 없다/별로 영향 없다	일부 고객의 떠남, 회복 가능	현저한 고객의 떠남, 회복 불가
인명·건강·사회에 영향	전혀 없다/별로 영향 없다	부상·경도의 건강피해	중증·사망·중도의 건강피해
법령 위반	전혀 없다/별로 영향 없다	주의·권고·경미한 벌칙금	소송·영업정지 처분

소규모 기업일 경우 이들 사업 레벨의 MTPD, RTO, RLO를 기준으로 어떤 프로세스와 어떤 활동을 우선시할지를 경험과 습관적 판단을 기준으로 결정하세요. 중간 규모 이상의 기업에서는 각 숫자를 근거로 보다 상세한 프로세스 레벨의 BIA(이하의 패턴 1/2 등)를 행하면 됩니다.

5 상세 BIA(패턴 1) 실시 방법

① 특징
- 최고경영자 각 부문장과 현장 책임자, 프로젝트 멤버 삼자가 검토한다.
- 현장 시점에 의한 정확한 해답과 최고경영자의 의사 결정이 이루어진다.
- 참가자들 간 의견 조정에 다소 시간이 걸린다.

② 실시 순서
- 최고경영자 이하 프로젝트 멤버 전원이 참가한다.
- 현장 책임자를 참여시켜 듣기 방식
- 중요한 생활(개개의 업무, 프로세스) 레벨의 MTPD, RTO, RLO를 구한다.
- 순서의 가시화와 루틴화의 도구(수단)으로서 상세 BIA(패턴 1) 시트(다음 페이지)를 이용한다.

③ 해설
상세 BIA(패턴 1) 시트에는 두 가지 특징이 있습니다. 한 가지는 상호 긴밀한 관계에 있는 프로세스나 경영 자원을 비교하기 쉽다는 것입니다. 이 표와 같이 제조업에서는 각 공정의 상호 관계를 파악할 수 있고, IT 자원에 의존도가 높은 오피스 업무에서는 특정 IT 자원이 몇 건의 업무와 관련되어 있느냐 하는 견해가 생깁니다.

다른 한 가지는, 최대 허용 정지 시간과 목표 복구 시간에 대해 서로 이

제2장 / BCP 책정 단계

상세 BIA(패턴 1) 시트

사업(제품·서비스)명	X 제품 제조사업
중요한 기업 이해관계자	대기업 메이커 S, F, C사

	중요한 활동 1	중요한 활동 2	중요한 활동 3	중요한 활동 4
프로세스명	생산계획	제조공정	검사공정	포장·출하
프로세스 설명	X제품 생산관리	X제품 조립	X제품 검사	X제품 포장·출하
주요 경영자원	인원 1명 기간 서버 생산계획용 PC	인원 3명 장치 A 컴프레서	인원 2명 검사장치 2대	인원 2명 포크 리프트 제품출고대장
관계부문/의존처	구매부 구입처	–	–	납입처
리드 타임 (처리·가공시간)	0.5일	3일	1일	0.5일
업무 정지 시간				
24시간 시간	M	L	L	L
1~3일	M	L	L	M
4~6일	H	M	M	M
1~2주간	H	H	M	H
3주간~1개월	H	H	H	H
최대 허용 정지 시간	4일	7일	3주간	7일
목표 복구 시간	RTO	RTO	RTO	RTO
목표 복구 시간	3일	5일	15일	5일
목표 복구 레벨	RLO	RLO	RLO	RLO
통상 시 아웃풋 레벨	100%	100%	100%	100%
목표 복구 레벨	–	○%	○%	–

영향도	영향=L(소)	영향=M(중)	영향=H(대)

※이 시트의 내용은 샘플 이미지입니다. 논리적 정확함이나 데이터간 정합성을 보증하는 것은 아닙니다.

웃하는 활동을 서로 비교하여 각 지표의 시간을 검정하면서 결정되는 것입니다. 그러나 이 서식은 모든 사업에 적합한 것이 아닙니다. 어디까지나 샘플에 지나지 않기 때문에 반드시 자사의 BIA에 적합한 내용으로 조정한 후에 사용해 주세요.

6 상세 BIA(패턴 2)의 실시 방법
① 특징
- 최고경영자, 각 부서의 장과 현장 책임자 그리고 프로젝트 멤버 삼자가 검토한다.
- 시트가 비교적 간편하고 대화적이며 직감적으로 대답할 수 있다.
- 현장 시점에 의해 정확한 응답과 최고경영자의 의사결정을 얻을 수 있다.
- 연 1회 각 지표를 재검토할 때 비교적 간단하게 실행할 수 있다.
- 참가자 간의 의견 조정에 약간 시간이 걸린다.

② 실시 순서
- 최고경영자 이하의 프로젝트 멤버 전원이 참가한다.
- 현장 책임자를 참여시키는 히어링 방식이다.
- 중요한 활동(개개의 업무, 프로세스) 레벨의 MTPD, RTO, RLO를 구한다.
- 순서의 가시화와 루틴화의 기구로서 상세 BIA(패턴 2) 시트(다음 페이지)를 사용한다.

③ 해설
상세 BIA(패턴 2) 시트는 상호제휴가 긴밀하지 않거나 개별적으로 독립적인 업무가 모여 구성된 사업에 대한 BIA 시트입니다. 메인은 IV의 기재란입니다. 종렬(세로줄)은 중요한 업무 활동명을 기재합니다. 횡렬(가로줄)은 사업 정지의 영향에 관한 다섯 가지 질문 항목으로 성립되어 있습니다.

제2장 BCP 책정 단계

상세 BIA(패턴 2) 시트

I	사업명	기상관측 서비스	기입자명	
II	사업 목적(또는 경영 방침)은 무엇입니까?	행정 : 계속적인 기상관측 데이터를 제공할 것 일반 시민·개별 기업 : 가능한 정확하고 신속한 기상예보를 제공할 것			
III	사업 목적이 유지·달성되지 않을 때, 가장 곤란한 사람과 영향을 받는 사람은 누구입니까? (중복 응답 가능)	행정(방재과), 일반 시민, 개별 계약 기업			

IV		(a) II와 III에서 반드시 유지·계속해야 하는 업무를 지정해 주세요.	(b) (a)의 업무가 실행되지 않는 경우, 누구에게 가장 최악이며, 그것은 업무가 정지하고 난 어느 시점입니까?(MTPD)	(c) (b)의 최악의 사태를 피하기 위해 늦어도 언제까지 업무에 착수(재개)하는 것이 좋습니까?(RTO)	(d) (a)를 수행할 때 바람직한 실행 레벨(품질·양·시간 기타)은 무엇입니까?(RLO)	(d) (a)를 수행하기 위해 필요한 자원 (사람·물건·정보·외주 서비스 등의 업무를 하기 위한 수단)은 무엇입니까?(경영 자원의 특정)
	1	(X 업무)	MTPD=90분 행정 대응이 늦어져 재해의 피해가 현재화될 가능성이 있다.	RTO=30분 행정측의 대응 시간 60분 전에 실행할 필요가 있다.	RLO=50% 기상 데이터 20건 중 고우선도 10건의 데이터 항목을 취득하면 좋다.	모니터원 1명 기상 서버 기상 센터
	2	Y 업무	MTPD=3일 ……			
	3	기상관측 서버 관리	MTPD=3시간 ……			
	4	기상관측 센서 보존 업무	MTPD=24시간 ……			
	5					

이 질문들은 모두 전에 설명한 것과 같지만 드래프트나 상세 BIA와 다른 점은 평가 기호를 사용하지 않고 기술하는 식으로 답하게 되어 있는 것입니다.

한 가지 예로 'X 업무'를 보겠습니다. X 업무가 정지하면, 행정 대응이 늦어지고 재해 피해가 표면화될 가능성이 있어, 그 피해가 현재화하는 기준(최대 허용 정지 시간)은 MTPD=90분으로 어림잡고 있습니다. 이것은 물론 평상시가 아닌 최악의 상황에 따라 만약 호우가 내리면 관측 데이터가 90분 간의 공백 시간이 남는 동안 수위가 상승하여 홍수가 발생할 수 있는 것을 상정한 것입니다. 이 90분에서 계산한 RTO는 30분입니다. 이것은 행정측에서 필연적으로 발생하는 60분간의 준비 시간을 MTPD로부터 뺀 (거슬러 올라온) 값입니다. 또 RLO=50%로 하고, 이 '50'의 의미를 "기상 데이터 20건 중 우선도가 높은 10건의 데이터 항목을 취득하면 된다."고 정하고 있습니다.

이상 BIA의 세 가지 실시 순서를 샘플 시트를 통해 설명했습니다만, BIA가 목적으로 하는 답을 이끌어낼 수 있다면 특별히 표현 형식에 얽매일 필요는 없습니다.

또, 드래프트 BIA로 대략의 RTO와 RLO를 설정해서 방향을 정한 후 각각의 지표를 기준으로 상세 BIA(패턴1이나 2)로 각각의 프로세스 지표를 조정하여 결정할 수 있는 상황도 있습니다. 이런 경우에는 처음부터 드래프트 RTO와 RLO를 충족시킬 수 있도록 상세 BIA의 숫자 맞추기를 하면 잘 되지 않습니다. 먼저 각 공정의 MTPD, RTO, RLO를 가상결정하고 드래프트의 RTO와 RLO와의 타협점을 찾는 것이 현실적입니다. 따라서 자유로운 발상과 창의적인 생각으로 당신의 조직에 가장 적합한 BIA 시트를 만들어낼 필요가 있습니다.

BIA는 일과성의 작업이 아닙니다. 필요에 따라 언제라도 사용할 수 있도록 루틴화하는 것이 필요합니다. 그러기 위해선 간편하고 사용하기 쉬운 시트를 작성하는 것이 중요합니다.

제2장 / BCP 책정 단계

7 의견 조정·합의·승인

① BIA 리포트 작성

회수된 조사표는 BIA의 조사 목적에 맞추어 집계하고, 결과를 정리해 사장 이하 프로젝트 멤버에게 제시합니다. 이 집계 결과를 구미에서는 'BIA 리포트'라고 하는데 적절하게 정리된 집계 데이터가 명기되어 있기만 하다면 형식이나 체제는 자유입니다. BIA 리포트를 발표하는 목적은 우선순위에 따른 중요한 활동에 대해 의견을 조정하고 합의를 해내는 일입니다. 리포트로 특정된 활동이나 목표 지표는 말하자면 응답자의 주관적인 것이기 때문에 경영진이나 각부서장들로부터 어떤 의문이나 이론이 나올 것이 예상됩니다. 이 리포트는 전원 의견을 조정하고, 합의를 하기 위한 일종의 시안이나 조정 수단이라고 생각할 수 있습니다(부록 1 참조).

② BIA 리포트의 필요 항목

BIA 리포트에 필요한 요소는 다음과 같습니다.

- 조사 방법: 실시 일시, 응답자 수, 실시 방법(인터뷰, 워크숍) 등의 조항을 써서 나타냅니다.
- 우선순위로 지정된 중요한 활동의 일람: 조사표에 기재된 부서마다 중요한 활동의 리스트를 엑셀 1장의 워크 시트에 옮겨 적어 목표 복구 시간의 랭크별로 분류합니다.
- 중요한 활동 지속에 필요한 경영 자원과 의존처 목록 : 랭크별로 경영 자원 의존처의 요약 데이터를 붙입니다. 모든 랭크에 대해서 이 작업을 할 필요는 없고 우선도가 가장 높은 1~5건에 관한 것만 기재하는 것도 좋습니다.

③ 의견 조정과 승인

경영진이나 관리자층은 "사업 정지 상태부터 신속하게 시작해야 할 활동은 무엇인가?"를 자문자답하면서 배포된 BIA 리포트의 타당성을 검증합니다. 검증이라 해도 누구나 정답을 알고 있지 않기 때문에 여러 가지 의견이 생길 가능성이 있습니다. 다음 케이스를 참고해 주세요.

- 프로세스의 타당성에 관한 질문
  중요 업무(중요한 활동)의 우선순위가 '품질검사 > 제조가공'의 순으로 되어 있는 경우 "제조 가공보다도 먼저 품질 검사를 하는 것은 원칙에 맞지 않는다"라는 의견입니다.
- 경영전략과의 괴리
  소프트웨어, 개발 회사에서 고객의 신뢰 유지를 최우선으로 하는 관점에서 연구 개발보다도 고객 서포트를 우선 업무로 한 경우, 연구 개발 부문에서는 이것을 의문스럽게 여길지도 모릅니다.

이처럼 경영진, 부서장의 입장이나 생각에 따라 의견이 다를 가능성이 있기 때문에 몇 번이고 BIA 결과의 수정과 의견 조정이 반복되는 것을 염두해 두세요. 경우에 따라서 다시 미팅을 해서 만장일치가 되기까지 의논을 반복하는 노력도 필요합니다. 하지만 최종적으로 의사결정을 하는 것은 최고경영자라는 점은 변하지 않습니다.

STEP 04 위험률 평가

위험률 평가란 무엇인가?
스코어링 방식에 의한 위험률 평가
정성적 평가에 의한 위험률 평가

STEP 04 1 | 위험률 평가란 무엇인가?

1 시작에 앞서

'리스크'는 다양한 분야와 여러 가지 문맥 속에서 사용되는 용어입니다.
'리스크를 취하다.'와 같이 이익을 낳는 가능성이나 성공 여부의 술책의 의미로 사용되는 경우도 있습니다. 사업 연속성 분야에 있어서는 자연재해나 화재, 큰 사고, 폭동 등 사업의 목적을 저해하고 혼란스럽게 하는 사태가 일어날 가능성의 의미로 사용되기도 합니다. 따라서 BCP 책정 프로세스에서 '위험률 평가'란 인명이나 사업 자산의 손실로 이어지는 내외의 위험을 분석·평가하는 프로세스를 가리킵니다. 사업 목적 달성과 관계되는 모든 범위를 대상으로 하는 것이 원칙인데, 실제로는 BIA에 확인된 중요한 활동에 관련된 경영 자원을 중점으로 하는 곳부터 시작하는 것이 통례입니다. 위험률 평가를 통해 확인된 위험에 대해서는 중요한 것, 긴급성이 높은 것 순으로 대책을 세워야 합니다. 그것을 위한 사고방식은 아래와 같이 네 가지로 되어 있습니다.

① 위험 회피

해저드 맵을 통해 지리적으로 쓰나미 재해를 보게 될 위험성이 높은 토지라는 것을 알았다고 했을 때, 이 경우 어떤 대책을 세워도 막대한 인적 피해와 복구 비용을 면할 수 없다고 판단되면 사업소를 보다 안전한 장소로 이전할 것을 검토해야 합니다.

② 위험 이동

손해보험이나 배상 계약 등을 통해 재산의 위험을 떠맡는 방법입니다. 이 옵션에서는 한번 잃어버린 유일무이한 데이터나 노하우, 브랜드는 돌아오지 않습니다. BCP를 갖는 합리성(업무를 계속하기 위한 전략)을 서포트하는 수단으로도 되지 않습니다. 따라서 물적인 대상이 가능한 사업 자산에만 적용합니다.

③ 위험 저감

시장이 특정 지역에 한정되어 있고 기계 설비나 가동 환경이 특수해서 간단히 사업을 이동할 수 없는 경우, 막대한 규모의 비용이 들 경우엔 어떻게 해서든 그 토지가 있는 장소에서 사업을 계속해야만 합니다. 자연재해에 대한 위험 대책으로는 기계 설비나 건물의 내진화·보강 공사 등의 대책을 강화합니다.

④ 위험 수용

이론적으로 이것이 가능한 경우는 사업에 주는 영향이나 상정 피해가 작은 것에 한정됩니다. BCP의 통상 위험 대책에서 작은 위험은 도외시되지만 불씨는 언제 커질지 모르기 때문에 명확하게 해둘 필요가 있습니다.

이상 ①~④까지의 옵션을 검토한 결과, 아무리 해도 유효한 대책이 발견되지 않는다거나 혹은 수용하지 않을 수 없는 위험이 남았을 경우(이것들을 잔류 위험이라고 합니다)에는 BCP 등에 명료하게 기록해 제4장의 사업 계속의 운용 관리 사이클을 통해 단계적으로 해결해갑니다.

② 위험률 평가의 순서

이 책에서는 위험률 평가 접근법으로 '스코어링 방식에 의한 위험 분석'과 '정성(定性) 평가에 의한 위험 분석' 이 두 가지 방식을 소개합니다. [그림 2-4]는 어느 방식에도 공통되는 위험률 평가의 순서를 나타냅니다.

제2장 / BCP 책정 단계

① 상정 재해 확인

Step 02에서 선정한 재해의 종류(필요에 따라 피해 상정 포함)를 확인합니다. 재해의 선정은 한 가지로 한정되지 않습니다. 지진의 영향뿐만 아니라 지진에 따른 쓰나미나 액상화, 화재를 경계한다면 이것들도 참고해야 할 것입니다.

```
┌─────────────────────────────────┐
│ ① 상정 재해 확인                │
│ • 재해는 한 가지인가, 복수인가? │
│ • 재해 조사 자료(Step 02 참조)를 사용 │
└─────────────────────────────────┘
```

```
┌─────────────────────────────────┐
│ ② 위험률 평가 시행              │
│ • 스코어링 방식의 위험률 평가   │
│ • 정성 평가에 의한 위험률 평가  │
│  (개별 자원과 공용 자원의 두 가지 측면에서 조사) │
└─────────────────────────────────┘
```

```
┌─────────────────────────────────┐
│ ③ 위험 대책 검토                │
│ • 위험률 평가 결과의 정리       │
│ • 프로젝트 회의에서 검토        │
│ • 위험 대책을 고안·제안         │
└─────────────────────────────────┘
```

```
┌─────────────────────────────────┐
│ ④ 위험 대책 리포트의 작성과 승인 │
│ • 사무국은 위험 대책 리포트 작성 │
│ • 최고경영자에게 리포트 제시와 승인 │
└─────────────────────────────────┘
```

[그림 2-4] 위험률 평가의 흐름

② 위험률 평가 시행

이 책에서는 스코어링 방식 이외에 개별 자원과 공용 자원에 의한 두 종류의 위험률 평가의 순서를 소개합니다. 전자는 중요한 활동마다, 후자는 오피스 환경 전반(공용 부분)이 중심입니다. 위험률 평가는 실지 조사(담당자가 지켜보거나 듣는 것 등)를 거쳐 필요한 정보를 수집합니다.

③ 위험 대책 검토

사무국은 ②에서 실시한 위험률 평가의 결과를 회수하여 대책의 우선순위를 정한 리스트를 작성하여 프로젝트 멤버에 제시합니다. BCP 책정 프로젝트 회의에는 위험의 회피·경감 대책을 고안하고 제안할 수 있는 입장의 사람이 참가합니다.

④ 위험 대책 리포트의 작성과 승인

사무국은 각 부서로부터 위험 대책안을 회수하여 이것을 위험 대책 리포트로 정리합니다. 사무국은 경영진과 관리자층에 위험 대책 리포트를 제시하여 승인을 받습니다.

STEP 04 2 | 스코어링 방식에 의한 위험률 평가

1 시작에 앞서

위험률 평가의 중심은 위험을 분석 또는 평가하는 것입니다.

구미에서는 이를 위한 방식으로 스코어링 방식을 이용하는 예가 적지 않습니다. 이 방법에서는 위험 발생 용이점으로 '발생 확률'('발생 빈도'라고도 합니다), 위험이 미칠 수 있는 재해의 크기로 '영향도'('임팩트'라고도 합니다)라는 두 가지 평가 지표를 이용해 양자를 가산하거나 합하여서 위험의 크기를 찾습니다. 그러나 이 방법은 정량적으로 알기 쉬운 반면 두 가지 값을 정하는 시점에서 분석·평가 담당자의 주관이나 자의가 들어가는 경우도 적지 않습니다. 중요 영향이면서 발생 확률을 낮게 잡은 결과 위험 대책의 우선순위가 상대적으로 낮게 평가되는 경우도 있습니다.

이 책에서는 이러한 난점의 개선을 위해 발생 확률에 대한 지표로서 '취약성'을 이용하고 있습니다. 이미 위험성의 요인인 재해와 중요한 경영 자원은 지정되어 있습니다. 남아 있는 미지수는 '위험의 실재 발현성'이지만 그 척도로서 이 책에서는 '취약성'이 간편하면서도 타당하다고 생각하고 있습니다. 어떤 피해 시나리오에 대해서 그 대책이 취해지고 있는지 어떤

지의 레벨을 확인하여 그 정도에 따라 순위를 매깁니다.

② 스코어링 방식에 의한 위험분석 절차

다음 페이지의 표는 스코어링 방식에 의해 위험률 평가를 나타내고 있습니다. 사업 영향도 분석에서 선정한 중요한 활동(여기에서는 제조 공정) 한 건마다 경영 자원이 받는 영향의 크기와 취약성의 정도를 평가합니다. 위험값은 다음 식으로 계산합니다.

> 위험값=영향도×취약성

'영향도'는 '발생하면 곤란한 일'의 시나리오가 발생했을 때의 영향의 크기를 나타냅니다. 스코어는 다음과 같습니다.

> • 그다지 / 거의 영향이 없다=1
> • 영향은 있지만 영업 중단에까지는 미치지 않는다=2
> • 영향이 심각하다=3

'취약성'은 무방비 상태의 정도입니다. 스코어는 다음과 같습니다.

> • 충분한 대책이 취해지고 있으며 정기적으로 점검하고 있다=1
> • 대책은 취하고 있지만 가끔 점검하고 있다=2
> • 대책은 취하고 있지만 전혀 점검을 하고 있지 않다=3
> • 전혀 / 거의 대책을 취하고 있지 않다 / 모른다=4

'영향도×취약성'의 값이 클수록 위험은 심각합니다. 즉, 시나리오로 제시한 재해가 발생하기 쉽고 영향도 크다고 간주합니다. 평가서의 평가 기입을 마치면 이 데이터를 엑셀 워크 시트에 옮겨 기록하고, 재해 위험값을 기준으로 오름차순으로 늘어놓습니다. 위험값이 큰 경영자원은 위험의 실재 발현성의 위험도나 대책의 긴급도가 높은 것이기 때문에 신속한 대처에 착수해야 합니다(위험 대책의 검토 방법에 대해서는 뒤에 설명하는 두 가지 시트를 참조해 주세요).

위험률 평가(스코어링 방식)

부서 명	NC 선반 가공부	실시일	○○년 ○월 ○일
주요 활동	NC 선반 가공 작업	기입자	○○○

영업 자원의 분류	발생하면 곤란한 일	영향을 받는 경영 자원	영향도	취약성 평가	위험 값
사람	지진, 화재에 의한 부상	오퍼레이터 3명	3	1	3
	지진에 의한 교통망의 단절(출근 불능)	오퍼레이터 3명	3	4	12
통신수단	지진에 의한 연락 두절(회선의 폭주)	전화·휴대전화	2	3	6
	지진, 화재로 통신수단의 파괴·손상	전화·메일·팩스	3	3	9
	구내 정전으로 통신수단 사용 불가	전화·메일·팩스	1	3	3
	광역 정전으로 통신수단 사용 불가	전화·메일·팩스	2	2	4
기기·장치	지진, 화재로 기기·장치 파괴·손상	NC선반, 연삭반	3	2	6
	구내 정전으로 기기·장치의 가동 불가	NC선반, 연삭반	2	1	2
	광역 정전으로 기기·장치의 가동 불가	NC선반, 연삭반	3	3	9
IT 시스템	지진, 화재로 IT 시스템의 파괴				
	구내 정전으로 IT 시스템의 정지				
	광역 정전으로 IT 시스템의 정지				
정보 자산	지진, 화재로 데이터의 파괴·손상				
	구내의 정전으로 데이터 손실				
	광역 정전으로 데이터 손실				
건물·시설	지진, 화재로 건물, 냉·난방 설비 파괴				
	구내 정전으로 냉·난방 설비의 정지				
	광역 정전으로 냉·난방 설비의 정지				
공급자	지진으로 구입처 피해(부품 조달 불가능)				
	……				

STEP 04　3 | 정성적 평가에 의한 위험률 평가

1 시작에 앞서

여기에서는 한 가지 더, 위험률 평가로서 정성적인 평가를 이용한 방법을 소개합니다. 이 방법은 위험 분석의 대상을 개개의 중요한 활동에 속한 '개별 자원'과 사업 전반에 공유하는 '공용 자원' 두 가지로 나누어 위험률 평가를 합니다.

① 개별 자원의 위험률 평가

BIA에서 책정한 중요한 활동을 구성하는 경영 자원에 대해 인풋(입력), 프로세스(각 부문의 처리), 아웃풋(출력)의 세 가지 흐름을 파악해 각각의 범위에서 발생하는 '발생하면 곤란한' 위험을 추정합니다. 분석·평가의 기구로서 여기서는 '개별 자원 위험률 평가 시트'를 사용합니다.

② 공용 자원의 위험률 평가

이것은 OA 기기나 엘리베이터·전기실·서버 룸 등의 공용 자원을 대상으로 플로어(계단) 단위, 시설 단위로 행하는 것으로 재해 점검의 연장으로서 생각하면 됩니다. 조사·평가의 기구로서 '공용 자원 위험률 평가 시트'를 사용합니다.

2 개별 자원의 위험률 평가

개별 자원의 위험률 평가에는 '개별 자원 위험률 평가 시트'(뒤에 제시하는 샘플 참조)를 이용합니다. 시트의 특징과 기재 방법은 아래와 같습니다.

① BIA에서 결정한 '중요한 활동' 1건당 1시트 기재합니다.
② 중요한 활동을 인풋, 프로세스, 아웃풋의 세 가지 흐름으로 파악합니다. 먼저 '프로세스 설명'을 기입합니다. 인풋에는 "어디서부터 무엇을 어떤 방법으로 받아들일 것인가?", 프로세스에는 각 공정에 있어서 처리나 실현 방법, 아웃풋에는 프로세스의 결과 즉, "어디에 무엇

STEP 04 위험률 평가

을 어떤 방법으로 전달할 것인가"를 간략하게 적어 주세요.

③ '필요한 경영 자원'은 인원·통신·PC·정보·장치·기구, 외부 의존처(공급업자)의 6분류로 하고 있습니다. 이 분류는 고정된 것이 아닙니다. 각종 업종·업태·프로세스나 경영 자원의 복잡성에 따라 다를 가능성이 있습니다. 각자 숙고해주세요.

④ '발생하면 곤란한 일'의 예는 재해가 초래하는 영향을 기준으로 기재합니다. 예를 들어 장치·통로에 대해서는 '장치 A와 장치 B 위치의 어긋남'이라면 지진을 상정하고 있는 것을 알 수 있습니다. 홍수 등을 상정할 때에는 '장치 A와 장치 B의 침수'가 됩니다.

⑤ '위험 대책'은 ④의 '발생하면 곤란한 일'을 회피하거나 영향을 억제하기 위한 대책을 검토합니다. 한 가지 위험에 대해서 한 가지 대책만 기재되어 있지만 대책 회의에서 검토할 때엔 브레인스토밍(자유 토론 형식의 아이디어 개발법) 등을 구사해 여러 가지 아이디어를 수집해주세요.

⑥ '비용 대 효과'는 ⑤의 '위험 대책'으로 잠정적으로 결정한 안에 대해, 예산이 있어야 하는 대책에 대해서는 그 비용에 맞는 효과가 기대되는지 어떤지를 판정합니다.

제2장 / BCP 책정 단계

개별 자원 위험률 평가 시트

① ② 조사 기간 : 2000년 0월 0일~0월 0일

중요한 활동	부품의 일차 가공	기입자 :		관리 번호:○○-○○
상정하는 재해	지진			

항목	분류	인풋	프로세스	아웃풋
프로세스의 설명	프로세스의 기재	X, Y사에서 부품 X, Y를 각 10로트 구입	자사 공정으로 부품 X, Y의 1차 가공	다음 공정(중요한 활동명)에 중간 부품 X, Y를 전달
중요한 경영 자원 ③	인원		오퍼레이터 2명	
	통신	고정 전화·메일·FAX		사내 메일
	PC			
	정보	구입처 리스트·부품 카탈로그	장치A의 프로그램 코드	
	장치·기구		장치A, B 각 1대	대차, 화물용 엘리베이터
	외부 의존처	부품 메이커 X, Y사		
발생하면 곤란한 일 (재해의 특성을 고려) ④	인원		오퍼레이터 2명 출근 불능	
	통신	연락이 되지 않는다.		연락이 되지 않는다.
	PC			
	정보		프로그램 코드 파괴	
	장치·기구		장치 A와 장치 B의 위치 엇갈림	화물용 엘리베이터 정지
	외부 의존처	X, Y사로부터 부품 조달 불능		
위험 대책 ⑤	인원		○다기능공화와 대체 요원 육성	
	통신	△휴대전화 사용		○구두 전달
	PC			
	정보		○프로그램 코드의 백업	
	장치·기구		○장치A, B를 볼트로 고정	○부품을 트레이로 옮겨 반출
	외부 의존처	△부품 대체 조달처 확보		
비용 대 효과 ⑥	인원			
	통신			
	PC			
	정보		○백업 매체 6,000엔	
	장치·기구			
	외부 의존처	요조사		
비고		○효과가 기대된다. △효과가 약간 기대된다. x 효과가 기대되지 않는다.		

STEP 04 위험률 평가

③ 공용 자원의 위험률 평가

공용 자원의 위험률 평가에는 '공용 자원 위험률 평가'(다음 페이지의 샘플 참조)를 이용합니다. 이 시트에서는 중요한 활동별로 취급되지 않은 공용의 사업 자산을 '오피스 기구', '사내 인프라·시설', '공용 인프라'의 세 가지로 나누어 각각의 카테고리 안에 상정하여 얻는 시나리오에 대해 위험을 평가합니다.

시트에 기재한 '발생하면 곤란한 일' 시나리오는 방재 점검용의 일반적인 체크 항목에 지나지 않습니다. 이것들은 많게는 인터넷의 여러 방재 관련 홈페이지로부터 손에 넣을 수 있지만 다운로드한 체크 항목을 그대로 사용하지 마시고 반드시 자사의 환경이나 사업의 특성에 맞추어 사용해 주세요. 예를 들어 공장의 경우, 사내 인프라로서 전 장치에 압축공기를 보내 가동시키는 컴프레서의 고장 위험에 대해서 기재할 필요가 있을지도 모릅니다.

공용 자원의 내역은 아래와 같습니다.

① 오피스 기구

오피스의 기본 기구로 OA 기기가 있습니다. 복사기, 팩시밀리, 프린터를 모두 모은 복합기 같은 것을 대상으로 합니다. 파일 캐비닛이나 금고, 책장들도 포함됩니다. 이것들이 넘어지면 파손되거나 사업 활동을 저해하는 원인이 됩니다.

② 사내 인프라·시설

회사 전체의 네트워크·서버·컴퓨터·프린터·통신 기능을 유지하기 위한 여러 가지 기관의 구성이나 구내 배선을 가리킵니다. 판매 관리 시스템이나 생산관리 시스템들은 용도별 서버나 업무 애플리케이션으로 구성되어 있습니다. 시설 관계에는 조명이나 에어컨·엘리베이터·전기실·사원 식당·주차장 등이 있습니다.

제2장 / BCP 책정 단계

공용 자원 위험률 평가 시트

조사 기간 : 2000년 0월 0일~0월 0일

| 상정하는 재해 | 지진(진도 5강 이상), 화재, 수해, 액상화 | | 기입자 | | 관리 번호 : ○○-○○ | |

항목	분류	발생하면 곤란한 일(재해 시나리오)	개선	위험 대책	비용 효과
오피스 기구 ①	OA기기	• 지진 충격으로 복사기나 팩스 기기(복합기 등을 포함)가 책상 위나 선반에서 떨어지거나 이동해서 파손될 염려는 없는가?	필요	스틸 선반과 파티션을 연결하여 고정	비용 없음/효과 큼
	파일캐비닛·금고	• 지진 충격으로 캐비닛·금고의 위치가 틀어지거나 문이 열려 자료가 날릴 위험이 없는가?			
사내 인프라·시설 ②	기간 시스템	• 중요한 서버가 넘어지거나 선반이나 라커에서 떨어질 우려가 없는가?			
	전화·LAN·인터넷 회선	• 책상 아래나 마루 위에 감겨 있는 배선이 지진에 의한 낙하물로 인해 끊어질 염려는 없는가?			
	조명기구	• 형광등 같은 조명이 지진 충격으로 떨어져 파손될 가능성은 없는가?	불요		
	탕비실·세면실	• 지진 충격으로 파손, 수도 단절로 사용할 수 없게 되었을 때 사내 활동의 영향은?			
	엘리베이터	• 지진 충격으로 엘리베이터 안에 갇힐 가능성은 없는가? • 엘리베이터를 사용할 수 없을 경우 사내 활동에 피해 우려가 있는가?			
	에어컨	• 독립형 에어컨(실내기와 실외기)이 지진으로 떨어질 위험이 없는가? • 서버의 냉각에 사용할 경우 고장으로 서버의 사용에 영향을 주지 않는가?			
	전기실	• 옥상이나 지하실 등 평상시 눈에 띄지 않는 곳에 있는 전기실이 지진이나 간접적인 피해로 화재, 액상화, 지반침하, 수해에 의한 영향을 받을 가능성은 없는가?			
	사원식당	• 지진 충격으로 식당의 TV 등이 떨어질 위험은 없는가?			
	건물(사옥·창고 포함)	• 지진 충격으로 파손이나 붕괴 외에 지진의 간접적 피해로 인한 화재, 액상화, 지반침하, 토사 붕괴, 수해로 영향을 받을 가능성은 없는가?			
	셔터·방범 시스템	• 지진 충격으로 셔터의 개폐가 안 될 가능성은 없는가?			
	주차장	• 지진 충격이나 그때의 간접적인 피해로 액상화, 지반 침몰, 수해의 영향을 받을 가능성은 없는가?			
공공 인프라 ③	전기	• 장기간의 정전으로 업무나 사내 활동에 심각한 영향은 없는가?			
	수도·가스	• 수도·가스의 단절로 업무나 사내 활동에 심각한 영향은 없는가?			
	주변 도로	• 회사 출입구 가까이에 있는 도로나 주요 도로가 지진의 영향으로 땅이 갈라지거나 함몰할 가능성이나 도로가 봉쇄될 위험성과 영향은 없는가?			

③ 공공 인프라

전기·수도·가스 외에 회사 주변의 도로도 포함됩니다. 사업 활동 구역의 지리적인 특성을 참고하여 '발생하면 곤란한 일'의 시나리오의 추가도 필요합니다. 예를 들어, 연안부의 기업은 쓰나미로 인해 도로의 단절이나 마을과 시설을 잇는 다리가 떨어져 지나갈 수 없는 가정도 있습니다.

'위험 대책'과 '비용 대 효과'의 기재 방법은 앞서 언급한 '개별 자원의 위험률 평가'의 ⑤와 ⑥에 준합니다.

④ 위험 대책 옵션의 처치 방법

위험률 대책으로 위험을 밝혀내 각각 대책의 검토를 마친 뒤에 다음과 같이 자문자답해 보세요.

이 위험 대책 옵션은 BCP 안의 어느 부분에 어떻게 반영되고 위치하는가?

일반적으로 재해 위험 대책이라고 하면, 지진에 대비하기 위해서 비품이나 장치의 고정, 화재에 대비하기 위해서 소화기를 설치하는 등 물리적인 대책만을 떠올리기 쉽습니다만, 위의 질문에 대한 대답으로서 표 2-2와 같은 복수의 대처 방법으로 분류할 수 있습니다. 위험 대책 옵션을 어떤 형태로 구체화하고 분류하면 좋을지 고민된다면 이 표로 확인하세요.

[표 2-2] 위험 대책 옵션의 조치 방법

위험 대책 옵션의 조치 형태	위험 예방·재해 방지 대책	사후 대응·대체책
규정서·정책에 편입	위험물 취급 규정 정보 보안	사업 연속성 보안
계획·매뉴얼에 편입	재해 방지 매뉴얼 안전 조작 순서 도서 유해 물질 취급 매뉴얼	초동 대응 계획 사업 연속성 계획 장해 대응 매뉴얼
물리적 대책의 실시	소화기 설치 비상용품 비축 장치 비품 고정	대체 요원 육성 데이터 백업 UPS·발전기

STEP 05 사업 연속성 전략의 안건

사업 연속성을 위한 요건
사업 연속성 전략의 실현방법

STEP 05 1 | 사업 연속성을 위한 요건

1 시작에 앞서

'사업 연속성 전략'(business continuity strategy)이란 사업 중단 후 소정의 기한까지 소정 레벨의 제품이나 서비스의 공급을 재개하기 위한 방법이나 수단을 확립하는 것이며, 지금까지의 준비 작업으로 얻은 여러 가지 지표나 합의 사항을 최대한 활용하는 프로세스이기도 합니다. 본격적으로 들어가기 전에 지금까지의 행적을 되돌아봅시다.

최초 BCP의 방향 결정에서 중심이 되는 사업을 확인하여, 재해를 입었을 때 우선적으로 지켜야 할 범위를 좁혔습니다. 다음의 사업 영향도 분석(BIA)에서는 중심 사업을 구성하는 활동을 선정하여 각각의 목표 복구 시간과 목표 복구 레벨을 추정했습니다. 더불어 이것들의 중요한 활동을 개시하기 위해 필요한 경영 자원과 의존처를 표로 작성하였고, 위험률 평가(RA)에서는 이 경영 자원을 대상으로 효과적인 위험 회피·저감 방식을 검토했습니다.

한편, 이것들을 설명한 사업 연속성 전략은, BIA나 RA로부터 도입하여 확인한 정보를 기준으로, 중요한 활동을 개시하기 위한 요건과 절차를 정하는 작업입니다. 구체적인 설명에 앞서 먼저 사업 연속성 전략의 목적을 확인합니다. 그 한 가지는, 우선도가 높은 업무나 사명을 확실히 실행할 수 있는 태세를 만드는 것입니다. 가장 중요한 업무는 A, 다음은 B….로 특정되어 있어도 그것을 '언제까지', '어떻게' 실행하는지 정해져 있지 않으면 그림의 떡에 지나지 않습니다.

두 번째는 중요한 활동에 있어 꼭 필요한 경영 자원과 의존처를 확보하는 것입니다. 업무 활동은 독자적으로 완결될 수 없습니다. 본인의 프로세스만이 아닌 양 사이드에 있는 인풋과 아웃풋을 기능시키는 경영 자원이 '그곳에 있기' 위한 구조를 설치하는 것입니다.

사업 연속성 전략의 입안은 필요한 경영 자원을 정해진 시간 프레임 안에서 얼마나 정확히 전달하는가를 가장 유념하여 검토해야 하는 것입니다. BCP의 요건으로서 가장 잘 논의되는 경영 자원은 다음과 같습니다. 이것들을 조달하고 확보하는 상세한 대책에 대해서는 「제5장 대책 각론」을 참조하세요.

- 인원
- 정보 자산(문서와 전자 데이터)
- 건물·설치의 가용성
- 전기·수도·가스·연료 등
- IT 시스템
- 수송 교통수단
- 재해 대책 자금
- 공급업자·외주처

2 연속성의 사고방식

중요한 활동을 계속하기 위한 접근은 '시간적 제약', '유효성', '비용 대효과', 이 세 가지 측면에서 생각할 수 있습니다.

① 시간적 제약

목표 복구 시간(RTO)은 사업 연속성 전략의 방향성을 정하는 중요한 지표 중 하나입니다. RTO를 참고하지 않는 대책은 전기나 통신기기가 복구되지 않으면 아무것도 할 수 없습니다. 제조 회사에서 수리하러 오는 날이 다음 주 이후라면 그때까지 제조 라인을 정지하는 수밖에 없다는, 이런 수동적이고 즉흥적인 대응밖에 할 수 없게 됩니다.

BCP에서는 이런 상황을 초래하지 않도록 RTO를 전략적으로 활용합니다. 예를 들면 RTO가 수 시간 이내라는 시간적 제약이 엄격한 업무에서는 스태프의 이동이나 업무 시스템의 재조달이 곤란하기 때문에 미리 최소한의 경영 자원을 갖출 수 있는 대체 사이트를 확보합니다.

RTO가 수일의 업무라면 스태프의 이동이나 업무 시스템의 조달은 어느 정도 가능하며, 소정의 대체 사이트에 필요한 기재나 설비를 반입해서 업무를 재개하는 것도 가능합니다. RTO가 몇 주간이나 그 이상인, 우선도와 긴급도가 낮다고 평가되는 경우에는 업무는 보류하여 다른 긴급도가 높은 업무의 개시를 지원합니다.

② 유효성

사업 연속성 전략은 '피해를 경감하고 회피하기 위해서 어떻게 할 것인가'의 문제를 다루는 위험 대책과는 달리, 피해가 표면화되었을 때 어떻게 대처할 것인가를 묻는 수단입니다.

예를 들어, 어느 정밀 기계 부품가공 회사가 중요 업무의 지속 방법을 검토했다고 합시다. 지진 충격으로 인한 영향을 받지 않도록 가공 장치를 볼트로 고정하거나, 주위에 있는 기자재의 낙하·떨어짐을 방지하는 등의 개별 위험 대책은 이미 세워져 있습니다. 그러나, 유감스럽게도 이런 위험 대책만으로는 피해를 면할 수 없습니다. 정전이 계속되어 장치를 가동시킬 수 없고, 오퍼레이터가 회사에 나오지 못하며, 매입처가 재해를 입어 가공 부품을 입하할 수 없는 등 여러 가지 원인이 중요 업무의 재개를 방해할 가능성이 있는 것입니다. 이런 사태를 가정한 경우 다음과 같은 옵션을 생각할 수 있습니다.

- 대체 오퍼레이터를 확보하기 위해 다기능공화를 도모한다(사전 교육과 연수).

- 부품 재고는 RTO를 충족할 수 있도록 다량으로 분산하여 보관한다.
- 범용성 있는 원재료·부품에 대해서는 복수의 조달처를 확보해 둔다.
- 구 장치의 일부를 매각하지 않고, 예비로 재해가 발생하지 않을 멀리 떨어진 창고에 동시 보관한다.
- 공정 일부를 타 공장에도 실시하여 생산 기능의 이중화를 도모한다.
- 재해를 입었을 때 동등한 기술을 갖는 오퍼레이터나 가공 장치의 사용을 상호적으로 융통할 수 있도록 복수의 동업자와 재해 시 협정을 맺는다.

③ 비용 대 효과

'비용 대 효과'의 사고방식에 관해서는 위험 대책 페이지에서도 다루었고, 연속성 대책(사업 연속성 전략)의 채용 여부에 있어서도 같은 평가를 할 수 있지만, 여기에서는 다음과 같은 점에 주의해야 합니다. 한 가지는 위험 대책이 주로 물적 대책에 중점을 두는 것에 비해, 계속적인 대책은 '인적 행동이 동반되는 대책'이라는 것입니다. 사람이 이동하고, 평상시와는 다른 장소에 새로운 경영 자원이나 기능을 투입하는 것으로 비용이 발생하고 이 발생 비용과 사업 연속성 전략으로 달성되는 목표의 크기나 가치의 크기를 비교하는 것입니다.

다음으로 위험 대책은 스태틱(정적)으로 기대하는 효과에 확신을 갖고 있는 것에 비해, 연속성 대책은 다이내믹(동적)으로 기대하는 효과에 불확실성이 동반되는 것입니다. 예를 들면, 위험 대책에 있어서 장치의 고정은 지진에 대한 장치 위치의 엇갈림이나 넘어짐 방지의 억제 효과를 기대할 수 있습니다. 한편 사업 연속성 대책으로서 생산 기능을 대체 거점으로 옮긴다고 하는 안건에는 어디까지 원활하게 기능을 이전할 수 있는지, 행동을 방해하는 요인은 생기지 않는지, 소정의 품질과 레벨로 생산을 재개할 수 있는지 등의 실현성이 열쇠가 됩니다.

제2장 / BCP 책정 단계

STEP 05 2 | 사업 연속성 전략의 실현 방법

1 통신판매사업의 사례

첫 번째 사례로 도쿄(東京) 본사에서 통신판매사업을 경영하는 P사의 전략을 소개합니다. BCP 책정에 관한 상세한 배경 정보는 생략하기로 하고 여기서는 P사의 중요한 활동으로서 '주문·출하 지시 업무(콜센터)', '통신판매 사이트 운영(정보 시스템부)', '외상 매출, 외상 매입 처리(경리부)'의 세 가지가 선택된 것을 염두에 둡니다. 그리고 아래 ①~③과 [그림 2-5(그림의 점선의 범위 안)]를 참조하면서 전략적인 사업 연속성 수단으로서 '누가', '언제까지', '어떻게 움직일 것인가', '무엇을 어디까지 달성할 것인가'를 이해하세요.

① 주문·출하 지시 업무(콜센터)

주문·출하 지시 업무는 콜센터 안에서도 중단해서는 안 되는 가장 중요한 활동입니다.

만일 이 업무가 정지되었을 때는, BCP 발동 후 48시간 이내에 오사카 지점에 가설 콜센터를 설치하여 도쿄의 스태프 4명이 72시간 이내에 오사카(大阪)지점으로 이동하여 가동률(복구 레벨) 25%로 업무를 재개합니다. 이 '25%'라는 숫자는 통상 16명의 스태프로 운영하는 이 업무를 오사카 지점에서는 4분의 1이 되는 4명으로 대응한다는 의미로 쓰이고 있습니다.

② 통신판매 사이트 운영(정보 시스템부)

통신판매 사이트의 운영은 주문·출하 지시 업무 다음으로 우선도가 높은 활동입니다(조기에 가동해야 합니다). 통신판매 사이트가 멈춘 상태라면 클레임이 늘어나는 것뿐만 아니라 고객이 타사로 넘어가 돌아오지 않을 위험성이 있습니다. 더불어, 본사 통신판매 사이트의 서버와 네트워크 기능까지 다운되면 외부 데이터 센터에 설치한 예비 서버를 48시간 이내에 가동시켜 72시간 이내에 필요한 애플리케이션을 가동합니다.

STEP 05 사업 연속성 전략의 안건

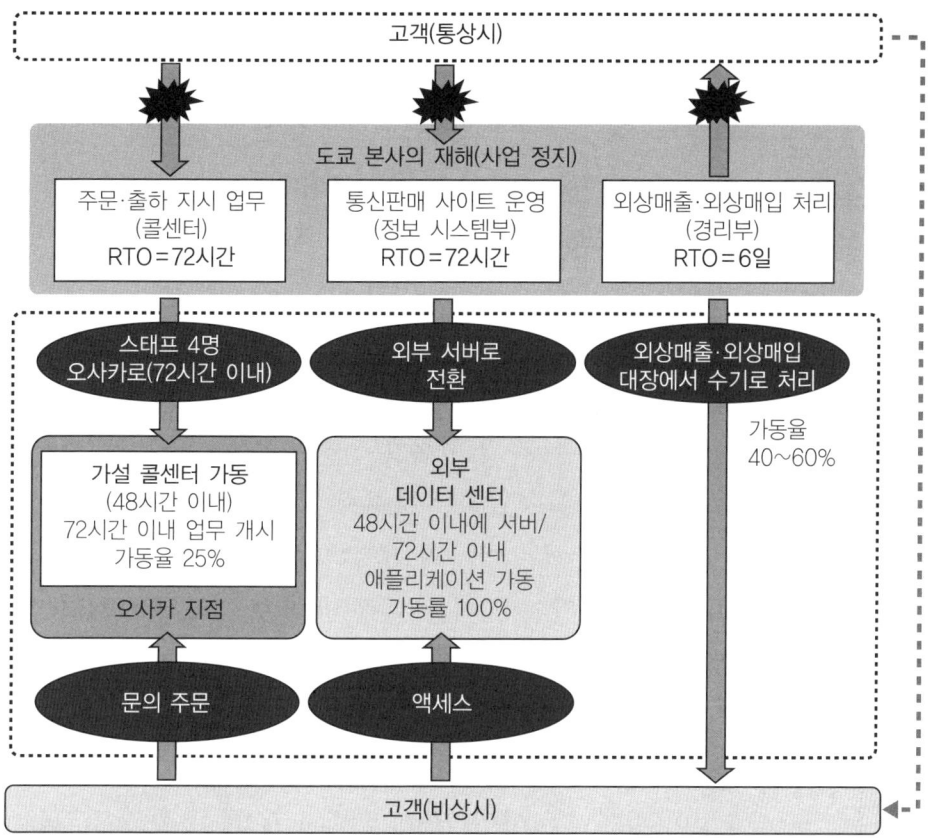

[그림 2-5] 세 가지 업무의 사업 연속성 전략 이미지

가동률은 100%를 목표로 합니다.

③ 외상 매출·외상 매입 처리(경리부)

사업 연속성 전략 중 가장 늦게 BCP 발동 후 6일 이내에 가동하는 것은 외상 매출·외상 매입 처리 업무입니다. 평소 상태로 복구하려면 중요한 매입처에 대한 지불이 늦어지거나, 외상 매출금의 회수가 늦어져 자사의 자금 유통에 영향이 미칠 가능성이 있습니다. 그래서 BCP 발동 후 늦어도 6일째까지는 경리부원이 외상 매출 외상 매입 대장을 USB 메모리 데이터로 회수하고 대응 우선도가 높은 거래처를 확인하여 노트북과 수작업으로 처리하는 것으로 정해져 있습니다. 가동률은 40~60%입니다. 즉, 현실적인

선에서 통신판매 사업의 BCP를 기능시키는 데는 [그림 2-5]와 같은 단순화된 형식의 전략만으로는 충분하지 않다는 것도 미리 말씀드립니다. 실제로는 상품의 출하부터 운송·전달·대금의 결제에 이르는 일련의 기능을 유지하기 위한 업무를 중요한 활동에 추가할 필요가 있고, 도쿄 본사가 재해를 입으면 고객이 자발적으로 문의처를 오사카 지점으로 변경할 수 있는 구조를 만들 수 있는 전략이 반영되어 있어야 합니다.

② 사업 연속성 전략이 가시화되기까지의 흐름

위에 설명한 세 가지 업무는 각각의 목표로 하는 RTO를 충족하도록 단계적으로 활동해 경영 자원을 조달하는 흐름으로 되어 있습니다. 이 아이디어가 가시화되기까지의 순서는 다음과 같습니다. 먼저 사업 영향도 분석에서 산출해낸 목표 복구시간(RTO)이나 복구 레벨(RLO)을 충족시킬 만한 아이디어를 브레인스토밍(brainstorming)을 통해 수집해 화이트보드 같은 곳에 이미지를 정리합니다(검토 회의에 3부서의 업무 책임자가 참가해야 하는 것은 말할 나위도 없습니다).

다음으로 실효성이 기대되는 아이디어에 관해 RTO를 충족하기 위한 행동과 필요한 경영 자원의 조달의 흐름을 [표 2-3]과 같은 시계열 표를 작성하여 가시화합니다. 이 예에서는 오사카 지점에 가설 콜센터를 설치하여 '주문·출하 지시 업무'를 개시할 때의 내역을 나타내고 있습니다. 이 책에서는 이 표를 '사업 연속성 전략 시트(타입 1)'라고 합니다. 이것 외에 갠트(ganth) 차트로 표를 작성하는 방법도 있습니다. 어느 방법이든 사업 연속성 전략을 적용하는 활동을 건수별 도표로 작성해 주세요.

> **주의**
>
> 이와 같은 사업 연속성 전략 시트에 설정된 단계적인 행동 목표 시간이나 경영 자원의 목표 조달 시간을 'RTO(목표 복구 시간)'의 하나로 간주하는 방식도 있지만, 이 책에서는 사업 영향도 분석으로부터 직접 이끌어낸 목표 지표만을 RTO라고 부릅니다.

STEP 05 사업 연속성 전략의 안건

[표 2-3] 사업 연속성 전략 시트(타입 1)

중요한 활동명	주문·출하 지시 업무	소속	콜센터					
활동 개시 장소	오사카 지점	책임자	○○○	RTO	72시간	RLO	25%	

필요한 경영 자원	내역	<24시간	48시간	72시간	6일째	총수량	관계 부문	비고
인원	콜센터 스태프	–	2	2	–	4	도쿄 본사	회사전용 차로이동
데이터	고객 데이터	–	1	–	–	1		USB지참
통신	전화기 헤드셋	– 	1 1	3 3	– 	4 4	오사카지점 비품	
네트워크	네트워크 설비	1	1	1	1	1	오사카지점 인프라	
전표·대장	고객 대장	–	–	2	–	2		
기타 기구	노트북 컴퓨터	–	1	3	–	4	오사카지점 에서 조달	

〈표 보는 방법〉
- 인원의 경우 BCP 발동 후 48시간까지는 오사카 지점에 2명 도착, 72시간까지 +2명 도착으로 총 4명이 된다.
- 노트북은 48시간까지 1대, 48시간 이후~72시간까지는 3대를 준비해서 총 4대가 된다.

2 정밀 기기 부품 가공업의 사례

두 번째 사례는 정밀 기기 부품 가공업의 사업 연속성 전략의 예로, 검토 내용은 '사업 연속성 전략 시트(타입 2)'에 집약되어 있습니다([표 2-4] 참조). 이 회사에는 5년 이상의 경력을 갖고 있는 사원이 5명이고, NC 선반, 프라이스반, 연삭반 세 종류의 공작 기계를 사용하고 있습니다.

표의 ①~③을 보는 방법은 아래와 같습니다.
① ② 사업 연속성 전략에 대해서 경영자원마다 검토합니다. '개별 대책'과 외주 위탁이나 프로세스 전체에 대한 대체를 검토하는 '총합 대책'의 두 가지 시점을 준비합니다. 또, 각각의 대체책에는 '소요 시간'과 '비용'의 난을 준비해 사업 연속성 전략마다 기재합니다. '소요 시간'은 인원의 경우 오퍼레이터로서 장치 앞에 시작할 수 있을 때까지

의 시간을 말하며, 장치의 경우는 수리나 신규 조달에 의해서 작업장에 설치하기까지의 시간을 가리킵니다.

③ 표의 오른쪽 위에 장치의 복구 시간, 가동 준비 시간, 목표 복구 시간의 기입란이 있습니다. 목표 복구 시간(3일)=장치 복구 시간(2일)+가동 준비 시간(1일)입니다.

[표 2-4] 사업 연속성 전략 시트(타입 2)

중요한 활동명	정밀 기계 부품 가공업무			장치 복구 시간	2일	
공급 레벨	가장 낮아도 대기업 10곳의 평균적인 주문량을 유지할 것(긴급품은 제외)			가동 준비 시간	1일	
				목표 복구 시간	3일	
분류	개별 대책	소요 시간	비용	총합 대책	소요 시간	비용
인원	교대 요원 확보 (후보자 있음)	수 시간	–	인재 파견 이용	2일	3만 엔/일
통신 수단	–	–	–	센다이 지점을 중간 연락처로 함	–	–
장치·설비	수리·신규 구입 • NC 선반 • 프라이스반 • 연삭반	수리업자의 파견 (최단 4일/신규구입(1개월)	신규 구입 시 1,000만엔/대	같은 종류의 공작 기기를 소유하는 협력 회사 X사에 업무를 위탁	2일	20만 엔
데이터	설계 데이터는 USB 메모리에 옮겨 외부 보관	–	–	–	–	–
IT	사장 댁에 예비 PC 보관	–	–	–	–	–
의존처	금속 가공 부품 a, b, c의 대체 구입처를 개척	1개월	–	–	–	–
총합 평가·소견 (≤RTO)	장치 수리, 신규 조달에서는 RTO를 충족하지 않음	–	–	RTO 충족. X사에 업무 위탁은 경쟁력 저하로 이어지지만 공급 책임과 신용 유지에는 불가결	–	–

'가동 준비 시간'은 장치의 검토·조정·시운전의 견적 시간을 가리키지만 생산 공정이라면 원재료가 입하되기까지의 시간이 포함되고, 정보 시스템이라면 데이터 복구의 작업 시간이 포함됩니다.

STEP 05 사업 연속성 전략의 안건

사업 연속성 전략 시트(타입 2)는 경영 자원마다 또는 업무 전체로서 대책에 대한 대응이 가능합니다만 타입 1과 같은 경영 자원의 조달이나 사람의 이동의 절차를 RTO의 시간 안에 들어맞도록 시계열(時系列)로 배분되는 구조로 되어 있지 않습니다. 이 특징을 근거 삼아 참고해 주세요.

④ 사업 연속성 전략의 평가와 승인

다음 [표 2-3]의 통신판매 사업의 사업 연속성 전략 시트를 기조로 검토와 평가, 승인의 포인트에 대해서 설명합니다.

① 사업 연속성 전략의 검토

사업 연속성 전략에 대해 시트로 정리하면, '내역' 란에 표시한 인원이나 품목에 대해, 시계열(時系列)로 표시된 조달 스케줄과 RTO(목표 복구 시간), RLO(복구 레벨)를 비교합니다. 예를 들면, 인원(콜센터 스태프)의 경우 BCP 발동 후 48시간 이내에 먼저 2명이, 다음으로 72시간 이내에 2명 더 회사 전용차로 오사카 지점으로 가는 시나리오로 되어 있습니다. 이것이 비상사태 속에 어디까지 확실히 실현 가능한지를 점검합니다. 검증 관점으로는 콜센터의 기술을 갖는 스태프를 확보할 수 있는가, 없는가, 도로 상황, 회사용 차량의 대기 여부, 휘발유 조달이 가능한지의 여부 등을 생각할 수 있습니다. 이런 방식으로 다른 경영 자원에 대해서도 한 가지씩 현실성을 검증해 주세요.

② 사업 연속성 전략의 평가

[표 2-3]의 전략이 현실적으로 실현 가능하다고 판단되면 다음은 실행에 옮기는데 필요한 비용을 견적합니다([표 2-3]의 시트에 견적 산정표를 추가합니다). 인원을 예로 들면 회사용 차량의 이동 비용(휘발유, 고속도로 요금), 오사카 지점에서의 식비와 숙박료, 스태프 할증 임금 등이 있습니다. 이렇게 다른 경영 자원에 대해서도 한 가지씩 사업 연속성 전략을 실행으로 옮길 때의 대략적인 비용을 계산합니다. 마지막으로 활동 전체에 대한 비용

대비 효과를 검증해 주세요.

③ 경영진에의 제시와 승인

사업 연속성 전략의 실현성 검토 ①과 비용 대 효과의 평가 ②의 작업을 각각 사업 연속성 전략 시트의 건수만 반복하며 마쳤다면 사업 연속성 전략 리포트를 작성합니다. 이 리포트의 목적은 최고경영자와 관리자층 전체의 합의와 승인을 얻기 위함입니다. 전략의 검토를 비롯해 평가의 단계로 이미 주요 멤버가 참여하고 있는 경우에는 리포트 작성은 필요하지 않습니다. 리포트의 서식은 특별히 정해져 있는 것은 없습니다. 필요한 기재 항목은 '사업 연속성 전략 명', '중요한 활동 명', '인원의 배치 방법', '필요한 경영 자원의 조달, 배치 방법', '목표 복구 시간', '소요 시간', '비용', '총합 평가·소견' 등입니다.

STEP 06 행동계획의 입안

행동의 흐름
긴급 시 조직체제
초동 대응 계획의 책정
연속성·복구계획의 책정

STEP 06 1 | 행동의 흐름

1 행동계획의 개요

제1장에서 BCP의 행동계획으로 '초동 대응', '사업 연속성 대응', '재해복구' 세 가지의 측면이 있다고 설명했습니다. 여기서는 각 측면의 구체적인 행동의 사고방식을 제시합니다([그림 2-6] 참조).

(1) 초동 대응
① 재해 발생 직후의 행동

가장 초기의 행동으로서 재해 발생의 확인·통보·신체 안전 확보·초기 소화· 부상자의 구조·가장 안전한 장소로의 피난·안부 확인 등이 있습니다.

② 대책 본부의 모임과 설치

안전 확보와 확인을 마치고(안부 확인 같은 것은 계속하는 경우가 많다) 긴급 점검을 통해 현재 상황이 심각한 상황이라면 대책 본부 활동을 시작합니다.

③ 피해 상황의 견적

필요 인원의 회사 출근 여부, 라이프 라인의 상황, IT나 설비 기기의 물리적인 파손의 유무, 기기장치 등의 위치 변화나 피해의 정도를 미리 파악합니다.

④ BCP의 발동

조사 결과, 사업에 관련된 중요한 활동이 정지하여 복구의 전망이 보이지 않고 수리·회복에 시간이 걸린다고 판단되면, BCP를 발동하여 목표 복구 시간 안에 사업 재개를 목표로 합니다.

(2) 사업 연속성 대응

BCP가 발동되면 사업 연속성 전략에서 규정한 순서를 기준으로 활동을

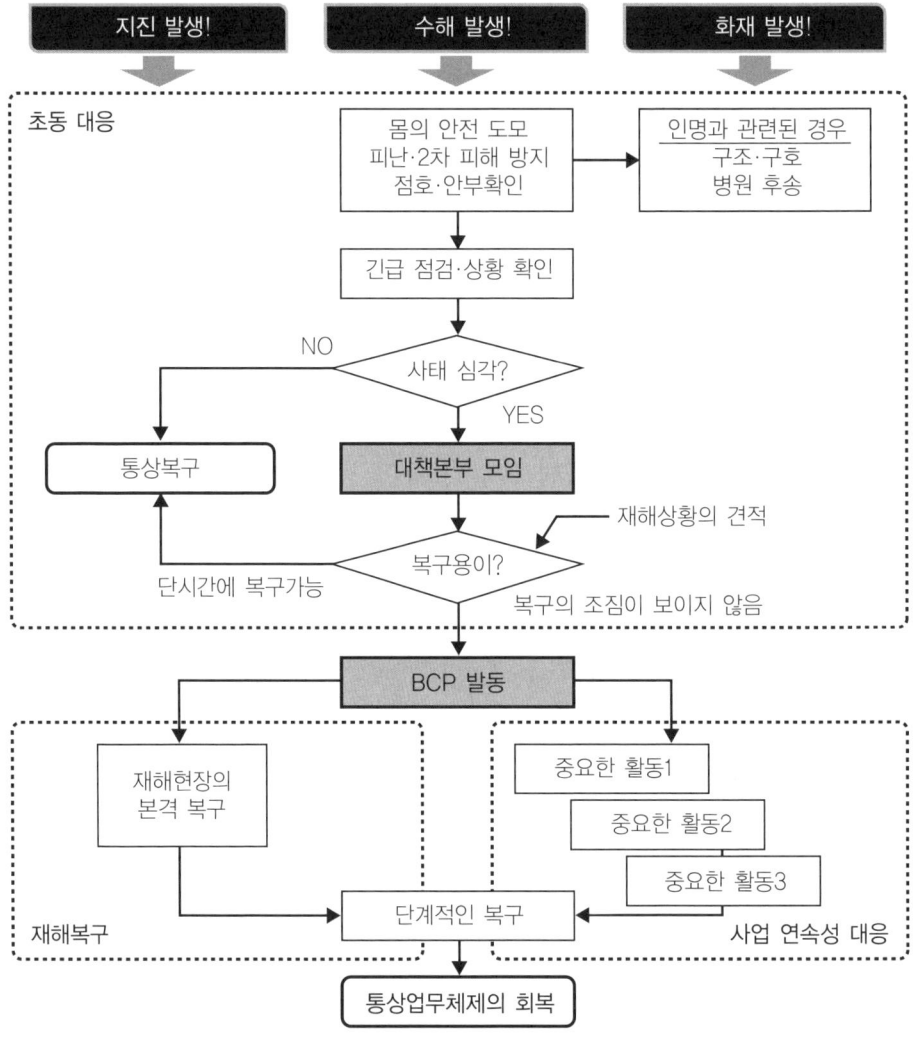

[그림 2-6] 세 가지 측면의 행동계획 포인트

개시 합니다. 중요 업무를 개시(스탠바이)하기 위한 준비에 관련된 활동, 중요 업무를 개시하여 업무의 목적을 수행하는 활동입니다.

(3) 재해 복구

사업 지속 대응은 잠정적인 중요한 업무 기능을 시작해 사업의 목적을 달성하는 활동입니다. 이에 반해 재해 복구는 잠정적인 대응으로 위급한 상황을 견디고 있는 동안에 재해현장을 복귀하기 위한 활동입니다.

STEP 06 2 | 긴급 시 조직체제

1 대책 본부의 의의와 목적

① 대책 본부란?

회사가 긴급사태에 직면했을 때 통상 부문이나 부서 베이스의 조직으로는 원활한 대응을 할 수 없기 때문에 비상시에 대응한 조직 즉, 사원의 안전과 피해의 최소화와 재해 현장의 조기 복구를 목적으로 신속히 의사 결정을 하여 적절한 지시 명령을 내리는 운영 조직을 준비해 두어야 합니다. 이 체제를 바탕으로 만들어지는 것이 '대책 본부'*입니다. 자사에 대책 본부를 만들기 위해서는 어떤 활동 기능이 필요할까요? 이것에 대해서는 전에 서술한 목적에서 이끌어낼 수 있습니다. 다음을 참고해 주세요.

- 의사 결정과 지휘명령
- 정보수집과 발신(대외적 커뮤니케이션 포함)
- 사업 지속과 복구 관리(기동력과 힘을 가장 필요로 하는 활동)
- 물자 조달
- 예산·경비 관리
- 본부 운영과 회사 기능의 유지

---

* 일반적으로 '재해대책본부'나 '지진대책본부', '쓰나미 재해대책본부'처럼 앞머리에 구체적인 명칭을 붙이는 일이 많은데, 여기서는 간단히 '대책본부'라고 하기로 합니다.

② 대책 본부의 역할과 권한

여기서는 대책 본부의 기능을 구체화하는 경우, 어떤 사람들에게 어떤 역할과 권한을 부여해야 하는지를 생각해봅니다. 대책 본부는 의사 결정과 지휘명령을 위한 조직임과 동시에, 현장의 상황을 잘 숙지하고 필요한 능력을 효율적으로 투입할 수 있는 실행력, 상황에 따른 임기응변력이 있어야 합니다. 따라서 먼저, 위에서 설명한 활동 기능 담당에 어울리는 사람을 책임자로 정하여 각각 일을 분담시킵니다.

다음을 참고해 주세요.

- 대책 본부장: 전체의 총지휘, 의사 결정(본부장 대행도 꼭 정한다)
- 사무국: 대책 본부와 현장 조정, 본부 운영
- 총무부장: 시설·집기·비품의 복구, 스태프 관리의 책임자
- 생산부장: 제조업의 경우는 생산 라인의 계속과 복구의 책임자
- 영업부장: 고객·거래처 대응과 대외적 커뮤니케이션의 책임자
- 정보 시스템부장: IT와 통신의 계속과 복구의 책임자

단, 위 리스트와 같은 역할만 담당하는 인재가 모이지 않는다고 요건을 충족하지 못하는 것은 아닙니다. 소규모 조직에서는 여러 가지 역할과 권한을 겸임하는 등의 모색을 해 주세요. 또, "누가 어떤 역할을 맡을지는 그때 스태프의 참여 상황이나 필요 사항을 확인한 후에 결정하는 것으로 하고 사전에 정하지는 않는다"라는 의견이 나오기도 합니다. 그러나 미리 이런 조직을 정해 두지 않으면 일부 사원에게 과중한 직무가 주어지거나, 의사 결정이나 지휘명령에 혼란이 발생하게 됩니다. 오래전에 사용했던 표현이지만, 회사에 재해가 발생했을 때 무엇보다 중요한 것은 '일치 단결해서' 전체 회사가 일심동체가 되어 복구 활동에 임하는 것입니다.

참고로 [그림 2-7]에 대책 본부의 구성을 제시합니다. 도쿄 본사와 오사카 지점이 연계해가며 사업 지속 대응을 하는 예입니다. 이런 종류의 그림은 BCP에 필수적인 것은 아닙니다만 계층이 다소 복잡해졌을 때 자리매김을 이해하기 쉽게 하기 위해서도 가시화하는 편이 좋을 것입니다.

STEP 06 행동계획의 입안

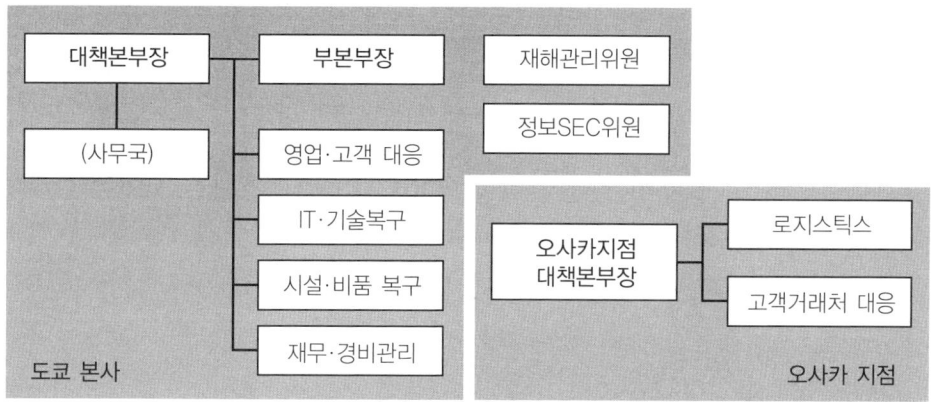

[그림 2-7] 대책 본부 구성 사례

② 대책 본부의 설치 요건

① 언제 시작하고 언제 해산할 것인가?

대책 본부원이 모이는 트리거(계기)는 재해의 발생 등 사업 활동의 저해·혼란에 직면한 시점입니다. 구미에서는 사건사태에 레벨 I ~ Ⅲ 등을 설치해 그 정의에 맞는 사태가 발생하면 신속하게 대책본부의 행동을 시작하는 방법을 취하기도 합니다(집합 기준의 예 참조). 이 장점은 집합 기준이 객관적이기 때문에 관계자 전원이 일률적으로 같은 판단과 행동을 하는 것입니다.

> [집합 기준의 예]
> - 레벨 Ⅰ: 일부 업무 부문이 영향을 받았지만 중요한 활동에는 영향 없음(집합 불필요)
> - 레벨 Ⅱ: 중요 업무 X, Y, Z가 정지하여 업무 재개까지 3일 이상이 필요함(집합 필요)
> - 레벨 Ⅲ: 전 사원의 생명과 업무의 존속을 위협하는 사태가 발생(집합 필요)

대지진 등을 상정하고 있는 경우에는 대책본부원이 집합하는 계기로서 '본사 지역에서 진도 6의 지진 발생'으로 정의함으로써, 뉴스에서 지진 속

제2장 / BCP 책정 단계

보를 접한 스태프는 바로 달려갈 수 있습니다. 태풍 같은 시간의 경과나 진행 경로에 따라 시시각각 사태가 변화하는 경우에는 직접적인 피해가 나오지 않아도 "졸속을 두려워하지 말고"라는 말과 같이 즉시 행동하는 결단력도 필요합니다. 또한, 대책 본부를 해산하는 시기는 생산이나 공급이 일정 수준으로 회복한 시점, 대체적인 통상 체제로 업무 활동을 지속할 수 있다고 판단한 시점입니다.

② 어디에 설치할 것인가

보통 대책 본부는 사내 회의실에 설치하는 것이 일반적이지만, 회사 건물이 재해로 인해 출입 불가능하거나, 건물 자체는 무사해도 인프라 관계가 완전히 차단되어 사내의 어떤 정보도 취하지 못하고 활동도 못 하는 경우가 발생할 수 있습니다. 그렇기 때문에 BCP에서는 사내(회의실), 사외(인근), 먼 곳, 이 세 군데에 후보지를 설정해 두는 것이 통례입니다. 외부 후보지로는 동시 재해의 우려가 없는 지점이나 영업소, 협력 회사의 회의실 등이며, 소규모 회사에서는 사장이나 전무의 주택도 검토의 대상으로 합니다.

Topics 인시던트의 의미

인시던트(incident)는 정보 보안의 위협으로 이어지는 상황을 나타내는 용어로 정착되어 있습니다만, 사업 연속성 분야에서는 어떤 의미로 사용할까요? 구미의 사업 연속성 가이드 라인이나 용어집을 참고해보면 대략 다음과 같이 요약할 수 있습니다.

인시던트란, 생산이나 서비스 등에 손해를 주거나 그러한 활동을 중단시키는 것으로, 대처가 불가능한 위기나 재해로 발전하는 상황입니다.

즉, 인시던트는 재해 그 자체를 가리키는 것이 아닌 재해에 이를 수 있는 여러 가지 가능성을 포함한 상황을 나타내는 용어입니다. 지진이나 화재 같은 특정 '재해'로부터 시작하는 일본인의 재해 대응의 발상과는 약간 차이가 있다는 것에 주의해야 합니다.

③ 언제까지 시작해야 할 것인가

대책 본부 설치의 요건으로 잊지 말아야 할 점은 "몇 시간 이내에 활동을 개시할 것인가?"를 정의하는 것입니다. 예를 들면, '사내에 설치하는 경우는 12시간 이내', '사외의 대체 장소에 설치하는 경우에는 24시간 이내'처럼 정합니다. 이 소요 시간이 명확하게 기재되어 있지 않으면 필요한 사람이 모이지 않습니다. 기구가 조달되지 않는다는 등의 이유로 별일 없이 시간이 흘러버려 대응이 늦어지고 여러 가지 측면에 악영향을 미칩니다.

소요 시간의 내역은 후보지의 사용 가능 여부의 확인이나 스태프의 이동 시간, 필요한 비품이나 기구 종류의 확보·조달 시간을 추측해서 설정합니다. 어디까지나 상대적인 시간이지만 활동을 효율적으로 진행하기 위한 견인력의 역할을 완수하는 중요한 숫자이기도 합니다.

③ 대책 본부 시작의 두 가지 사례

이 장에서는 대지진이 발생했을 때의 두 가지 사례에 대해, 각각의 대책 본부를 설치하기 위한 요점을 설명합니다.

① 중심 멤버가 부재인 경우

긴급사태 발생 시 명령을 내리는 사장이나 대책 본부의 멤버(중심 멤버)가 반드시 사내에 있다고는 단정할 수 없습니다. 중심 멤버가 부재중이어도 재해가 발생하면 신체의 안전 확보·피난·안부 확인 등의 최소한 일은 그 장소에 있는 사원의 수준에서 행해져야 합니다. 일반 사원만이라도 안부 확인을 진행할 수 있도록 전 사원의 고정 전화·휴대전화의 번호와 문자 메일 주소를 알아두는 것도 중요합니다.

안부 확인이 끝나면, 다음 단계로 중심 멤버가 부재중이어도 회사 내에 안전한 장소에 '가설 대책 본부'를 설치합니다(그림 2-8 위 그림 참조).

② 두 곳의 원격 지점에 대책 본부를 설치하는 경우

도쿄 본사와 센다이(仙台) 지사의 예를 생각해봅시다. 대지진 발생 후 도쿄 본사에서는 '도호쿠(東北) 지방 거대 지진 발생' 정보를 입수하여, 상황의 심각성으로 곧바로 대책 본부가 활동을 시작합니다. 그러나 센다이 지부와는 유선 전화나 휴대전화로도 연락이 되지 않고, 상황을 파악할 수 없어 지휘명령을 할 수 없는 상황입니다. 이런 경우, 도쿄 본사가 센다이 지사의 모든 활동을 일원적으로 통제하는 것은 현실적이지 않습니다. 현지 정보를 알 수 없다면 시간만 흘러갈 뿐 손을 쓸 수 없기 때문입니다. 이런 이유로 도쿄 본사와 동시에 재해를 입은 지사에서도 현지 대책 본부의 활동을 개시해, 자율적으로 움직일 수 있도록 규칙을 정해둘 필요가 있습니다. 예를 들면, "지사의 사원 및 상사의 안부 확인을 하고 본사와 연락이 닿을 때까지, 혹은 본사에서 지원 인원이 올 때까지 수일간 무사히 넘긴다."거나 "2차 피해의 확대를 막는다." 등의 목표를 정해 둡니다([그림 2-8]의 아래 그림 참조).

④ 대책 본부의 운영 요건
① 대책 본부의 기간 사업

다음의 기간 사업이 사용 가능한 상태여야 합니다. 모든 조건을 충족할 필요는 없지만 최소한의 활동 환경을 갖출 수 있도록 고안해 주세요.

- 전기(용량 확인)·전화·수도의 사용 가능 여부
- 배터리, 충전기, 휴대용 발전기
- 인터넷 사용 가능 여부
- 조명 사용 가능 여부(또는 조달이 바로 되는지의 여부)
- 세면기·화장실(또는 간이 화장실)을 비롯한 위생 설비
- 대책 회의 공간, 식당, 잠시 수면을 취할 수 있는 공간
- 환기설비 등

② 정보 기구·비품·문구

정보 수집 도구는 대책 본부 운영의 열쇠입니다. 노트북·인터넷·전력을 확보할 수 있다면 정보 수집의 폭은 비약적으로 증대됩니다.

STEP 06 행동계획의 입안

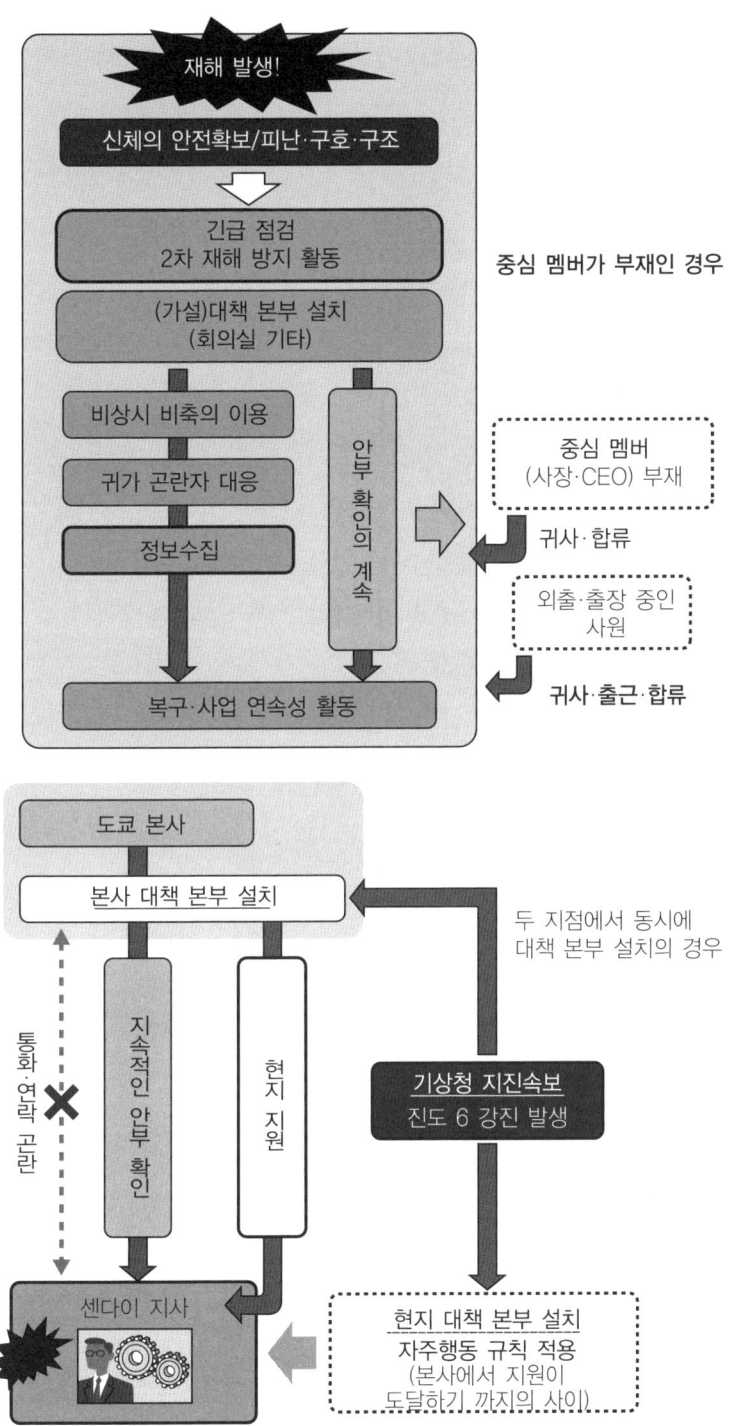

[그림 2-8] 대책 본부 활동 시작의 두 가지 사례

제2장 / BCP 책정 단계

- 휴대용 TV / 라디오
- 노트북(이메일/인터넷)
- 화이트보드·마커·메모지·종이·펜·계산기
- 의약품·구급상자
- BCP·수리 매뉴얼·조달 명단·체크시트 종류
- 관리·기록용 용지 종류

③ 의·식·주

대책 본부의 역할이나 기능별 색깔로 분류한 셔츠·재킷·모자를 착용하면 담당자를 구별하기 쉽습니다. 재해의 규모에 따라서 대책 본부의 스태프는 며칠씩 회사에서 숙박해야 하는 것을 생각해 두어야 합니다. 이에 대비해서 수면을 취할 수 있는 공간과 식료(3일~1주일 분량의 물과 식료), 그리고 담요나 침낭을 확보해 주세요.

5 본부 운영과 회사 기능의 유지

여기서는 대책 본부의 운영과 회사 기능 유지를 위한 활동에 대해 설명합니다.

① 대책 본부의 운영
- 복구 관리
- 물자의 조달
- 연락 중계나 외래 대응
- 스태프 관리

'복구 관리'는 사업 연속성이나 재해 복구 활동을 지원하기 위한 활동으로 사내 스태프와의 교섭, 조정·일정 조정과 진행 관리 등입니다. '물자 조달'은 대책 본부를 드나들거나 수면을 하는 스태프를 위한 식료·물·담요·연료·소모품·위생 용품 등을 확보하는 활동입니다. '연락 중계나 외래 대응'은 주로 종업원 가족에게서 오는 문의에 대한 대응, 주민 자치회나 관공서로부터의 지원 요청과 교섭에 대응하는 활동입니다. '스태프 관리'는 종업원의 보호나 아르바이트, 봉사 요원의 받아들임에 관한 대응 업무입니다.

② 회사 기능의 유지
- 고객·거래처 대응
- 경비·급여·복리 후생 관리
- 업무 지원

'고객·거래처 대응'은 대책본부에 들어오는 복구 상황에 관한 정보를 수시로 수집하면서 중요한 고객·거래처, 그 외의 이해관계자에게 복구의 목표를 전하는 것을 영업 대응의 일환으로 실행합니다. '경비·급여·복리후생 관리'는 복구활동에 관련된 경비처리나 자금운용 등의 관리를 합니다. '업무 지원'은 재해 현장 정리, 수작업으로 하는 사무 처리, 도보나 자전거로 고객 순회, 예정된 경로로 물자가 조달되지 않는 경우의 대체 조달 활동 등이 중심이 됩니다.

STEP 06 3 | 초동 대응 계획의 책정

① 시작에 앞서

재해 발생 직후부터 BCP 발동 판정까지 일련의 초기 대응에 관한 방침이나 순서를 규정한 것을 '초동 대응 계획' 또는 '사건사태 대응 계획'이라고 합니다(이 책에서는 '초동 대응 계획'으로 통일하고 있습니다). 초동 대응 계획을 통해 확대 개념인 BCP 전반 부분을 파악할 수 있습니다. 덧붙여서 사건사태라는 용어는 정보 보안에 관련된 위험에 관한 상황을 연상하게 하지만 여기서는 BCP로 상정하는 곳에 재해 위험의 현재화와 연관되는 상황의 의미로 이해해 주세요.

초동 대응 계획과 유사한 용어로 방재 계획(소방 계획이나 방재 매뉴얼 등)이 있습니다. 그것에 적절한 재해 상정이나 초동 대응 순서가 포함되어 있다면 방재 계획을 초동 대응 계획으로 간주해도 상관없습니다(단, 중소 영세 기업 등의 소규모 조직으로만 제한합니다. 제1장 31~32페이지 참조).

초동 대응은 인명 보호나 2차 재해 방지 그리고 재해 발생 직후의 혼란을 가라앉히기 위해 정말 중요한 부분입니다. 초동 대응의 늦고 빠름이 그 후의 모든 행동의 성공 여부를 결정짓는다고 해도 지나치지 않습니다. 재해 발생 직후, 초기 대응에 시간이 걸리면 피해의 영향이 확대되는 것을 방지할 수 없고 의사 결정도 늦어집니다. 따라서 BCP를 발동해도 목표 복구 시간 이내에 업무를 시작하지 못하고 사업 연속성 전략의 실효성을 잃어버리는 경우도 생깁니다.

신속한 초동 대응 실현의 열쇠는 효과적인 초동 대응 계획을 책정하는 것입니다만, 동시에 반복적인 '연습'을 통해 실천적인 위기 대응력을 육성하는 것도 잊지 말아야 합니다. 초동 대응 계획에 필요한 검토 사항과 작업 개요는 다음과 같습니다. 아래 ②~⑤의 네 가지를 대상으로 구체적인 행동 요건을 고려해야 합니다.

- 초동 대응 조직
- 보고 경로와 전달 내용
- 초동 액션의 책정
- 피해 상황 확인과 BCP 발동의 판정

② 초동 대응 조직

비상시 조직의 상황은 이번 「Step 06의 2. 긴급 시의 조직체제」에서 대책 본부의 구성이나 역할을 중심으로 서술하였습니다. 초동 대응 조직은 대책 본부의 소그룹으로 사건사태가 발생했을 때 가장 빨리 활동을 개시하는 조직입니다. 이미 방재 계획(소방 계획 등)을 작성하고 있다면, 그것에 규정된 '자위소방조직'이 그 역할에 상당합니다. 초동 대응 조직의 모임과 해산, 메인의 대책 본부와의 연계성에 대해 다음 두 가지를 참조해 주세요.

① 초동 대응 조직의 모임과 해산

초동 대응 조직은 재해의 발생을 확인한 시점에서 자동으로 참여하고 자주적으로 대응하는 것이 일반적인 것 같습니다. 일상의 방재 훈련의 성과가 문제시되는 장면이라고 말할 수 있습니다. 또 재해의 경계가 해제되는 시점에서 해산합니다.

② **역할의 변경**

현재 상황에 대해서 재해의 영향이 계속되거나 복구의 기미가 보이지 않는다고 판단한 경우, 초동 대응 조직의 역할은 사업 연속성 대응과 재해 복구 활동을 위한 역할로 전환합니다. 예를 들면 일반적인 중소기업의 경우 지휘 명령하는 사람인 '자위 소방 대장'과 '부대장'이 그대로 '대책 본부장'과 '부본부장'의 역할을 계승하는 것입니다.

③ **보고 라인과 전달 내용**

초기 행동으로는 제1 통보자와 보고를 받는 사람이 적절한 대응을 하도록 보고의 조직 구조를 규정합니다. 이 경우의 '적절한 대응'이란 적절한 상대와 보고 내용의 전달, 적절한 상황의 판단, 적절한 위험 회피 조치와 명령입니다. 보고 경로와 전달 내용을 최적화하기 위한 포인트는 다음과 같습니다.

① 적절한 상대와 보고 내용

제1보고를 하는 상대가 적절하지 않으면 초동 대응이 늦어지고, 피해를 확대시키며 조직의 신뢰가 저하된다는 것은 과거의 불상사나 재해 역사가 잘 말해주고 있습니다. 사건사태가 발생하면 제일 먼저 발견자는 대행자를 포함하여 누구에게 어떤 전달 수단으로 무엇을 전할지를 미리 규정해 두는 것이 중요합니다.

② 적절한 상황 판단

보고를 받는 사람은 사건사태의 상황과 위험 단계를 냉정하고 정확하게 판단해야 합니다. 인간은 경험과 지식의 생물이기 때문에 스스로 목격하고 체험한 것이 아니면 과소평가하거나 사람에 따라 반대로 과대평가하는 경향이 있습니다. 이것을 피하고자 재해 정도를 순위로 정해 놓은 표를 준비하는 등 객관적인 판단을 할 수 있도록 궁리해야 합니다.

③ 적절한 위험 회피의 조치와 명령

초동 대응을 위한 조치와 명령은 반드시 최고경영자를 거쳐서 발신된다고 할 수는 없습니다. 신속한 대응은 현장에 가까운 책임자에게 권한을 넘겨 주어 실행되는 것이 현실적이고 효과적입니다. 보고 경로를 하는 데 많은 담당자를 거쳐야 하는 경우에는 대행자를 포함해 각각의 권한과 책임을 명확하게 해 주세요.

④ 초동 행동의 책정

사건사태 발생 시 전형적인 행동에는 신체 안전의 확보·통보(보고)·피난·경보와 커뮤니케이션 등이 있습니다. 초동 계획의 포인트는 다음과 같습니다.

① 재해별 대응 순서

사건사태의 대응 행동은 그 재해의 원인이나 종류에 따라 다릅니다. 예를 들면 화재 발생 시 행동과 쓰나미의 내습을 예상한 행동을 비교하면 그 차이는 단번에 알 수 있습니다. 전자는 초기 소화나 건물 밖으로의 피난이 중심이 되고, 후자는 곧바로 가능한 한 멀리 떨어진 고지대로 대피하는 것이 우선입니다. 따라서 「Step 02 BCP의 방향 정하기」에서 지진·수해·화재 등 복수의 재해를 상정하고 있는 경우에는 초동 대응에 있어서도 복수의 대처방법이나 행동의 순서를 명기해둘 필요가 있습니다. 재해별 요건은 초동 대응뿐만 아니라 통상 예방책이나 위험 대책과 관련된 것은 말할 필요도 없습니다.

② 공통 대응 방침·규칙

재해 종류마다 행동 순서를 기술해 위험을 회피하기 위한 초기 대응과는 달리, 조직으로서의 대응 방침이나 행동 규칙에 관해서는 재해 종류에 관계없이 일관성 있는 행동을 취할 필요가 있습니다. 예를 들어, 앞서 기재한 '보고 경로'나 안부 확인 순서(어디에서 어디로, 어떤 전달 수단으로 전해지는가), 귀가 곤란자에 대한 대응 방침 등이 이에 해당합니다.

③ 시간별·장소별 대응 순서

광역 피해를 초래하는 대규모 재해에서는 사건 사고의 발생 시 중심 멤버가 언제·어디에 있는가에 따라서 초동 대응이 다른 경우가 있습니다. 이에 대해서는 엄밀하게 상황을 분별하거나 시나리오를 준비할 필요는 없습니다만, 대략 다른 시간과 장소별로 대응 방침의 순서를 정해 두는 것이 유용하다고 생각됩니다.

예를 들어 대지진의 발생 시간대가 '일하는 시간대인지 그 외의 시간인지', 스태프의 소재가 '사내인지 사외인지(재택·외출 등)'의 구별이 있습니다. 시간별·장소별 초동 대응에 대해서 다양한 패턴으로 연습을 실시함으로써 유연한 대응력이나 응용력을 육성할 수 있는 것은 말할 필요도 없습니다.

④ 긴급 통보와 전달

사건·사고의 발생을 어떻게 발견·인식하고, 누가·어디에·어느 타이밍으로 통보하고 보고할 것인가, 외부로부터의 질문과 문의에 어떻게 답변할 것인가에 대해 순서를 정합니다. 한 가지는 '사건사태의 발견과 인식·모니터링'의 방법입니다. 재해는 돌발적으로 발생하는 것(지진이나 폭발 사고), 전조를 거쳐 점점 심각해지는 것(수해 등) 등 여러 가지입니다. 이런 상황을 빨리 알아차려서 재해의 적당한 크기를 정해서 적절한 시기에 경보를 내도록 합니다.

다음은 '전달 방법'입니다. 일반적으로 119번으로 통보하고, 사내면 구두나 휴대전화, 문자 메일로 전달하는 방법 등을 생각할 수 있습니다. 또한 위급함을 주변 주민들에게 빠르게 전달하기 위해서 소방 조직(자위소방단 등을 포함)을 하는 것만이 아닌 자치단체의 방재 무선과의 연계 등이 떠오릅니다.

5 재해 상황 확인과 BCP 발동의 판정

재해 상황 확인의 목적은 BCP 발동의 시비나 복구 전망을 판단하기 위한 정보나, 이해관계자에게 전해야 하는 정보(납기 연장 등)를 수집하는 것입니다. 신속하게 재해 유무를 조사하여 보고합니다. 미리 중요 점검 개소를 특정한 리스트를 준비해 점검 담당자와 보고 경로를 정합니다. 다음으로 피해 상황에 관한 정보를 기준으로 BCP 발동의 여부를 정하는 데 어떤 기준을 세우는 것이 좋을까요? 원칙적으로 사업 활동이 일시적으로 저해되어 정지하는 사태에도 쉽게 회복할 것 같은 경우에는 BCP 발동을 할 필요 없습니다. 그러나 쉽게 회복되기 어렵다고 판단되면, 바로 BCP를 발동해야 합니다. 이런 상황 판단을 다음과 같이 정리할 수 있습니다.

- 사업 목적을 달성할 수 있는지의 여부
- 재해의 영향은 일과성인가, 장기화인가
- 복구에 시간이 걸리는 정도

예를 들어 어느 회사의 일련의 중요 활동이 정지했다, 사업 자산 자체에 손해를 보진 않았지만, 기간산업의 정지로 복구의 기미가 보이지 않는다, 혹은 중요한 장치가 고장이 나서 수리업자에게 연락을 해보니 방문은 빨라도 2주 후에나 가능하다고 했을 때 다소 곤란한 상황이 되지만, '예상 복구 시간이 중요한 활동의 RTO를 초과하는 사태가 발생했을 때'라는 정의도 내릴 수 있습니다. 이것은 예로 들자면 RTO=3일의 중요 업무가 정지했을 때, 통상의 복구 방법으로 2주의 시간이 필요하다고 한다면 RTO를 지키기 위해 사업 연속성 전략의 실행을 우선해야 한다는 사고방식을 기준으로 합니다.

STEP 06 | 4 | 연속성·복구 계획 책정

1 시작에 앞서

BCP를 발동하고부터 목표 복구 시간 이내에 일련의 중요한 활동을 시작해 소정의 가동 레벨로 생산이나 서비스의 제공을 재개하기 위한 계획이 (협의의) 사업 연속성 계획입니다. 이른바 사업 연속성 전략으로 책정한 시나리오를 실행에 옮기기 위한 활동이지만 이것과 병행하여 재해 복구 활동을 하는 것도 이런 양상입니다. 재해 복구는 재해 현장을 원래 상태로 회복시켜 사업을 통상대로의 체제(business as usual / back to normal)로 실행될 수 있도록 하는 것이 목적입니다.

먼저, 사고방식입니다. 이런 양상에는 초동 대응에는 없는 두 가지의 명확한 목표 지표가 있고, 이 목표를 의식해서 행동계획을 책정해야 합니다. 사업 영향도 분석에서 중요한 활동마다 목표 복구 시간과 복구 레벨을 설정하였습니다. 여기서 행동계획은 사업 연속성 전략으로 책정한 시나리오를 기준으로 "목표 복구 시간 내에 소정의 복구 레벨로 가동하기 위한 경영 자원을 조달해 중요한 활동을 개시한다."는 것을 염두에 놓고 검토합니다. 구체적으로는 '언제까지', '누가', '무엇을 조달하여', '어떤 활동을 개시하는가'를 명확하게 하는 것입니다.

사업 연속성 전략은 중요한 활동을 보다 빨리 시작하기 위한 이른바 '대체 자원에 의한 임시 복구 수단'입니다. 따라서 목표 복구 시간 내에 중요한 활동을 시작했다고 해서 바로 복구가 완료되지는 않습니다. 임시 복구와 동시에 재해를 입은 사업 현장을 원래대로 되돌리는 재해 복구를 병행하기 위해서는 행동계획에서 효율적인 복구를 하기 위한 요건으로 기술이나 경험을 기조로 조직 멤버의 지명을 빠뜨려서는 안 됩니다. 사업 연속성 전략을 행동 순서로서 구체화하기 위해 필요한 검토 사항과 사업의 개요는 다음과 같습니다. 이하 2~5에서는 이 네 가지를 중심으로 고려해야 합니다.

- 연속성·복구의 활동 조직
- 연속성 전략의 실행
- 재해 복구 활동
- 회사 기능의 유지

2 연속성·복구의 활동 조직

긴급 사태 발생 직후에는 재빠르게 '초동 대응 조직'이 활동을 개시하고, 상황을 판단했을 때 우려되는 사태라면 '대책 본부 조직'을 설치해야만 합니다. 그리고 대책 본부가 더욱 면밀히 상황을 분석하여 재해의 위기가 종식되지 않는다거나, 복구의 기미가 보이지 않는다고 판단한 시점에서 설치하는 것이 사업 연속성과 재해 복구를 위한 두 가지 활동 조직입니다. 실제 현장에서 일손이 부족하지 않고, 좋고 싫음에 관계없이 여기에 설명한 이론상 조직의 역할을 소수 정예 구성원이 여러 가지 형태로 겸임하게 된다고 생각합니다.

① 사업 연속성의 조직과 역할

'사업 연속성의 조직'은 목표 복구 시간 이내에 중요한 활동을 재개하기 위해 종사하는 멤버입니다. 제조업이라면 생산 라인의 부품 조립이나 가공 기술이 있는 숙련된 스태프가, IT 서비스업이라면 기간 서버나 중요한 애플리케이션의 지식을 소유한 시스템 엔지니어가 이 임무에 해당합니다. 사업 연속성 전략에 따라서는 본래 중요한 업무에 관련되지 않은 제3자가 게재하는 경우도 있습니다. 중요한 제품이나 서비스 공급을 유지하기 위해 전사적으로 결성된 정예부대로 간주하는 쪽이 적절한지도 모릅니다. 이 조직 멤버에 대해서는 다음과 같은 구성을 생각해 볼 수 있습니다.

- 리더
- 서브 리더
- 각 프로세스 담당(제조과 P, Q, R….)

- △△부문과의 조정 담당(생산관리부 M, N, O⋯.)
- 고객(납입처) 대응 담당(영업부 X, Y, Z⋯.)
- 대체 거점에서 자재 조달 담당(구매부 A)

② 재해 복구 조직과 역할

'재해 복구 조직'에선 기본적으로 대책 본부와 사업 연속성의 구성원을 제외한 다른 사원이 이 조직에 해당합니다. 각각의 인재가 어느 정도의 기술을 보유하고 있느냐에 따라 복구활동을 커버할 수 있는 범위가 달라 집니다. 복구에 시설이나 기계장치·정보 시스템·네트워크·데이터·전화나 전기의 구내 배선 기술계의 관리 경험이나 지식이 요구되기 때문입니다.

각 스태프는 직접·간접적으로 복구 활동 작업에 가담하면서 여러 외부 업자(시공업자·장치 메이커 기술자·유지 보수 관리자 등)들과의 교섭이나 견적 확인, 사양의 작성, 사업의 지시 등에 해당하기 때문에 이 활동이나 진척 상황을 적절히 관리하는 구조와 담당자를 정해 두는 것도 중요합니다. 이 조직의 멤버에 대해서 예를 들면 다음과 같습니다.

- 리더
- 서브 리더
- IT 담당(정보 시스템부 P, Q, R⋯.)
- 장치·설비 담당(제조과 P, Q, R⋯.)
- 건물·비품·OA 기기 담당(총무부 X)
- 인프라 담당(총무부 Y)
- 진척 관리·코디네이터 담당(기획부 Y 겸임)

③ 사업 연속성 전략의 실행

사업 연속성 전략을 실행으로 옮길 때의 활동 순서와 이미지에 대해서는 이미 「Step 05 사업 연속성 전략의 입안」의 「2. 사업 연속성 전략의 실현 방법」에서 설명했습니다. 이 장에서는 사업 연속성 전략의 행동 요건을 정리해서 기재합니다. 포인트는 다섯 가지입니다.

① 대체 거점의 받아들임, 인프라 등의 가용성

사업 연속성 전략의 대체 거점으로의 이동이 규정되어 있는 경우, 대체 거점의 인수 체제(건물의 사용 여부, 현지 관리자의 유무 등), 전기·전화·인터넷 등의 자원 사용 가능 여부를 확인할 필요가 있습니다.

② 이동 수단과 소요 시간

예를 들어, A 구역에서 B 구역으로 이동하여 업무를 재개하는 경우, A 구역에서 B 구역으로 가는 경로를 포함한 이동 수단을 확보할 것, 또 이동 시간이 예상 범위 이내에 들어가는 것이 조건입니다. 교량의 떨어짐, 낙하나 토사에 의한 도로 단절, 전 구역의 신호기 정지로 인해 이동이 불가능하거나 복구가 진행되지 못하는 사태도 드물지 않습니다.

③ 확실한 기술과 지식을 소유한 스태프의 확보

사업 연속성 전략의 달성에 필요한 기술과 지식을 소유한 스태프의 확보가 필요합니다. 어떠한 이유로 예정된 스태프가 현장에 갈 수 없는 사태에 대비해 보틀넥(병목현상)이 되는 중요한 업무에 대해서는 복수의 대체 요원을 확보할 수 있도록 정리된 명단을 완비합니다.

④ 목표 복구 시간 내에 가동 준비

사업 연속성 전략을 시행하는 것은 목표 복구 시간 이내에 목적이 되는 중요한 활동을 개시할 수 있도록 준비를 해 두는 것입니다. 대체 자원의 조달 시간을 참고해도 목표 복구시간 이내에 조달될 것 같지 않은 전략이라면 재검토해주세요.

⑤ 업무 지속에 필요한 수준의 대체 자원과 실행 순서

기대했던 사업 연속성 전략이 수행되기 위해서는 규정된 필요 단계(품질·

양·시간 등)의 업무활동을 실행할 수 있는 조건이 갖추어져 있는 것이 열쇠입니다. 예를 들어 통상 순서로는 10명이 기구 X와 Y를 사용하여 100%의 업무를 달성할 수 있는데, 사업 지속 순서로는 3명에서 기구 Z를 사용하여 통상 40% 수준의 업무량을 달성할 수 있는 것입니다.

④ 재해 복구 활동

재해 복구 활동은 사업 목적에 따라 실행해야 하는 요건이 전제로 결정하고 있는 사업 연속성 대응과 달리 행동 순서를 명확하게 제시하지 못 합니다. 실제로 어느 곳이 재해를 입을지 알 수 없는 것이 그 이유입니다. 따라서 BCP에 기재하는 내용은 '누가(어느 부문이)', '무엇을(IT, 생산설비 등)', '어떤 역할을 달성할 것인가'를 방침 단계로 규정하는 것과 중요한 활동을 유지하는 몇 가지의 경영 자원이 재해를 입었다는 상정의 시나리오를 기본으로 복구 순서를 기재하는 것이 있습니다.

재해 복구 스태프는 도중, 사업 연속성 대응의 스태프로부터 지원 요청을 받거나, 재해 복구가 예정보다 진척되어 사업 연속성 스태프가 활동을 일단락 짓고 본격적인 복구 작업에 합류하는 경우도 생각해 볼 수 있습니다. 재해 복구 완료의 타이밍은 예를 들어 IT의 경우, 복구한 업무 시스템의 시험 가동이 정상으로 완료한 것을 오퍼레이터가 확인해 검수를 올려 대책 본부에 보고한 시점을 가리킵니다.

⑤ 회사 기능의 유지

부문의 기능 혹은 회사 기능(경리나 영업·인사 등)을 유지하면서 앞에 설명한 두 가지 조직의 요구에 따라 임기응변으로 인원·연락 중계, 물자의 수배를 지원합니다. 사업 연속성 대응이나 복구 활동에 참여하고 있지 않은 모든 구역의 사원을 대상으로 하기 때문에 특별한 조직 편성은 필요하지 않습니다. 하지만 이것들의 기능과 역할을 다른 활동 그룹 응원 등이 필요한 경우의 조정역할을 하는 책임자 등은 명확히 해둡시다.

- 부서별 책임자(계속·복구 그룹의 지원에 응한 조정역할)
- 영업 담당(고객·거래처 대응 등)
- 경리 담당(외상 판매·외상 매입, 청구 처리 등)
- 인사 담당(스태프의 건강, 복리 후생 등)
- 총무 담당(대책 본부 운영 보좌 등)
- 기타

STEP 07 계획서 작성법

초동 대응 계획의 구성과 작성법
사업 연속성 계획의 구성과 작성법

STEP 07 1 | 초동 대응 계획의 구성과 작성법

1 구성

초동 대응 계획은 넓은 의미의 BCP의 전반에 해당하는 것으로 계획의 목적이나 방침, 비상사태에 직면했을 때 안전하게 피난하여 위험이나 2차 재해의 확대를 막는 행동 순서, 피해 상황의 확인부터 BCP에 이르는 발동 판정의 기준, 대책 본부의 설치와 운영에 관한 규정 등을 간결하게 기술합니다. 「부록 1」에 초동 대응 계획 샘플이 있으니 참고하세요.

초동 대응 계획과 사업 연속성 계획은 조직 운영 방침이나 사고방식에 따라 하나의 문서로 통합할 수도 있고, 2부 구성으로 나눌 수도 있습니다. 이것은 주로 조직의 규모나 기재 내용의 많고 적음에 의한 차이이며, 일반적인 중소기업에서는 통합 버전을, 중견·대기업에서는 2부 구성 버전으로 작성하는 것도 있습니다([그림 2-9]를 참조).

이 책에서는 2부로 나누어 작성하는 것을 전제로 설명합니다. 이 경우 대책 본부 조직의 역할이나 권한을 어느 문서에 게재할 것인지가 문제입니다 다만 비상사태에 신속하게 대처하는 의미로 초동 대응 계획에 포함시키는 방법이 자연스럽고 타당합니다. 초동 대응 계획의 운용 면에서 파악했을 때에도 몇 가지 방법을 생각해볼 수 있습니다. 예를 들어 형식이나 서식의 경우, 다른 경영 자료의 형식이나 문서 규정에 맞춰 정식 A4 문서로서 풀 버전을 작성하는 한편, 언제 어디서나 긴급할 때 바로 꺼낼 수 있도록 필요

제2장 / BCP 책정 단계

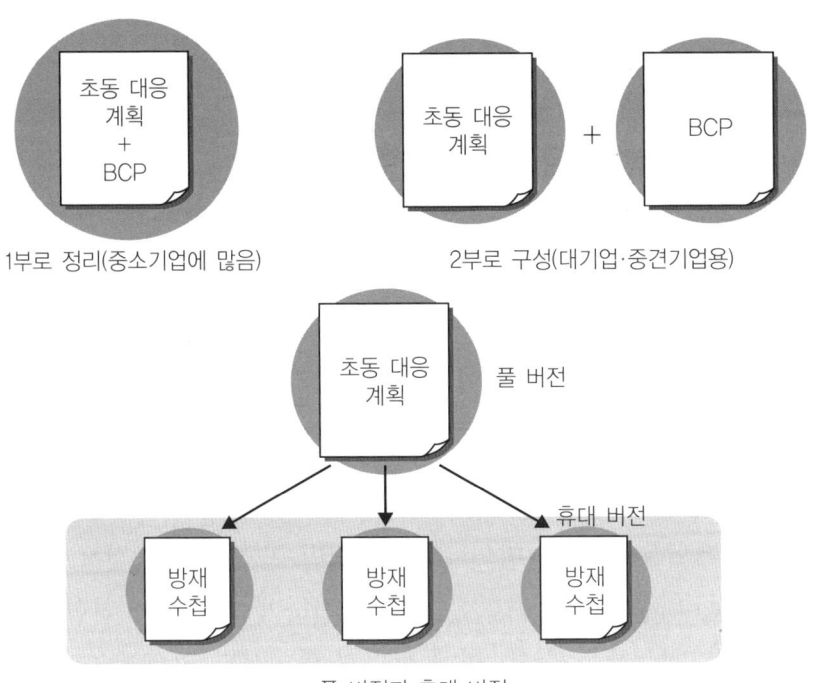

[그림 2-9] 다양한 초동 대응 계획 체제

한 최소한의 정보를 포함한 휴대 버전을 작성하여 사원에게 배포하는 방안도 있습니다(「방재 수첩」 등). 결국 중요한 것은 긴급 시에 '실제로 그 기능이 발휘되고 활용되어야 하는 것'입니다([그림 2-9] 참조). 초동 대응 계획을 유효하게 적용하기 위해서는 이것을 돕는 부속 기구를 작성하는 것도 잊으면 안 됩니다. 반드시 필요한 기구는 다음과 같습니다.

- 안부 확인 목록
- 긴급 점검 목록
- 피해 조사 체크 시트
- 긴급 시 연락처 목록
- 중요 고객·거래처 목록
- 비상 시 비축품 목록
- 비상 시 지출품 목록
- 재해 기록 시트(사업 연속성 계획 겸용)

② 차례 구성

초동 대응 계획의 기본적인 차례 구성은 아래와 같습니다. 기업의 규모나 기종·업태에 따라 고유 표제어(제목)가 추가되는 경우도 있습니다. 필요에 따라서 조정하세요.

1 기본 방침
- 계획 목적
- 적용 범위

2 재해 상정(재해의 종류)

3 긴급 시의 체제
- 긴급 시의 연락 경로
- 긴급 시의 대응 조직과 역할
- 대책 본부 운영 규정

4 초동 대응 방침
- 재해 발생 직후의 대응(재해별로 기재)
- 안부 확인·보고 규정
- 경보와 커뮤니케이션
- 귀가 곤란자 대응
- 긴급 점검/피해 조사
- BCP 발동·해제의 판단 기준

5 운용 규정
- 연습·훈련
- 재검토·점검

6 문서 관리 규정
- 갱신·버전 관리·작성자
- 문서 취급 규정

③ 차례 구성에 대한 상세 설명

차례 구성에 따른 상세한 포인트는 아래와 같습니다.

① 기본 방침
- '계획 목적'에는 초동 대응 계획을 통해 무엇을 지키고, 무엇을 달성할 것인가를 기술합니다.
- '적용 범위'는 「Step 02 BCP의 방향 정하기」에서 결정한 적용 범위와 같습니다.

② 재해 상정(재해의 종류)
초동 대응 계획으로서 어떤 재해로부터 지킬 것인가를 기재합니다. 여기서 선언한 재해의 종류에는 예방 대책(위험대책)과 초동 대응에 적절한 대처 방법을 반영해야 합니다.

③ 긴급 시의 체제
- '긴급 시 연락 경로'에는 비상사태 발생 시 정보 경로와 연락 수단을 명기합니다.
- '긴급 시 대응 조직과 역할'에는 초동 대응 조직과 대책 본부 조직의 역할과 권한을 명기합니다.
- '본부 대책 운영 규정'에는 대책 본부 요원의 모임, 해산 기준, 대책 본부 운영을 위한 요건(후보 장소, 필요한 물자) 등을 명기합니다.

④ 초동 대응 방침
- '재해 발생 직후의 대응'에는 재해별 대응 방침이나 순서로 안전 확보와 구조, 기기의 긴급 정지, 피난 경로와 피난 장소(지도 첨부) 등을 규정합니다. 또, 업무 시간과 그 외 상황에 대응할 수 있는 행동, 판단 규정을 정해두면 지령을 기다리지 않고도 자유롭게 행동할 수 있습니다.

- '안부 확인·보고 규정'에는 안부 확인의 시간, 복수의 통신수단, 전달해야 하는 메시지의 내용 등을 명기합니다.
- '경보와 커뮤니케이션'에는 사건 발생 시 인명 안전을 제일로 종업원, 주변 주민, 혹은 자치단체의 방재 무선과의 연계를 통해 신속하게 경보를 내리는 것을 명기합니다.
- '귀가 곤란자 대응'에는 숙박 시설 확보, 비상용 비축의 제공, 가족에게 안부 연락하는 방법 등을 기재합니다.
- '긴급 점검·피해 조사'에는 누가, 어떤 방법으로 피해 상황을 확인해서 누구에게 보고할 것인가를 명기합니다.
- 'BCP 발동·해제 판단 기준'에는 어떤 경우에 BCP를 발동·해제할 것인가에 대한 객관적인 준비를 명기합니다.

⑤ 운용 규정
- '연습·훈련'에는 방재 훈련이나 탁상 연습 등의 종류와 실시 빈도 등을 규정합니다.
- '재검토·점검'에는 최고경영자와 프로젝트 멤버에 의한 정기적인 재검토 실시 시간 등을 기재합니다.

⑥ 문서 관리 규정
- '갱신·버전 관리·작성자'는 계획서의 첫머리에 기재할 수도 있습니다.
- '문서 취급 규정'에는 배포와 반환, 취급 시 주의, 개정 방법, 보관 방법 등을 규정합니다.

제2장 / BCP 책정 단계

STEP 07　2 | 사업 연속성 계획의 구성과 작성법

1 구성

「Step 02 BCP의 방향 정하기」에서는 BCP의 책정 범위를 정했습니다만, 이 범위를 잡는 방법에 따라 사업 연속성 계획의 작성법은 몇 가지 다른 형태를 취합니다. 예를 들면, 회사원이 훤히 보이는 장소에서 업무를 보는 평균적인 단층 오피스의 경우, 계획은 한 가지만으로도 충분합니다. 한편 BCP의 적용 범위에 포함되는 제품, 서비스의 제공 체제가 '도쿄 본사'와 '센다이 공장'처럼 분산되어 있는 경우 서로 연계된 두 가지 사업 연속성 계획을 작성하는 것도 있습니다. 더불어 이 책에서는 복수의 사업 중에 BCP 책정 대상 사업을 하나로 짜내는 연구법을 취하고 있습니다만 모든 사업 부문에 대해 BCP를 책정하는 방침으로 추진하면 사업 부문의 수만큼 사업 연속성 계획을 작성하는 것이 됩니다([그림 2-10] 참조).

또, 사업 거점이 복수의 지역에 분산되어 있는 종업원 수 천 명 규모의 조직에서 사업 연속성 계획이 큰 파일 하나로 정리되어 있는 경우를 보기도 합니다. 큰 규모의 사업 연속성 계획은 사태발생 시 원활히 기능하지 않을 가능성이 높기 때문에 이 경우에는 적절한 범위로 구분하는 하위 사업 연속성 계획을 몇 가지 작성하고 연계 운용할 수 있도록 합니다. 사업 연속성 계획이 유효하기 위해서 이것을 돕는 부속 기구를 작성하는 것도 기억해야 합니다. 반드시 휴대해야 하는 기구에는 다음과 같은 것이 있습니다.

- 제품·부품 매입처 명단
- 장치 메이커 목록
- 보수 서비스업자 명단
- 백업 목록
- IT·장치 등의 구성 목록
- 건물·설비 플로 맵
- 각 기기 고장 수리 대응 매뉴얼

STEP 07 계획서 작성법

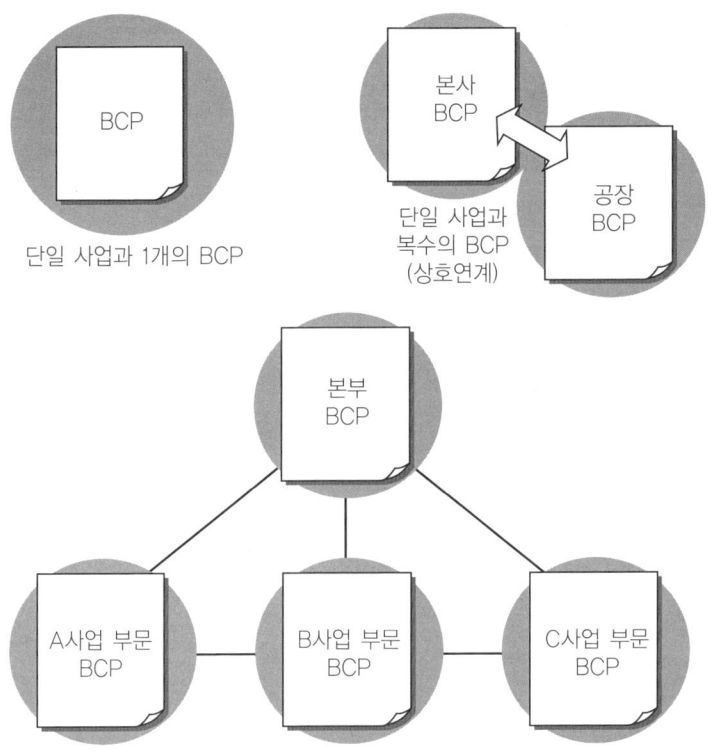

[그림 2-10] 사업 연속성 계획의 여러 가지 작성 단위

2 차례 구성

사업 연속성 계획은 넓은 범위의 BCP의 후반에 해당하는 것으로 BCP 발동 후에 사업 연속성 계획 전략을 실행하기 위해 필요한 순서(스태프의 이동, 대체 시설의 확보, 대체 자원의 조달·배분 등), 사업 연속성 전략과 병행하여 재해 현장을 본래의 업무 환경으로 복구하는 재해 복구 순서(건물·시설·IT 설비 등의 수리 복구, 구입 대체 등), 업무의 계속이나 직장 환경의 복구를 지원하는 체제에 관한 규정 등을 간결하게 기재합니다. 「부록 1」에는 사업 연속성 계획의 샘플이 게재되어 있으니 참고해 주세요.

사업 연속성 계획의 기본적인 차례 구성은 다음 페이지와 같습니다. 사업의 규모나 업종, 업태에 따라 고유 표제어(제목)가 추가되기도 합니다. 필요 사항에 맞게 조정하여 사용하세요.

제2장 / BCP 책정 단계

1 기본 방침
- 계획의 목적
- 적용 범위

2 연속성·복구 체제
- 사업 연속성 조직과 역할
- 재해 복구 조직과 역할

3 커뮤니케이션 대응
- 담당자·역할·대응 순서

4 사업 연속성 방침
- 중요한 활동 A (RTO / RLO / 대체 자원 조달 순서)
- 중요한 활동 B (RTO / RLO / 대체 자원 조달 순서)
- ……

5 재해 복구 방침
- IT의 복구 방침
- 장치·설비의 복구 방침
- 건물의 복구 방침
- 인프라의 복구 방침

6 회사 기능의 유지
- 복구 지원 방침
- 회사 기능의 유지에 관한 방침

7 운용 규정
- 연습·훈련
- 재검토·점검

8 문서 관리 규정
- 갱신·버전 관리·작성자
- 문서 취급 규정

STEP 07 계획서 작성법

③ 상세 항목의 설명
차례 구성에 따라 세부 항목에 관한 포인트는 아래와 같습니다.

① 기본 방침
- '계획의 목적'에는 사업 연속성 계획에 따라 무엇을 지키고, 무엇을 달성할 것인가를 기재합니다. BCP로 지켜내야 하는 사업·기업의 이해 관계자·고용·신뢰·경쟁력·브랜드의 유지 등을 중심으로 적습니다.
- '적용 범위'는 「Step 02 BCP의 방향 정하기」에서 결정한 적용 범위와 같습니다.

② 연속성·복구 체제
- '사업 연속성 조직과 역할'에는 목표 복구 시간 이내에 중요한 활동을 시작하는 멤버와 그 역할을 명기합니다.
- '재해 복구 조직과 역할'에는 재해 현장을 복구해 통상 업무 체제를 재개하는 멤버로 그 역할을 명기합니다.

③ 커뮤니케이션 대응

주로 기업의 이해 관계자(고객·거래처·주변 주민·매스컴 등)를 대상으로 한 대외적인 커뮤니케이션의 규정이며, 커뮤니케이션 담당자·역할·정보의 발신과 질의응답에 대한 대응 순서를 규정합니다. 초동 대응에 있어 긴급 시 경보로서 이 커뮤니케이션 규정과는 다릅니다.

④ 사업 연속성 방침

사업 연속성 전략에 따라 '누가', '언제까지', '어디로 이동하여', '무엇을 조달하고', '어느 단계로' 중요한 활동을 시작할 것을 간결하게 기재합니다. 예를 들면 목표 복구 시간 순으로 중요한 활동 A, B, C가 규정되어 있다면 각각 세 가지 건의 사업 연속성 전략의 방침(대체 수단에 의한 대응)을 명기합니다.

⑤ 재해 복구 방침

사업 연속성 전략과 병행하여 재해를 입은 업무 기능을 본래 형태로 되돌리기 위한 활동입니다. IT, 장치·설비·건물·시설·인프라의 복구방침을 중심으로 기재합니다.

⑥ 회사 기능의 유지

복구 지원과 회사 기능의 유지에 관한 내용입니다. 각 부서에서 '온 디맨드'로 스태프를 소집하여 사업 지속과 재해 복구 활동을 지원하거나, 고객 대응이나 경비·재무 관리(복구 자금의 조달을 포함) 스태프의 복리 후생 관리 등의 회사 기능을 유지하는 규정입니다.

⑦, ⑧의 '운용 규정'과 '문서 관리 규정'의 작성법은 초동 대응 계획의 경우 123페이지를 참조합니다.

Topics 매뉴얼에 써야 할 것과 쓰지 말아야 할 것

긴급 시 느긋하게 한 단계씩 매뉴얼 순서를 확인할 여유는 없습니다. 제품의 조작 설명서처럼 상세하고 구체적인 스텝을 쓰기 시작한 매뉴얼은 정상 순서를 모방하는 데는 많은 도움이 될지 모르지만 일련의 스텝 하나를 방해하는 사태에 직면했을 때 앞으로 진척되지 못할 가능성이 있습니다.

일련의 사소한 순서가 아닌 그 순서의 앞에 있는 달성 목표 혹은 방향 결정을 씁니다. 예를 들면 "A를 확보하라!"라고만 씁니다. 그 사이의 구체적인 단계는 현장 레벨의 대응과 책임에 맡깁니다. 즉, 이 대응 순서를 (방재 매뉴얼이 아닌) 업무 매뉴얼에 명기하여 일상 업무의 기본 규정으로서 정착시켜 긴급 시 매뉴얼을 보지 않아도 반사적으로 행동할 것, 매뉴얼대로 가지 않을 때는 경험적 판단을 우선할 것 등을 사원들에게 철저히 주지하는 것입니다.

03
연습·테스트·교육·유지보수

3.1 연습 개요
3.2 테스트 개요
3.3 교육 개요
3.4 유지보수와 문서 관리의 개요

Point

이 장에서는 BCP를 중심으로 한 '연습', '시험', '교육', '유지보수'의 의의·사고방식 순서 등에 대해 설명합니다. 각각의 활동 개요는 다음과 같습니다.

연습
BCP의 방침이나 규정을 행동으로 옮기는 스태프의 역할이나 권한을 명확히 하여 각자의 의식과 기술을 높이기 위한 활동입니다.

시험
BCP로 규정된 비상시의 방침과 행동순서에 대해 그 유효성과 타당성을 검증하는 활동입니다.

교육
재해 발생 시의 조직으로서 대응 방식이나 위험대응의식에 대해 주로 지식으로 몸에 익히기 위해 실시합니다.

유지보수
BCP문서를 적절히 갱신·배포하는 활동입니다. BCP의 취급규정도 포함합니다.

BCP 규정방침과 행동순서를 '이론'이라고 한다면, 이들 활동은 '실천'에 해당합니다. 여기서 소개하는 내용은 BCP의 유효성을 유지하고, 사업 연속성의 의식과 기술을 사내에 정착시키는 활동, 이른바 사업 연속성 매니지먼트 시스템(제4장 참조)을 이해하는 데 꼭 필요한 요소입니다.

3.1 연습 개요

시작에 앞서 / 연습 요건 / 연습 분류 / 연습 종류 /
운영 스태프와 역할 / 테마·종류·범위·목적의 설정 /
연습 시나리오 작성법 / 연습 시행 / 연습 결과 정리 /
연습의 연차계획에 대하여

1 시작에 앞서

BCP는 스포츠와 같아 아무리 세련된 기술이라고 해도 "이렇게 하면 좋다, 저렇게 하면 좋다."하는 이론을 머리만으로 이해하는 것은 의미가 없습니다. 조직의 경험과 지혜를 결집해 겨우 구축한 합리적인 행동방침이나 순서가 있다고 하여도 그 기능을 확실히 발휘해 문제에 직면해도 해결된다는 실감과 그것을 가시화하는 구조가 없다면 유사 시 작동하지 않을 수도 있으며 자신도 없습니다.

BCP에 '연습(exercise)'이 필요불가결한 이유가 여기에 있습니다.

연습을 실천하는 것은 일 년에 한 번 방재훈련에 어쩔 수 없이 참여하는 것이 아닙니다. 최고 리더의 통솔력이 있는지, 필요한 때에 필요한 타이밍에 필요한 상대와 소통이 되는지, BCP의 순서를 규정대로 지킬 수 있는지, 혹은 돌발적으로 발생한 문제를 임기응변으로 해결할 수 있는지를 적극적으로 판별하는 것입니다. 소방대원들과 자위대는 확실히 시민의 안전을 지키기 위해, 방재력과 방위력을 충분히 발휘하도록 매일 연습과 훈련을 게을리하지 않습니다. 사업 연속성의 태세를 갖추는 것도 같은 것이어서 연습 없이는 BCP도 없습니다.

BCP의 '연습'에는 방재상 '연습과 훈련'의 의미와는 다소 차이가 있습니다. BCP 연습은 기술의 향상이나 지식의 습득·리허설·테스트를 비롯한 여러 가지 목적이나 용도를 포함한 포괄적인 용어입니다. FEMA(미국 연방긴급사태관리청)의 웹사이트를 참고하면 연습 종류도 탁상연습(tabletop exercise), 기능연습(functional exercise), 전체규모연습(full-scale exercise)

등이 있습니다. 또 영국 BCI 발행 〈Good Practice Guidelines 2010〉에는 탁상 검사(desk check) 워크 스루(walk through), 시뮬레이션(simulation), 풀 리허설(full rehearsal) 등의 분류가 있습니다. 이 두 연습 타입은 엄밀한 정의에 의해 목적과 용도·순서가 구분되는 것도 있고, 명칭은 달라도 거의 같은 내용을 가리키는 것도 있습니다.

그렇다면, 위에서 설명한 다양한 연습이 정의되어 있는 이상, "이 모든 종류를 도입하지 않으면 사업 연속성 연습의 요건을 충족하지 못하는 것인가?"라고 한다면 절대 그렇지는 않습니다. 무엇보다도 중요한 것은 자신의 조직의 규모나 BCP의 목적·범위에 맞는 효과적인 연습 타입을 취사선택해서 실천을 계속하는 것입니다.

2 연습 요건

먼저 연습의 입안과 실시에 일반적으로 필요로 생각되는 항목에 대해 설명합니다.

① 적절한 관계자가 계속적으로 연습과 관련된 구조로 되어있을 것

연습을 구성하여 실시하는 사람, 연습에 참가하는 사람, 연습결과를 평가해 검증하는 제3자가 각각의 입장에서 계속적인 연습에 관련될 수 있는 구조로 하는 것이 중요합니다. 단발적인 이벤트로 끝나지 않기 위해서입니다.

② 연습 목적과 목표 설정이 명확하고 적절한 시나리오에 기초를 둘 것

연습을 효과적인 동시에 계속해서 추진하기 위한 한 가지 열쇠는 연습을 입안할 때 명확한 목적과 목표를 설정하는 것입니다. 무엇을 목적으로 해서 실시하고 이 결과 무엇이 달성되면 좋을지가 명료할수록 연습 효과를 가시화하기 쉬워집니다.

③ BCP의 범위를 커버하는 것일 것

아무리 스릴이 고조되는 연습이라고 해도 그것이 BCP의 범위에서 벗어나 있다면 의미가 없습니다. 매년 같은 종업원을 대상으로 정해진 피난훈련만 실시하고 있어서는 참가자의 위기관리 의식이나 비상시에 필요한 기술이 향상되지 않을 뿐 아니라 BCP의 실효성도 크게 상실됩니다. 명확한 목적과 목표에 따라 매회 실시하는 연습주제나 방법을 바꿈으로써 참가자의 매너리즘을 막을 수 있습니다. 또 고정적이 되기 쉬운 연습 범위를 넓혀가는 것과 연관됩니다.

④ 실시 결과를 객관적으로 평가·보고할 수 있고 개선으로 이어질 것

연습을 효과적이고, 계속적으로 지속할 수 있는 다른 한 가지 열쇠는 연습 결과를 객관적으로 평가·보고할 수 있는 구조를 갖는 것입니다. BCP에서는 이 목적을 위해「연습 결과 보고서」(자세한 사항은 뒤에 설명합니다)를 작성해 경영층에 보고합니다. 경영층은 연습 결과 보고서에서 자사의 사업 연속성 능력과 개선점을 이해할 수 있기 때문에 사업 연속성 활동에 계속적인 이해와 지지가 가능해집니다.

중소기업의 연습에서는 위의 설명에 덧붙여 담당자의 기술과 경험, 예산의 제약 등 현실적인 부분을 참고할 필요가 있습니다. 이에 대해서는 고도의 전문지식과 경험이 없어도 사내에서 입안·실시할 수 있는 것, 절차나 실시순서가 간편하고 큰 예산이 필요하지 않는 것 등이 계속적으로 실시하기 위한 포인트가 됩니다.

③ 연습 분류

이 책에서는 연습을 편의상 토론형과 실시형 두 가지 형태로 나누어 각각의 타입에 맞는 연습의 종류를 몇 가지 기재했습니다(표 3-1 참조). 여기에서 소개하는 분류와 연습 유형이 전부라고 할 수 없으므로 보다 본격적이고 다양한 연습 종류나 실시방법을 마스터하고자 하는 분은 연습·훈련을 다루는 전문기관에 상담하거나 전술한 바와 같이 FEMA 웹사이트(http:

//www.fema.gov/)나 영국 BCI 가이드 라인을 참조해 주세요.

① 토론형

토론형은 오리엔테이션과 탁상 연습 두 가지가 있습니다. '오리엔테이션'은 주로 지식습득을 목적으로 하는 것으로 다른 연습과 비교하면 교육에 가까운 측면이 있습니다. 프로젝터나 텍스트를 이용한 강의형식, 워크숍 형식으로 진행되고 있습니다. 일반적인 예로는 초동 대응 계획이나 사업 연속성 계획의 방침과 긴급 시 활동 내용과 순서에 관한 해설, 이들 내용을 기반으로 하는 토론이 있습니다. 다른 한 가지인 '탁상연습'은 극단적으로 말하면 비상시를 상정한 시나리오를 기준으로 판단하고 대응하는 방법을 토론하는 것입니다.

상세한 것은 「4 연습 종류」에서 설명합니다.

[표 3-1] 연습의 두 가지 타입

카테고리	종류	특징
토론형	오리엔테이션 (연수·지도·세미나)	강의형식이나 워크숍 형식으로 진행된다. 초동대응이나 BCP의 방침, 긴급 시 활동내용과 그 순서에 관한 설명 등
	탁상 연습 (Tabletop Exercise: TTX)	특별한 도구준비나 예산을 필요로 하지 않는 그룹 토론식 연습
실제형	리허설	피난훈련·소방훈련·구호훈련·가설 텐트 설치훈련
	기능 연습(Functional Exercise: FE)	대책본부의 설치순서나 긴급 시 연락·의사소통순서를 시뮬레이션 베이스로 실시
	전체 규모 연습 (Full-scale Exercise: FSE)	재해 시나리오를 실제상황에 가까운 형식으로 설정하여 실제 인원이나 수단을 움직인다. 실제 환경으로 계획이나 순서의 유효성을 테스트한다

② 실제형

실제형에는 리허설이나 기능 연습, 전체 규모 연습 등이 있습니다.

'리허설'은 일본 내에서는 흔히 실제 훈련에 상당하는 것으로 특정 행동 순서 예를 들어, 소화기 사용방법이 포함된 초기소화나 피난유도, 구호, 이재민 식사제공 등의 체험을 통해 대처 방법과 해동 요령을 마스터하고 정기적·반복적인 실행으로 기능의 습득과 유지를 도모합니다.

'기능 연습'은 말 그대로 활동 기능별로 실시하는 것으로, 지진 방재 훈련에서의 대책 본부의 설치 순서에 관한 연습 등이 있습니다. 순서의 검증을 주요 목적으로 하며, 시뮬레이션 베이스로 진행되지만 빠른 판단과 의사 결정이 필요하기 때문에 비교적 긴장도가 높은 연습이라고 할 수 있습니다.

'전체 규모 연습'은 총합연습이라고도 합니다. 재해 시나리오를 실제상황과 비슷하게 설정해 실제로 인원이나 경영자원을 동원합니다. 이런 연습의 목적은 긴장이 요구되는 실제 상황 속에 계획과 순서의 유효성을 테스트하는 것입니다. 사전에 세심한 준비가 필요합니다.

4 연습 종류

여기서는 처음으로 BCP 연습을 도입하는 기업에서도 무리 없이 사내에서 계획하여 실행 가능한 기본적인 연습 종류를 소개합니다. 토론형 연습에서는 BCP에서 가장 보편적인 '탁상 연습'을, 실제형의 연습에서는 '리허설'계에서 실용성이 가장 높은 세 종류의 연습을 소개하겠습니다.

(1) 탁상 연습

■ 목적과 방법

이 연습은 BCP의 방침과 순서의 검증을 목적으로 하는 것으로, 피해 상황을 상정한 시나리오와 몇 가지 질문을 작성하여 긴급체제하에 여러 가지 역할이 주어진 사람들이 참가하여 일련의 문제를 해결합니다. 비교적 소수 인원으로 일상의 미팅이나 토론의 연장 같은 분위기로 실시하는 연습입니다다. 탁상 연습에는 제시된 문제(예: 사장의 부재로 연락이 되지 않는다, 회사 출입이 금지되었다 등) 참가 멤버가 서로 의논하면서 최적의 해답을 찾아내는 데 이 해답에는 제3자에 의한 객관적인 대답은 없습니다. 어디까지나 토론한 그룹 자신들이 도출한 결론이 그 시점에서 최선의 해답이 되는 것입니다.

> [참가자] 대책본부 요원, 사업 연속성이나 복구의 사명을 부여받은 현장책임자 등
> [필요한 기구] BCP, 프레젠테이션 기구(PowerPoint 파일, 프로젝터)
> [평가방법] 직면한 문제에 대한 판단과 대응, 행동순서의 타당성
> [소요시간] 2~3시간

(2) 리허설

리허설은 방재용어로 'ㅇㅇ훈련'에 해당하는 것입니다.

여기서는 이미 방재관습으로 정착해있는 초기소화·피난유도·구호훈련들을 제외한 '안부확인·긴급연락', '긴급점검', '긴급 시 의사소통'의 각 훈련을 소개합니다.

① 안부확인·긴급연락 훈련

■ 목적과 방법

이 연습은 사원의 안부보고가 신속한지, 보고내용은 적절한지 등을 확인하며 실제상황처럼 행하는 것으로, 대책본부요원인 영업부장과 외출 중인 영업담당자, 정보 시스템 부장과(주말에) 재가하고 있을 시스템 관리부장이라는 설정으로 실제로 휴대전화나 문자로 안부정보를 주고받습니다.

> [참가자] 대책본부요원(부서장 급), 일반사원(외출중·재가중 등의 설정으로)
> [필요한 기구] BCP, 긴급연락명단, 휴대전화, 휴대문자
> [평가방법] 보고의 빠르기, 메시지의 적절성(안부·장소·행선지 등)
> [소요시간] 30~50분

② 긴급 점검 훈련
■ 목적과 방법

이 연습은 사내 중요한 경영관리자원에 대해 재해의 유무를 점검해 받는 것입니다. 재해를 입은 경우에는 응급처치를 실시하거나 관계자에 보고해서 2차 피해의 확대와 업무에 받는 영향을 최소한으로 막는 것이 목적입니다. 긴급점검담당자가 대책본부에 보고하고, 대책본부 요원이 그 상황에 맞게 적절한 지시를 내립니다. 이 보고와 지시는 휴대전화나 구두로 전합니다. 재해 시나리오는 미리 작성합니다.

[참가자] 대책본부 요원(부서장 급), 일반사원(긴급점검의 담당자)
[필요한 기구] BCP, 재해 시나리오, 긴급점검 리스트(또는, 재해 상황 체크 시트), (필요에 따라) 휴대전화, 휴대 메일
[평가방법] 보고의 빠르기, 보고내용과 지시내용의 완전성(재해의 유무·개소, 긴급대응실시의 유무 등)
[소요시간] 40~60분

---

③ 커뮤니케이션 훈련
■ 목적과 방법

이 연습은 긴급 시에 회사와 이해관계자와의 커뮤니케이션을 최적화하여 신뢰관계가 깨지거나, 헛소문으로 인한 피해가 생기지 않도록 하는 것이 목적입니다.

이해관계자 측과 회사 측의 역할, 피해 시나리오, 클레임의 내용을 미리 정합니다.

이해관계자(고객·거래처·주변 주민·매스컴 등)나 피해의 상정은 변화가 많기 때문에 다양한 관점에서 연습을 합니다. 쌍방대면으로나 휴대전화를 사용해서 고충이나 응답을 주고받는 데 감정적으로 확대되지 않도록 주의하세요.

> [참가자] 경영자(가능한 한 참가하는 것이 바람직합니다), 대책본부 요원, 일반사원
> [필요한 기구] BCP, 재해 시나리오, 역할분담 리스트(각각의 회사 측과 이해 관계자 측), 휴대전화(필요에 따라)
> [평가방법] 대응의 신속함과 설명의 타당성(얼마나 상대의 불안·불감·불신을 경감시킬 수 있는가)
> [소요시간] 1~2시간

5 운영 스태프와 역할

연습에 대해 계획·입안·실시·평가·보고까지 일련의 활동에 관련된 사무국은 회사에 규모나 BCP의 방침으로 어떻게 인원을 나눌 것인가로 결정합니다. BCP를 책정할 때 사무국이 그대로 연습 운영주체가 되는 경우도 많습니다. 연습에는 다음과 같은 네 가지 역할이 요구됩니다만 각각의 역할을 맡을 스태프가 따로 없는 것이 보통입니다. 대부분, 보다 적은 인원이 겸임하면서 가능한 범위로 활동하는 것이 원활하게 진행하기 위한 요건이 됩니다.

① 사무국 운영

연습일정 이외에 개최일시 고지와 참가 여부의 조정, 연습에 관한 참가자와 협력자의 문의를 받는 창구로서의 역할을 합니다.

특히 주의할 것은 '참가여부의 조정'입니다. "연습을 고지해도 좀처럼 사람이 모이지 않는다." 이것은 기업의 연습담당자가 자주하는 말입니다. 왜 참가하지 못하는가(대부분 일이 바쁘다는 이유), 참여가 어렵다면 대리참가자는 누구인가, 어떻게 하면 적극적으로 참여시킬 수 있는지를 계속 생각해서 개선해가는 것이 중요합니다.

② 디자인 담당자

이 '디자인'은 '어떤 연습'을 '누구를 대상으로', '언제', '어디'에서 실시하는지를 결정하는 작업입니다. 특히 '어떤 연습'을 할 것인가에 대해서는 연습의 테마·종류·목표·참가자·연습의 시나리오 등을 정하는 작업이며, 담당자가 가장 신중하게 처리해야 하는 부분입니다. 물론 디자인 담당자 한 명이 고민하는 것이 아니라 사무국 멤버 전원, 필요에 따라서는 각 부서의 의견을 듣는 것을 검토하는 것이 중요합니다.

③ 진행자

진행자(조력자)는 글자 그대로 연습 진행을 담당합니다. 중소기업의 경우는 사회·진행·평가담당까지 겸임하는 것이 일반적이라고 생각합니다. 연습 당일에만 맡는 역할이지만 연습의 입안부터 시나리오 작성까지 폭넓게 관계되어 있지 않으면 요점이 되는 지시나 설명을 제시하지 못할 것입니다.

④ 평가담당자

평가담당자는 연습상황을 관찰하면서 제3자의 시점에서 평가하는 역할입니다. 이것도 담당하는 스태프 인원에 여력이 되지 않으면 진행자 이외에 다른 역할을 겸임하면서 활동에 임하게 됩니다.

⑥ 테마·종류·범위·목표의 설정

연습의 실현에 돌입한 최초 스태프는 연습의 테마와 종류를 정해 참가자나 시나리오의 범위를 확인하여 이것들의 목표를 설정하는 것입니다. 연습 소요 시간이나 예산 규모도 정해 둡니다. 다음 페이지의 '연습 계획 시트'는 연습 목적이나 목표·범위·참가자 등을 정리하기 위한 샘플입니다. 참고하세요.

제3장 / 연습·테스트·교육·보수 유지

연습 계획 시트

연습 No.	2012-ⅹⅹⅹ
연습의 종류	탁상 연습
테마	수도직하 지진 발생 시의 재해 대책 본부 설치~BCP 발동까지의 순서
실시일	년　월　일(　)
시간대	개시 시간: 종료 시간: 소요 시간:　시간　분
장소	본사 ○○회의실
스태프	사무국(스케줄 관리와 참가자에게 통지) 연습 시나리오 질문 작성 : 조력자 : 연습평가담당자:
목적	• 지휘명령자 부재 시 행동순서 확인 • 기업 이해관계자와의 위험 커뮤니케이션 순서 확인 ……
목표	• 피해조사팀은 지진 발생으로부터 3시간 이내에 피해 상황을 판정한다. • 대책본부 스태프는 지진 발생으로부터 6시간 이내에 대책 본부 활동을 시작한다. • 대책 본부장은 지진발생으로부터 9시간 이내에 BCP 발동 여부를 판정한다. ……
범위	• 참조하는 계획/매뉴얼 종류: 　초동 대응 계획 　사업 연속성 계획(BCP) • 참가자 정보(팀명·역할·이름): 　그룹 1: 　그룹 2: 　그룹 3: 　……
비고	

자료 출처: 곤 마사카즈(毘 正和) 저, 「실천 BCM 운용·정착 매뉴얼-사업 지속 매니지먼트 정착을 위한 실천 테크닉」(옴사)에서 전재(일부 변경).

① 테마

연습에서 테마는 참가자의 '요구'이기도 합니다. 뒤에 설명할 연습 종류와 참가자, 시나리오 콘텐츠 작성에도 영향을 주는 중요한 포인트입니다. 먼저 '어떤 사람이', '어떤 연습을 필요로 하는지', '문제가 되는 것은 무엇인지'를 검토해 주세요. 이와 같은 테마는 예를 들어 다음과 같은 측면을 생각하는 것으로 보다 더 명확해집니다.

- 지난 회 또는 과거 연습 참가자의 성적이나 만족도
- BCP 책정 사업의 남아있는 과제나 미해결 부분
- 자사에서 체험한 과거 재해의 교훈

② 연습 종류

어떤 종류의 연습을 선택하는지는 ①의 테마에 의해 좌우되지만 같은 테마가 선택되었다고 해서 연습 종류도 같은 것으로 할 필요는 없습니다. 예를 들어 지난 커뮤니케이션 훈련에 참여자 만족도나 성적이 현저하게 낮았던 경우, 이번 연습에서 같은 훈련을 반복할 수 있고, 탁상 연습으로 바꿔 바람직한 긴급 시 커뮤니케이션 방법을 토의하면서 이끌어갈 수 있는 것입니다. 복수의 연습방식을 마스터해 두면 그것만큼 실시 내용의 폭과 깊이가 나오는 장점이 있습니다.

③ 연습 범위

연습 범위(scope)는 참가자의 속성이나 기술(경영자·관리자층·대책본부 스태프·숙련된 스태프·신인 스태프 등), 장소·지리적 범위(본사, 본사와 인접한 공장과 합동 등), 대상으로 하는 측면(초동 대응·사업 연속성 대응), 참가자가 참조하는 서류(초동 대응 계획·사업 연속성 계획) 등 복수의 의미가 포함됩니다. 많은 경우 ①의 테마와 ②의 연습 종류가 결정되면 연습 범위도 필연적으로 정해지는 것입니다. 이 범위가 종잡을 수 없이 막연해서 좀처럼 보이지 않는 경우는 ①과 ②가 명확하게 되어 있는지 재확인하세요.

④ 목표 설정

연습 목표는 연습 결과가 가져오는 참가자의 바람직한 도달점입니다. 과거의 연습결과와 비교할 수 있도록 가능한 한 정량적으로 기술합니다만 표현상 어려운 테마의 경우는 정성적인 목표설정이어도 상관없습니다. 정량적인 목표설정의 예문으로는 '○시간 이내에 ○○을 달성할 것', 정성적인 목표설정에는 '과제 X를 해결할 것', '과거 재해의 교훈 Y와 Z가 활용될 것' 등이 있습니다.

7 연습 시나리오 작성법

연습을 실시하는 경우, 세미나나 연수방식을 제외한 거의 모든 연습에 있어서 '시나리오' 작성이 반드시 필요합니다. 연습과정 중 지식과 노하우를 가장 필요로 하는 것이 시나리오 작성이지만 꼭 전문가가 아니라고 해서 디자인되지 않는 것은 아닙니다. 몇 가지 기술을 마스터하면 총무나 계획부문의 스태프라도 충분히 작성할 수 있습니다. 아니, 사내의 실정에 밝지 않은 외부 전문가가 디자인하기보다 사내 스태프가 성의를 담아 디자인한 연습 시나리오가 더 현실성 있고 참가자에게 호소할 수 있는 힘도 크지 않을까요? 연습 시나리오 작성에는 다음 페이지에 있는 '연습 시나리오 디자인 시트'를 사용해도 좋습니다.

(1) 시나리오를 생각하기 위한 요소

연습 시나리오는 막연히 재난 영화 같은 야단스러운 장면을 떠올리며 만드는 것이 아닙니다. 위기의식의 환기가 될지는 모르지만, 그 후에 연결할 수 없고, 일관성이나 연속성이 유지되지 못합니다. 시나리오 작성의 기초 정보는 물론 「6 테마·종류·범위·목표의 설정」에서 정해진 내용입니다만 스토리의 구성이나 표현방법에 대해서는 다음 포인트에 유의해 주세요.

① 스토리의 구성 소재
- 재해 발생시각과 장소

연습 시나리오 디자인 시트

연습 No.	2012-×××
연습 타입	탁상 연습
테마	수도직하 지진 발생 시에 재해 대책 본부 설치~BCP 발동까지의 순서
파트 1	지진 발생 직후~3시간까지
시나리오	2012년 ○월 ○일 오전 11시 35분, 대지진 발생. 흔들림이 잠잠해진 후 전원 피난 장소에 집합. 종업원 중 부상자 없음 • 사장님과 연락을 취하고 싶지만 휴대전화가 연결되지 않는다. • 건물의 전반이 파괴되어 사무실에 출입이 불가능하다.
질문	1. 여기에 모인 멤버가 제일 먼저 해야 할 행동은? 2. 긴급 시 통지할 곳과 통지 내용(우선순위를 정한다) 3. 통지수단을 이용할 수 없는 경우, 다른 연락수단은 있는가? 4. 대책 본부장·대리와 연락이 되지 않는 경우, 멤버는 무엇을 해야 하나?
파트 2	지진 발생 후 4시간~12시간까지
시나리오	5시간 후 사장님과 연락이 되었다. 재해 대책 본부를 설치하게 되어 있지만, 의견이 엇갈려 정리되지 않는다. • 대책 본부의 장소가 아직 결정되지 않았다. • 대책 본부에 필요한 기구나 환경을 알 필요가 있다.
질문	1. 본사 이외에 대책 본부를 어디에 설치할 수 있는가? 2. 그 장소가 안전한지 조사할 수 있는 방법은? 3. 설치가 가능한 경우, 본부설립에 필요한 기구와 인프라 환경은?
파트 3	지진발생 후 12시간~24시간까지
……	……

* 자료 출처 : 곤 마사카즈(昆 正和) 저, 「실천 BCM 운용·정착 매뉴얼-사업 연속성 매니지먼트 정착을 위한 실전 테크닉」 (옴사)에서 전재(일부 변경).

- 날씨
- 재해의 종류(화재, 역병, 지진 기타)
- 속도, 깊이, 강함, 위험도가 어느 정도인가?
- 그것은 어떻게 발견했는가?
- 보고된 손해와 피해
- 피해 상황의 경과·흐름
- 차후 예상되는 사태

② 회사고유의 현실성을 갖도록 하기 위한 요소

이것은 ①의 소재를 근간으로 문장을 작성할 때 자사 고유의 장소명과 경영자원의 이름이나 사람 이름을 써서 기재하는 것입니다. 또, 현재의 상태를 정적으로 그린 패턴과 시간의 경과에 따라 상황이 동적으로 변화하는 패턴이 있습니다. 안부확인훈련은 전자의 패턴으로, 긴급 시에 커뮤니케이션이나 탁상 연습 같은 시뮬레이션의 기색이 짙은 연습은 후자의 패턴이 있습니다. 아래에 몇 가지 예문으로, 리허설 연습과 탁상 연습의 시나리오를 소개하겠습니다.

(2) 리허설 연습 시나리오

리허설 연습 시나리오는 기본적으로는 하나의 간소한 한 문장도 좋습니다. 프레젠테이션 슬라이드의 사용은 필수가 아니며, 손글씨로 화이트 보드에 시나리오를 써서 제시하는 것도 가능합니다.

① 안부확인 및 긴급점검훈련의 경우

안부확인에서는 사전에 안부 보고를 하는 사람과 보고를 받는 사람을 특정해 둡니다. 실제로 휴대전화나 휴대문자를 사용해서 긴급연락경로에 따라 전달합니다. 시나리오는 다음과 같이 안부확인을 위한 하나의 문장을

○월 ○일 오전 ○시○분, '사가미'만을 진원지로 대 지진 발생.
본사에서는 외출 중인 스태프 12명으로부터 안부통지 문자를 기다린다.

준비합니다.

긴급점검 시나리오도 위와 같은 형식이지만 여기서는 BCP에 기재되어 있는 재해 상정 등을 참고로 몇 가지 간략하게 재해로 피해 본 경영자원 리스트를 추가합니다.

> ○월 ○일 오전 ○시 ○분, '사가미'만을 진원지로 대지진 발생.
> (재해 상황: 판매관리 시스템/고객 DB/통신판매 서버 정지, 회계처리용 PC 사용불가….)

② 커뮤니케이션 훈련의 경우

커뮤니케이션 훈련은 이해관계자에 대한 회사 측의 설명책임을 묻는 것입니다. 시나리오에 관해서도 양자의 대화 전개를 의도하여 기록하는데 세세한 내용을 쓰는 것이 아닌 양자의 주장이나 시점의 차이가 나타나도록 유념해 주세요.

> 대지진 발생 후 2시간 뒤, 영업 담당자의 휴대전화로 주요 거래처 3사(구체적인 회사명 기입)로부터 안부확인과 주문품 재촉을 겸한 메시지가 도착했다. 3사의 주문품은 현재 업무가 정지되어 있기 때문에 처리 상황과 납기를 확인할 수 없는 상황이다.

커뮤니케이션 훈련은 이해관계자나 피해 상황 등을 여러 가지로 변경하는 것으로서 여러 가지 변화를 만들 수가 있는 것입니다. 예를 들면 회원제 식품택배업의 경우 다음과 같은 시나리오가 있습니다.

대지진 발생 후 구원활동의 일환으로 피난처에 있는 사람들에게 보다 신속하게 식료품을 배급하자 자택에서 피난생활을 하고 있던 회원들이 회사로 모여들어 "회원이 아닌 일반사람들에게는 식료가 무상으로 보급되고, 회비를 지불하고 있는 본인들에게는 식료를 조달받지 못하는 것은 무엇 때문인가?"라는 클레임이 들어왔다고 합니다. 이런 경우 회원에 대해 대책본부의 책임자는 어떻게 설명을 하면 그들이 이해해 줄까요?

(3) 탁상 연습 시나리오

먼저 사무국은 앞에서 설명한 테마나 요구를 통해 부각된 문제점을 정리합니다. 하나의 예로 "사장(대책본부장)이 부재 시에 대책 본부의 판단과 행동방침이 명확하지 않다."라는 문제점이 지적되었다고 한다면 이것을 기준으로 시나리오와 문제를 조합합니다. 재해대응은 시시각각으로 변화하고, 또 특정 작업을 수행할 때는 시간적인 제약이 있다고 생각해 다음과 같이 시간 경과에 동반된 몇 가지 사태 악화를 나타내면 됩니다.

○월 ○일 9시 00분, 지진 발생

업무가 모두 정지되어 있다. 사장은 출장 중

질문

Q1: 사장을 대신해서 대책본부의 지휘 명령을 하는 사람은 누구인가?

Q2: 사장의 부재 시 대책본부의 활동을 가장 긴급한 순으로 설명하시오.

○월 ○일 12시 30분, 정전으로 인해 기간 서버가 정지되어 있다.

사장님과 전혀 연락이 닿지 않는다.

질문

Q3: 기간 서버가 정지해 있음으로 인하여, 어디에 어느 정도의 영향이 발생합니까?

Q4: BCP 발동 판단은 어떤 시점에 하는가?

---

8 연습 시행

여기서는 실시를 위한 준비 작업과 이후의 작업 순서에 대해 설명합니다.

(1) 준비 작업(2개월~1주일 전)

연습시행 시기는 사내행사의 일환으로서 연초에 전 회사에 통지해 두어야 합니다. 통지한 후에 특정 연습시행일을 목표로 활동을 개시하는 것은 2개월 전부터가 타당합니다. 여기서는 2개월에서 1주일 전까지의 준비작업 포인트를 설명합니다.

① 연습의 기획·입안·작성

2개월 전부터 연습의 구체적인 내용의 기획·입안을 시작으로 1개월~2주 전까지 시나리오를 완성시키고자 하는 것입니다. 시간의 흐름에 따라 시나리오나 질문 내용이 변하는 탁상 연습은 프레젠테이션(파워포인트 등) 형식으로 작성해 주세요.

② 참가자에 대한 사전통지와 지시

참가자에게는 ①과 같은 시간이나, 늦어도 1개월 전에는 최초통지를 합니다. 통지는 상대방의 주소를 기재한 메일(무기명의 일괄된 전달이면 참여의 중요도가 낮다고 생각할 가능성이 있기 때문에)로 보내고, 참가자가 소속된 부서장에게 구두로 전달되도록 합니다. 원칙적으로 반드시 출석해야함을 참가자에게 명확하게 전해 두지 않으면, 연습 자체가 참가자 부족 때문에 실패로 돌아가는 일이 있기 때문입니다. 특히 BCP 연습은 방재훈련과 달리, 직전이 되어서야 바쁘니 대신 나와 달라며 사원에게 부탁할 수는 없습니다. 통지 포인트는 다음과 같습니다.

- 연습의 종류, 실시일, 테마, 소요 시간 등을 전한다.
- 사전에 참가자의 출석 여부의 답을 받아 둔다.
- 사전에 BCP나 방재계획을 잘 읽고 방침·순서를 확인하도록 전한다.

실시 일주일 전에 재확인을 위한 메일(위의 기록과 동일)을 보내면 효과적입니다.

③ 배포자료와 기구 준비

1주간~며칠 전까지, 연습 당일 배포하는 자료나 기구를 미리 준비해 둡니다. 탁상 연습에 사용하는 품목은 다음과 같습니다. 연습 종류와 참가자의 규모에 따라 불필요한 물건과 반대로 부족해지는 경우가 있습니다만 평균적인 품목으로 소개하겠습니다.

제3장 / 연습·테스트·교육·보수 유지

- 프레젠테이션 교본(3 슬라이드 / 1페이지, 줄 쳐진 메모 용지에 인쇄, 배포용)
- 앙케트 용지(인원수대로)
- 쪽지(필요에 따라)
- 노트북＋PowerPoint 파일(시나리오＋질문의 설명용)
- 프로젝터＋스크린
- 휴대전화 몇 대
- 화이트보드(깨달은 점이나 중요 포인트를 쓰기 위해)

프레젠테이션 교본에는 연습 시나리오가 기재되어 있습니다. 교본을 사전에 배포하면 예습이 되어 긴장감이 떨어지기 때문에 당일에 배포하도록 합니다. 안부확인이나 긴급점검 등, 시나리오가 덜 중요한 연습은 슬라이드나 프로젝터를 사용하지 않고 종이나 화이트보드에 적습니다.

(2) 전날·당일의 준비

전날·당일의 준비로 회의실의 테이블과 의자의 진열을 바꾸고 프로젝터의 위치를 정합니다. 포인트는 다음과 같습니다.

- 참가자의 좌석 배열이나 그룹 구성은 융통성 있게 합니다.
- 디귿(ㄷ)자 모양으로 구성하거나 두 사람씩 대치합니다.
- 책상과 의자를 함께 놓거나 의자만 빙 둘러앉도록 나열해도 좋습니다 (자유롭게 이동하여 의논합니다).

전날·당일에 해야 하는 또 다른 작업 중 하나로 진행자의 리허설이 있습니다. 단순히 사무적인 순서를 설명하거나 유도하는 것이 아닌, 연습 진행상황이나 분위기를 습득해서 참가자에게 가장 생산적인 연습시간을 보내도록 합니다. 아래 항목은 진행자의 의의와 역할을 정리한 것입니다.

- 진행자는 인스트럭터(instructor: 선생님·강사)가 아니다.
- 진행자는 지식이나 모범해답을 가르치는 것이 목적이 아니다.
- 진행자는 참가자의 토의를 촉구하는 역할이다.

- 다음 상황에는 주의하여 임기응변으로 말을 걸어 방향을 수정하거나 다시 시작한다.
  - 참가자가 무엇을 해야 할지 몰라 막연한 상태일 때(시나리오와 질문의 의도가 이해되지 않는다)
  - 토론의 열이 올라 감정적으로 발전했을 때
  - 토론이 진행되지 않을 때(참가자의 생각이 멈추어 횡설수설하기 시작했을 때)
  - 토론이 목적, 목표의 방향이 크게 어긋나 버릴 것 같을 때

(3) 연습 시행

여기서는 연습에 공통되는 시작 직전과 연습 당일에 유의할 점, 관찰·평가 포인트에 대해 설명합니다.

① 시작 전의 설명

먼저 참가자의 긴장을 풀기 위해 노력해 주세요. 연습이 시작되면 긴장과 집중력이 요구되기 때문에 스포츠 경기와 같이 개시 직전에 차분히 편한 마음을 갖게 하는 것이 필요합니다.

개시할 때 사전설명의 포인트는 다음과 같습니다.

- 교본을 비롯한 자료의 배포(교본은 사전에 읽지 않도록 지시)
- 연습 개요(목적·테마 등)
- 연습 진행방법 설명
- 참자가의 자기소개(필요에 따라)

② 연습 당일

각 연습의 순서 개요는 「4 연습 종류」에서 설명했습니다만 여기서는 조금 더 구체적인 단계를 설명합니다. 즉, 이 단계는 하나의 예에 지나지 않습니다. 횟수를 늘리면서 효과적인 진행방법을 생각해 주세요.

[안부 확인 훈련의 경우]
- 대책 본부 요원은 회의실에서, 안부 보고자는 다른 방이나 밖에 대기시킵니다.
- 재해 발생 시간이 되면 안부 보고의 착신을 기다립니다.
- 대책 본부 요원의 휴대전화에 안부 보고자의 착신이 뜨면, 보고 시각·통화 시간·보고 내용을 기록합니다.
- 기록 내용(보고 내용의 과부족 등)에 관해서 토의합니다.

[긴급 점검 훈련의 경우]
- 대책 본부 요원은 회의실에, 긴급 점검자는 사무실에 대기시킵니다.
- 재해 발생 시각이 되면, 긴급 점검자는 소정의 리스트를 기준으로 긴급 점검합니다.
- 대책 본부 요원은 휴대폰에 긴급 점검자로부터 보고가 오면 보고 시간, 보고 내용을 기록합니다.
- 기록 내용(보고 내용의 과부족 등)에 관해 토의합니다.

[커뮤니케이션 훈련의 경우]
- 본사 측(대책 본부 요원이나 경영 담당)과 이해 관계자 측(고객·주민·매스컴)의 역할을 정합니다.
- 정해진 시각이 되면 이해 관계자는 본사에 클레임·질문·재촉 등의 메시지를 전합니다.
- 본사 측은 이해 관계자의 메시지에 대해 적절한 응답이나 설명을 준비하여 이것을 이해 관계자에게 전합니다.
- 본사 측의 응답내용이나 이해 관계자 측의 납득감과 만족도를 기록합니다.
- 기록 내용(응답과 설명의 내용은 적절했는지 등)에 대해 토의합니다.

[탁상 연습의 경우]

[그림 3-1]은 탁상 연습 진행 이미지입니다. 다음 순서와 함께 참고하세요.

- 배포 자료는 읽지 않고 스크린에 집중할 수 있도록 지시합니다.
- 시나리오를 낭독합니다.
- 질문을 낭독합니다.
- 각 개인에게 5~10분간 응답을 생각하게 합니다.
- 그룹별로 전체적으로 5~15분간 생각하게 합니다.
- 마지막에 그룹 대표자에게 응답을 발표하게 합니다.
- 이때, 다른 참가자의 추가의견이나 반론이 있으면 발언시킵니다.
- 이것을 시나리오+질문 수만큼 반복합니다.
- 시간 안에 모든 질문에 대답할 필요는 없습니다.

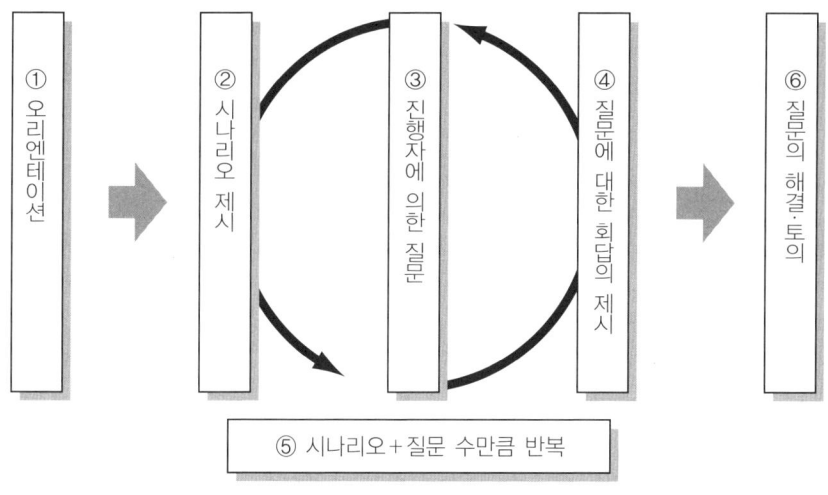

[그림 3-1] 탁상 연습 진행방법

③ 관찰·평가의 포인트

진행자와 평가담당자는 연습상황을 관찰하면서 다음 사항에 유의해 필요에 따라 메모합니다.

- 기대만큼의 연습이 진행되고 있는가(참가자가 활기차게 참여하고 있는지)

- 참가자 중에 당황하거나 혼란에 빠진 사람, 탈락자는 없는가?
- 감정적으로 발전되어 있지는 않은가?
- 연습 시나리오나 질문내용, 진행순서에 질문이나 개선점은 없는가?

(4) 의견 교환과 앙케트 수집

연습이 끝나면 적어도 30분 정도 사무국과 참가자의 의견 교환의 장을 마련합니다. 이 의견 교환에는 다음의 두 가지 목적이 있습니다.

① 참가자 자신(개인과 그룹 전체로서)의 만족도·달성도 확인

참가자의 만족도를 안다고 하는 것은 다음번 연습의 요구를 찾는 것이기도 합니다. 연습에서 세운 목표와 이것에 대한 달성도 사이에는 많은 경우 차이가 생깁니다. 이 차이를 메우기 위해서는 다음 연습에 무엇을 어디까지 실시하면 좋을지, 그러기 위해서는 어떤 역할이나 기능을 갖춘 사람이나 그룹이 참가하면 좋을지, 참가자의 역량이나 레벨은 어느 정도가 어울리는지를 점검하는 유력한 판단 자료가 됩니다.

② 연습 자체에 대한 평가의 확인

사무국이 기획·입안한 연습 계획이나 디자인의 내용, 연습 진행 순서, 진행자나 평가 담당자의 숙련도에 관해 참가자로부터 의견을 요구합니다. 이른바 연습 자체의 적합성 여부와 사무국에 대한 요망이나 개선점을 찾는 것도 의견교환의 목적입니다.

이 목적에 따른 감상과 응답에 대해서는 다음 페이지와 같은 '참가자 앙케트'를 이용하면 효과적으로 수집할 수 있습니다. 물론 최초부터 용지를 배포하여 말없이 기재하는 것만으로는 충분하지 않습니다. 정말 도움이 되는 정보는 참가자의 의견을 듣는 데에 있습니다. 반드시 참가자 한 명 한 명에게 이야기를 듣고(사무국은 이것을 메모함) 그 후에 앙케트 용지에 기재하도록 하는 것이 중요합니다.

참가자 앙케트(○월 ○일 실시)

오늘 실시한 탁상 연습에 대해 각 참가자의 의견·감상을 들려주세요.
이 앙케트 결과는 이후의 개선과 보다 효과적인 탁상 연습의 입안에 유용하게 쓰입니다.

1 이번 연습은 아래 표의 목표에 따라 실시되었습니다. 연습을 되돌아볼 때, 이 목적에 대한 달성도는 어느 정도였습니까? (해당 숫자에 ○표 하세요.)

파트	목표	불만		보통		만족
파트 1	지진 발생으로부터 3시간 이내에 피해조사팀은 피해 상황을 판정한다.	1	2	3	4	5
파트 2	지진 발생으로부터 6시간 이내에 대책 본부 요원은 대책 본부의 활동을 시작한다.	1	2	3	4	5
파트 3	지진 발생으로부터 9시간 이내에 대책 본부장은 BCP 발동의 여부를 결정한다.	1	2	3	4	5

2 연습의 각 파트 중 가장 도움이 된 것은 어느 부분이었습니까?
　그 이유는 무엇입니까?

3 연습의 각 파트 중 대부분, 또는 전혀 도움이 되지 않았던 부분은 어느 부분이었습니까? 그 이유는 무엇입니까?

4 토의가 진행되지 않은 부분이 있었습니까? 어떤 경우인지 구체적으로 써 주세요.

5 다음 연습에는 어떤 테마를 희망하십니까?

6 기타 의견이나 요구사항이 있으면 기입해 주세요.

---

* 자료 출처: 곤 마사카즈(昆 正和) 저, 「실천 BCM 운용·정착 매뉴얼-사업 연속성 매니지먼트 정착을 위한 실천 테크닉」 (옴사)에서 전재(일부 변경).

9 연습 결과 정리

연습 평가결과를 회수하면, 이것을 정리하여 다음번 연습이나 BCP의 개선에 도움을 주고, 회사 전체에 배포해서 사업 연속성 문화의 향상을 도모합니다.

(1) 연습 결과 정리와 활용 방법

사무국과 연습 참가자와의 의견 교환과 앙케트를 통해 참가자의 만족도와 달성도, 연습의 운영방법에 대한 평가결과가 다음과 같이 나왔다고 합시다. 이것을 ①~③과 같이 각각의 목적에 맞게 나누어서 처리합니다.

> (참가자 a) 고객의 클레임이나 항의에 대해 회사측 담당자가 응답 요령을 습득하지 못했다.
> (참가자 b) 시나리오가 제시되고, 의논이 개시되기까지 시간이 5분밖에 없다. 생각할 시간을 늘렸으면 좋겠다.
> (사무국 c) 그룹 내에서 논쟁이 일어나 다음 단계로 옮기려는 진행자의 지시가 무시되었다.
> (참가자 d) 대책 본부의 대체 거점의 이름만 결정되어 있어 누가, 어떤 이동수단으로 그곳으로 가는지 규정되어 있지 않다.

① 다음번 연습의 목표·테마·시나리오의 소재로 활용한다.

참가자 a가 제시하는 문제점 중 하나는 긴급 시 커뮤니케이션의 미숙함에 있습니다. 이것은 다음번에도 같은 연습을 할 때까지 회사 측 담당자의 커뮤니케이션 기술 연마의 필요성을 시사해 주고 있습니다.

② BCP의 방침과 순서의 개선에 활용한다.

참가자 a가 제시하는 또 다른 문제는 적절한 대응 순서나 대책이 BCP 문서에 포함되어 있지 않기 때문에 응답에 실패할 가능성이 있다는 것입니다. 이것은 BCP 문서의 개선이 필요합니다. 또, 참가자 d의 지적은 BCP 문서 상 필요한 순서가 규정되어 있지 않은 것을 나타내고 있기 때문에

BCP 문서의 개선이 필요합니다.

③ 연습에 관한 사무국의 운영방법이나 진행방법의 개선에 활용한다.

참가자 b의 의견은 다음번 연습에 반영할 수 있도록 합니다. 그리고 사무국 c의 의견은 이후에도 발생할 수 있는 일이기 때문에 다음번 이후부터는 문서와 구두로 진행자의 지시에 따르도록 주지시킵니다.

(2) 피드백 정보의 활용

앙케트 결과의 기록은 사무국에 두고 이용할 뿐 아니라 '연습 결과 보고서(다음 페이지)'를 작성하여 연습을 할 때마다 경영진과 참가자, 경우에 따라서 회사 전체에 피드백합니다.

외국에서는 연습 결과 보고서를 'After Action Report(AAR)'이라고 부르며, 연습결과를 정리해 BCP 순서나 기술향상의 개선으로 이어가기 위해 작성합니다. 이것은 보고서를 받아들이는 측의 의식을 플러스 방향으로 바꾸어가는 계기가 되어 이른바 BCP 문화(긴급 시에 적절히 대처·복구가능한 조직력)의 육성에도 도움이 됩니다. 예를 들어 경영진은 연습 결과 보고서를 예측불허의 사태에 대비해 사원이 정기적으로 연습을 하고 있는 것, 그리고 연습 횟수를 반복할수록 그들의 기술이 조금씩 향상되는 것을 보고, 믿음직스럽게 생각할 것입니다. 또, 연습만이 아닌 위험대책의 실시나 그 예산을 세우고 고객과의 신뢰관계의 중요함도 지금까지 보다 이상의 배려를 해 주는 것이라고 생각합니다. 연습에 참여한 멤버는 이번 연습결과는 어떠하였고, 어떻게 해야 했으며, 다음번에는 어떤 단계까지 달성하고 싶은지에 주목합니다. 반성할 부분과 개선할 부분을 찾아낼 수 있었던 것에 만족하고, 자신들의 판단력과 대응력이 단계적으로 향상되는 것에 자신감이 생기는 것이 틀림없습니다. 그들의 최종 목표는 동일본대지진 때와 같은 규모의 지진이 발생해도 신속하고 냉정하며 정확하게 판단해 합리적인 복구활동을 진행할 수 있을 것입니다.

연습에 참여하지 않은 다른 사원에게도 좋은 영향이 있습니다. 그것은

제3장 / 연습·테스트·교육·보수 유지

자신이 근무하고 있는 회사가 재해에 대비해 적극적으로 연습을 하고 있으므로 그 활동이 사원을 지키고, 사업을 지키는 것, 그리고 고용이 지켜지는 것을 실감하기 때문입니다. 이것은 바꾸어 말하면 회사가 재해를 입었을 때는 자신도 솔선해서 복구에 공헌하려는 의식으로 이어지는 것이기도 합니다.

연습결과보고서(AAR)

1 연습의 개요
- 테마
- 연습의 목적·목표
- 참가 멤버
- 시나리오 개요

2 연습결과의 개요
- 참가자 앙케트/평가 시트/소견 시트를 참고에 기입

3 연습결과의 성과 (혹은 좋았던 점)
① 기대대로 달성된 것
② 참가자 앙케트 / 평가 시트 / 소견 시트를 참고에 기입

4 연습결과의 나빴던 점
① 기대대로 되지 않았던 점
② 참가자 앙케트 / 평가 시트 / 소견 시트를 참고에 기입

5 개선해야 할 점
① 초동대응계획이나 BCP에 있어 행동방침·순서의 재검토.
② 참가 멤버가 기술향상을 도모하기 위해 필요한 연습
③ 기타 개선점

6 기타의견

---

* 자료 출처: 곤 마사카즈(昆 正和) 저, 「실천 BCM 운용·정착 매뉴얼-사업 연속성 매니지먼트 정착을 위한 실천 테크닉」 (옴사)에서 전재(일부 변경).

⑩ 연습의 연차계획에 대하여

일반기업에서는 소화 훈련이나 피난 유도 훈련을 연 1회 정도로 하고 있거나, 혹은 전혀 실시하지 않는 경우도 있습니다. 이런 현상 속에 BCP 같은 실효성의 정도가 의문시되는 계획의 연습을 실행하려 하면, "일상 업무만 해도 바쁜데…."라고 참가자의 당혹함이나 비명이 들릴 것만 같습니다.

연습을 실행하는 측도, 연습에 참여하는 측도, 일상 업무의 영향이나 부하를 억제하면서 활동하기 위한 비결은 회사의 이벤트에 맞추어 실시하는 것입니다. 구체적으로는 토론형과 실지형 두 가지 타입의 적절한 것을 선택하여 방재주간이나 사내 행사 등에 맞추어 연습을 합니다. 리허설계의 연습은 주로 초동대응, 탁상연습은 실지로는 하기 어려운 사업 연속성 대응의 순서를 테마로 하면 좋습니다.

[표 3-2]는 신년도 시무에 맞춘 연간 연습 스케줄을 설정한 예입니다. 사업연도를 4분기로 나눠(혹은 12개월도 상관없습니다) 각각의 사내 이벤트 스케줄을 참고하여, 방재훈련과 실지 연습은 3/4분기 방재주간에 실시하고, 탁상 연습은 2/4분기에 연수 월간과 4/4분기 연도 말에 전체 회합의 시기에 맞추어 하는 것으로 하고 있습니다. 각각의 시기에 참가에 어울리는 멤버를 참고하면서 사내 이벤트의 목적에 따라 연습할 수 있기 때문에 특별한 활동을 위해 추가적인 시간을 내는 부정적인 인상을 주지 않고 끝납니다. 즉, 간편하게 실시할 수 있는 연습(리허설이나 탁상 연습)에 대해서는 월 1회나 격월로 1회 업무관습의 일환으로 정착시키는 방법도 기억하십시오.

[표 3-2] 연습의 연차계획

실시항목	내역·대상	1/4분기	2/4분기	3/4분기	4/4분기
방재훈련	초기 소화, 피난 유도, 구호 등의 훈련	-	-	방재 주간 ○	-
실지 연습 (훈련)	안부 확인 긴급 점검, 커뮤니케이션 훈련	-	-	방재 주간 ○	-
탁상 연습	대책 본부의 역할, 실지 가동 부대의 지시 명령 등	-	연수월간 ○	-	전회사회합 ○

3.2 테스트 개요

'사용할 만한' BCP가 되기 위하여
테스트의 종류
테스트 결과의 피드백

1 '사용할 만한' BCP가 되기 위하여

처음으로 문서로 완성시킨 BCP나 사업방침의 변경 등에 따라 개정된 BCP는 이른바 설계도를 기준으로 막 조립된 시작품과 같은 것입니다. 시작품은 그 자체로는 매장에서 판매할 수 없고, 반드시 '테스트'나 '검증'의 프로세스를 밟아야 합니다. BCP도 이와 같아서 지금까지 책정이나 재검토 활동을 통해 수집한 여러 가지 데이터나 합의·승인사항이 방침이나 순서에 바르게 반영되어 만일의 상황에 대응을 잘할 수 있는지, 놓쳐 버리거나 모순, 중복, 모호한 점은 없는지 점검합니다. 이런 작업이 잘 되는 만큼 BCP는 '사용할 만한' 것이 됩니다. 또, 긴급 시의 행동방침이나 대응순서에 대해 말하면 추측이나 정성적인 판단, 사장 개인의 의사, 혹은 반대로 개인의 의사보다 조직 전체의 합의나 공통인식을 기조로 결정되어 있는 것이 적지 않습니다. 그리고 BCP가 대상으로 하는 재해도, 그 결과 얻을 수 있는 사건사태의 상정도 '미래에 생길 일'이라는 것입니다. 이것은, BCP는 항상 명확하지 않은 여러 가지 요인이 따라다닙니다. 따라서 BCP에 완벽한 것은 존재하지 않는다는 것입니다.

구미에서는 '테스트'를 '연습'의 범주에 포함하는 예도 볼 수 있습니다 (예: 영국 BCI 발행의 「Good Practice Guidelines 2010」 등). 그 종류나 정의, 실시 방법도 각양각색입니다. 이 책에서는 연습은 본래, 테스트에 대해서도 사내에서 자주적으로 실시가 가능한 간편성이 중요하다는 관점에서 구미계의 테스트를 망라하여 설명하는 것은 생략하고, 일반중소기업에서도 적용할 수 있는 테스트 방법을 소개합니다.

② 테스트 종류

아래에 있는 각각의 테스트나 검증방법은 BCP를 개정할 때나, 월 1회, 연 1회로 빈번히 계속적으로 하는 것을 추천합니다. 안부확인이나 긴급점검은 이미 연습 때 등장했습니다만 테스트로서도 유효한 대상이라는 것은 변함이 없습니다.

① 문서 체크

BCP 문서의 시방서가 만들어진 단계에서 책정에 관련된 사람들을 비롯하여, 책정에 관련되지 않은 여러 부서 사람들에게도 읽도록 하여, 초동 대응이나 사업 연속성 대응의 방침과 순서, 대책에 관한 실수나 질문점, 과제 등을 밝혀내는 것이 문서 체크입니다. 서로 맞추어 읽어볼 때는 막연히 문장을 쫓지 않고 가능한 한 상상력을 풍부하게 이미지화하여 인식·이해하도록 노력해 주세요. BCP 본편과 부속자료(매뉴얼 종류나 체크시트·리스트)와의 정합성도 주의해 주세요. BCP 본편에 기재된 상위 행동방침이 하위 매뉴얼이나 부속자료로 어느 정도로 구체화되어 있는지 그 순서에 모순이나 불명확한 표기는 없는지 체크해 주세요.

② 안부확인·연락 테스트

이 테스트는 재해 발생 직후의 보고나 연락 사항을 주고받는 것입니다. 예를 들면 안부 확인 테스트에는 외출 중인 스태프로부터 정해진 시간에 휴대전화나 문자 메일로 안부 정보를 전달받습니다. 최근에는 외부업자가 제공하는 안부확인용 문자 메일 서비스를 이용하는 경우도 증가하고 있습니다만 '이런 기계적인 시스템이라면 100% 원활하게 진행될 것이기 때문에 테스트할 필요성은 없습니다.'와 같이 생각하는 것은 금물입니다. 실제로는 문자 메일 주소가 갱신되지 않아서 메일이 도착하지 않는다, 송신했는데도 답이 없다는 등 '전달되었으니 당연하다'라고 생각하고 있으면 생각지도 못했던 허점이 발견되기도 합니다. 어느 테스트도 아주 초보적인 테스트이긴 하지만 BCP의 검증에는 필수적인 테스트라는 점을 강조해 두고 싶습니다.

③ 긴급 점검 테스트

이 테스트는 사무실이나 공장설비계의 중점 점검 사항에 대해, 재해의 유무를 신속하게 점검해서 재해를 입은 상태라면 응급처치를 하거나 관계자에게 보고해서 재해로부터 받는 영향을 최소화하는 것입니다. 사전에 중점 점검항목을 리스트로 만들어 둘 필요가 있습니다.

ISO 9001이나 ISO 14001이 구축되어 있는 기업 중에는 여러 가지 타입의 점검 순서 책자를 작성하고 있는 경우도 많습니다. 이런 순서 책자의 체크 대상을 BCP의 점검항목에 살린다면 실효성이 고조됨은 틀림없습니다.

④ IT·장치·설비 등의 실지 테스트

PC나 기기 장치의 자동화 작업이 되지 않을 때, 수동으로 전환해 대처하는 것을 BCP에 규정하고 있는 경우, 업무에 지장이 없는 요일이나 시간대를 이용해, 수동으로 해서 처리시간이나 처리량을 체크해서 예상과의 차이의 유무를 조사합니다. 또 데이터의 회수와 복구, LAN기기의 접속, 소프트웨어 재설치, 재설정의 순서에 대해서는 순서 실수의 유무, 복구의 성패, 소요시간(데이터 회수~작업 완료) 등을 체크합니다.

⑤ 실제 테스트가 안되는 것

기계장치나 설비를 사용할 수 없을 때 외부협력회사에 기업을 위탁하거나 대체장치를 주문하도록 하는 경우는 실제로 테스트하기가 곤란합니다. 이런 상황에는 조달방법이나 입수의 확실성·요소 시간·품질 등을 확인합니다. 대체수단의 조달에 소요 시간을 상대처에 확인하여, 품질 등으로 대체수단을 조달되지 않는 가능성은 없는지, 대체수단의 달성 레벨(처리 시간·처리량·품질 등)을 확인하는 것이 포인트입니다.

③ 테스트 결과의 피드백

앞서 설명했듯이 테스트를 실시하면 참가자가 여러 가지 의견을 제기하거나 의문점을 지적합니다. 이것은 BCP의 완성도를 높이기 위한 귀중한

3.2 테스트 개요

피드백이므로 받아들여야만 합니다. 테스트를 효율적으로 실시해 효과적인 피드백을 얻기 위해서도 [표 3-3]과 같은 검증용 템플릿을 사전에 작성해 둘 것을 권합니다.

[표 3-3] 검증 계획용 시트

테스트의 종류	개별 테스트	테스트 이름	연락 경로의 확인
실시 시간	○년 ○일 AM7시~AM10시	BCP 관리담당자	○○○(작성자) ○○○(진행자)
목적과 목표		참가자	
실시 순서		실시 요건	
검증 방법			
과제·개선점			

마지막으로 테스트를 통해 BCP 문서상 문제점(비현실성·의문·모순·비효율성·과부족 등)이 명확하게 된 곳에 대해서는 다음과 같은 순서로 개선 조치를 취해 주세요.

1. 문제가 있는 기재는 다음과 같이 '기재한 근거'와 테스트 결과 문제가 발견된 '이유'의 양방을 비교·검토한다.
2. 문제점을 정리해, 관계 부서의 담당자에게 재검토를 의뢰한다.
3. 다시 미팅을 해서 테스트 참가자 전원의 합의를 얻는다.
4. BCP를 수정 또는 개정해서 경영자에게 제출해서 승인받는다.

3.3 교육 개요

사업 연속성에서 교육의 의의와 목적
교육의 접근법

1 사업 연속성에서 교육의 의의와 목적

BCP를 완성 후 중요한 활동의 하나로 '교육'이 있습니다. 교육은 연습이라는 형태로는 커버할 수 없는 부분을 보완하거나, 실지체험이 아닌 이론이나 지식으로써 터득하는 것이 바람직한 경우에 적합한 방법입니다.

효과적인 BCP 교육을 실시하기 위해서는 연습과 같이 상황을 평가하고, 미리 설정된 목표와의 차이를 알아낸 뒤 차이를 메꾸기 위해서는 어떤 교육의 기회를 제공해야 좋을지, 혹은 다음 단계로 어떤 레벨 상승을 도모하면 좋을지 생각해 실행에 옮깁니다.

순서는 다음과 같습니다.

① 교육 프로그램의 책임자를 정한다

이 프로그램은 평가나 입안 차원의 연습, 재검토 등의 활동과 중복되는 부분이 있습니다. 이 책임자가 교육 프로그램의 담당을 겸무하는 방법도 있겠습니다. 또, 인사부의 기능이나 역할과 공통되는 부분도 많기 때문에 인사부 스태프를 기용하는 방법도 있습니다.

② 현상 평가

BCP나 초동 대응·사업 연속성 계획, 매뉴얼 종류가 적절히 유지·보수가 되고 있는지, 지금까지의 연습과 훈련성과는 어느 정도였는지, 그리고 재해가 발생한 경우는 그 활동 결과 등에 대해서 관계자에게 듣습니다.

③ 지난 회 목표와의 차이의 측정, 분석

교육 프로그램으로 이미 지난번 목표가 설정되어 있으면 ②의 현상평가와 비교해 달성도의 차이를 명확히 합니다.

④ 달성해야 할 목표의 설정

지능이나 지식, 대처 자세에 대해서 ③에서 차이가 있는 경우는 그 차이를 메꾸는 방법으로, 차이가 거의 없는 경우나 전회 목표를 웃도는 결과가 나온 경우에는 다음과 같은 목표와 달성 방법을 안건으로 세웁니다.

⑤ 교육계획의 제출과 실시

④의 개선방법의 옵션이 정리되면 각각의 예산을 검토합니다. 이들 내용은 교육 프로그램 실시계획에 포함해, 경영진의 승인을 받습니다(승인 후에는 스케줄에 따라 실시합니다).

⑥ 경영자에게 결과보고

교육 프로그램의 결과보고를 제출해 승인을 받습니다. 결과보고에는 기본 사항(언제, 누가, 무엇을 실시했는가?)에 덧붙여 어떤 차이를 메꾸기 위해 어떤 목표를 설정하고, 어떻게 실시했는지, 그 결과 어떤 성과가 있었는가에 대해 명확히 해둡니다.

② 교육의 접근법

교육 프로그램은 전 사원이 일률적으로 실시하는 것만으로는 목적을 달성하기 어려우므로, 역할과 기능별로 몇 개의 그룹으로 나누어, 각각의 레벨에 따라 교육방법을 검토할 필요가 있습니다. 여기서는 [그림 3-2]와 같이 '사업 연속성 대응에 관련된 교육', '각 부서의 역할을 중심으로 한 교육', '전 사원 공통 교육' 이렇게 세 가지 그룹으로 나눠, 각각의 실시 포인트에 대해 설명합니다.

① 사업 연속성 대응에 관련된 교육 프로그램
■ 실시방법

대책 본부원과 사업 지속 전략을 실행으로 옮기는 스태프의 양자가 참가해 오리엔테이션 형식으로 역할과 행동순서를 설명합니다(이것은 사실상 '연습'의 분류에서 오리엔테이션과 같습니다). 사업 연속성의 최전선에 있는 멤버의 경우는 교육보다 연습에 중점을 두는 경우도 많습니다.

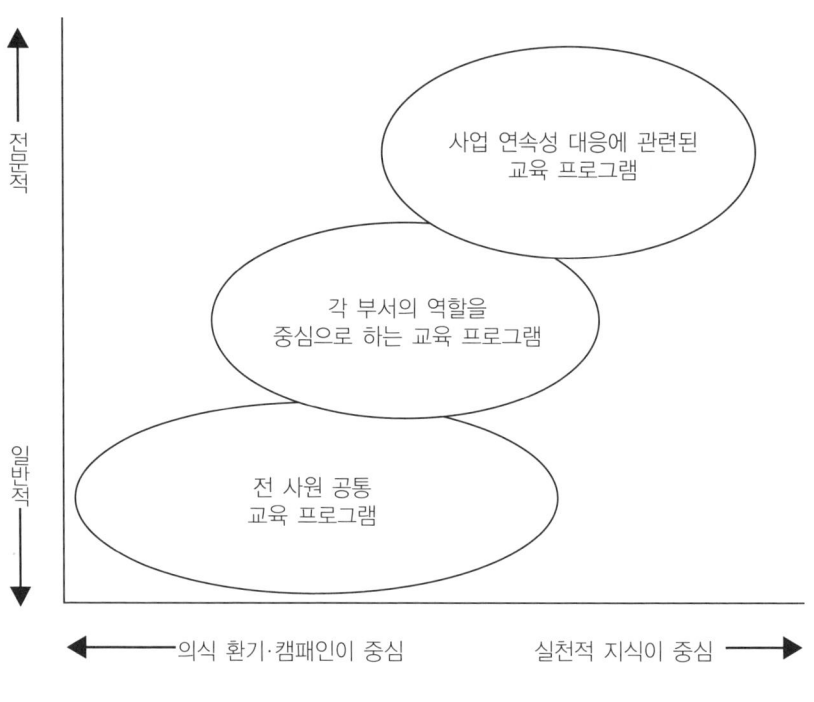

[그림 3-2] 그룹별 교육 접근법

■ 평가방법

교육시행 후 참가자 대상으로 앙케트나 인터뷰를 할 수 있습니다. 실제로 재해를 경험한 경우에는 그때의 반응이나 대처방법을 인터뷰해서 확인합니다.

② 각 부서별 역할을 중심으로 하는 교육 프로그램
■ 실시방법

이것은 먼저 부장급의 사람이 참가해서 비상시에서의 부서별로 행동순서나 역할을 이해한 후에 부서 내 미팅을 통해 전원에게 이해시킵니다(오리엔테이션 형식). 초동 대응에서 상호 안부 연락방법, 관리자 부재 시의 대응, 고객이나 거래처와의 연락 방법과 메시지의 내용이 설명 대상이 됩니다.

■ 평가방법

사업 연속성의 인지도·이해도에 대해 앙케트, 체크 테스트 등이 있습니다. 실제로 재해를 경험한 경우에는 그때의 반응이나 대처방법을 인터뷰를 통해 확인합니다.

③ 전 사원 공통의 교육 프로그램
■ 실시방법

먼저 최고경영자가 조직의 재해대응을 강화하기 위해 사업 연속성의 의식과 기술 향상을 지원하는 것을 표명합니다. 다음으로 사업 연속성의 기본적인 의미와 의의·목적을 이해시킨 후, 회사로서 긴급 시 행동방침을 이해시킵니다. 전 회사 집회나 교육연수의 일환, 방재훈련 후에 실행하면 좋습니다. 사내보도나 이메일의 특정 장소에 정기적인 사업 지속 캠페인 메시지를 첨부하는 방법으로 의식을 고조할 수도 있습니다.

■ 평가방법

사업 연속성의 인지도·이해도에 대해 앙케트, 체크 테스트 등이 있습니다. 실제로 재해를 경험한 경우는 그때의 반응이나 대처 방법을 인터뷰를 통해 확인합니다.

3.4 유지 보수와 문서 관리의 개요

최신 정보를 유지하기 위하여
유지 보수의 요점
문서 관리의 요점

1 최신 정보를 유지하기 위하여

비즈니스는 언제나 변화의 중심에 있어, 어떤 활동을 취해도 어제와 같고 1년 전과 같은 상태를 유지하고 있는 것은 없습니다. 사원의 입사·퇴사, 인사이동, 업무자산이 바뀌는 등 조직이나 업무기능의 신설·통폐합·사업전략과 방침의 방향전환, 고객의 요구변화나 거래처의 여러 가지 요청 등 모든 요소가 매일같이 변화해 움직이고 있습니다.

그리고 이런 움직임과 관련해서 여러 가지 사내·사외전용 업무문서가 개정·갱신되고 있습니다만 현실문제로서 매우 바쁜 일상업무 중에 필요한 문서를 시기적절하게 유지 보수하는 것은 쉬운 일이 아닙니다. 바쁜 상황에 휩쓸려 언제부터인가 개정과 갱신에 소홀해지고, 장기지속되지 않고, 파일함에는 새로운 것과 오래된 것의 구분이 무분별한 팸플릿과 매뉴얼이 섞이는 문제도 자주 발생합니다.

더구나 '실효성의 유무'가 전부인 사업 연속성에 있어서 올바른 유지관리가 이루어지지 않으면, 애써 만든 사업 연속성 체제도 '그림의 떡'에 지나지 않게 됩니다. 정보가 갱신되지 않고 있으면 유사 시 담당자와 연락이 되지 않는다든지 BCP에 규정한 대체 매입처가 모르는 사이에 도산되어 없어져 버렸다는 사태가 발생합니다. 그래서 이런 일이 발생하지 않도록 사업 연속성에 있어서는 적절한 유지 보수와 문서 관리를 실행하는 것이 요구되고 있습니다.

② 유지 보수의 요점

이 책에서는 유지 보수를 '문서의 갱신·개정 작업'과 같게 평가합니다. 유지 보수 프로그램은 이 작업을 효율적으로 실시하기 위한 조직을 규정하는 것입니다. 여기서는 유지 보수를 '정기적'과 '수시' 이렇게 두 가지의 타이밍으로 나누어 설명합니다.

정기적 유지 보수에서는 미리 재검토할 항목과 개정대상의 기록, 재검토 빈도 등을 규정해 두어, 적절한 시기에 담당자에게 재검토를 의뢰합니다(아래의 예를 참조). 각 담당자는 재검토를 한 뒤 변경 부분을 색깔별로 구분해 개정, 변경 파일을 사무국에 반환합니다. 사무국에서는 전체개정, 갱신단계를 판정해 적절한 버전 번호를 매겨 관계자에게 배포함과 동시에 오래된 버전의 처리(일부 변경, 전부 파기)를 지시합니다.

- 재검토 항목: 인사이동·중요한 사업자산의 구입·폐기 등
- 재검토 대상: 대책 본부 요원 리스트, 직원연락 리스트, 경영자원 리스트, 메이커 및 보수 서비스 업자 리스트, 주요 비축품 리스트 등
- 재검토 시기: 매년 3월과 9월 등

수시로 하는 유지 보수는 개정·갱신의 의뢰가 있을 때나 사무국 자체적으로 개정의 필요를 느꼈을 때 실행합니다(아래 예를 참조). 의뢰에 의한 개정·갱신의 필요와 불필요의 결정은 사무국담당자 자신이 판정하는 것과 보다 상위의 책임자나 경영진의 승인을 필요로 하는 것, 유지 보수를 서두르는 것과 그렇지 않은 것, 몇 가지 경우가 있으니 주의하세요. 사무국은 전체 개정·갱신 레벨을 판정해 적절한 버전 번호를 매겨 관계자에게 배포함과 동시에 구 버전 처리(일부 교체, 전부 파기 등)를 지시합니다.

- 재검토 항목: 주위 환경의 변화(도로·건축물), 국가·자치단체 등의 재해 위험도 지표의 변경(해저드 맵 등)
- 재검토 대상: BCP의 방침(재해 상정이나 피해상정)·초동 대응의 방침이나 행동 순서
- 재검토 시기: 위에 기록한 정보를 입수한 시점

③ 문서 관리의 요점

BCP에 한정되지 않고 모든 문서 관리에 해당되는 이야기인데, 문서정보의 완전성과 가용성, 그리고 안전성을 유지하기 위한 규칙은 적절히 실행할 수 있음과 동시에 간결하고 계속 가능하는 것이 중요합니다. 또, 사업 연속성 계획의 정보는 경쟁력의 원천과 관련된 중요한 경영자원이나 신속한 복구 노하우, 그리고 개인정보 등도 포함되어 있기 때문에 회사에 따라 정보의 안전관리와 더불어 취급관리가 요구되는 것도 있습니다. 아래는 문서관리 규칙을 정하기 위한 요점입니다.

① 문서의 기재 정보

초동 대응 계획이나 사업 연속성 계획, 기타 사업 연속성 관리를 위한 문서 정보에는 아래와 같은 요소를 기재합니다.

- 표제·이름·날짜·작성자명·버전
- 언어·작성한 소프트웨어의 버전 등
- 매체의 종류(종이 문서/전자 데이터 등)
- 경영자에 의한 승인 날인, 또는 사인

② 문서의 운용과 취급

사업 연속성 관련 문서의 완전성·가용성·안전성 유지의 관점과 기밀정보유지의 관점으로부터 그 운용과 취급에 주의를 필요로 합니다. 다음 항목을 확인하세요.

- 배포·보관·반환의 규정
- 정보의 입력과 출력·보존·보호·검색·사용방법(필요에 따라)
- 변경관리(변경 이력 등)
- 읽기 쉬움의 보호(색인·표기 규칙·용어 설명 등)
- 문서의 폐기·처분 규정(폐지 정보의 오사용 방지의 관점에서)

3.4 유지 보수와 문서관리의 개요

　기업에 따라 문서에 정보보안 레벨의 엄격한 관리 규정을 필요로 하는 경우가 있습니다. 문서정보의 관리에 있어서는 정보보안의 침해나 일부 내용 변경·삭제 방지, 열람 허가를 위한 권한을 설정하는 등의 조치를 논의합니다. 단, 엄격한 관리 결과 절차가 복잡하게 되거나 서버 안 특별 영역에 수납해 두어 필요한 때 필요한 서류를 바로 꺼내볼 수 없는 문제가 발생하지 않도록 유의해 주세요.

Topics 미국의 재해 대응조직

미국에서는 ICS(Incident Command System)이라고 불리는 재해대응기능이 있습니다. ICS는 1970년대에 캘리포니아주 남부에서 빈번하게 발생하는 산불에 대응하기 위해 개발된 시스템으로 오늘날에는 미국 내 소방서나 경찰을 비롯하여 공공·민간을 불문하고 여러 위기 관리 부문에 도입되어 있습니다. ICS에는 모든 종류, 모든 규모의 재해에 대응할 수 있는 유연성과 확장성을 갖추고 있어 각양각색의 기능 그룹이 지휘명령을 이해해 협조적인 활동을 할 수 있도록 시스템이 표준화되어 있고, 직접 지휘하는 부하를 5명 전후로 하여(3~7명) 관리 가능한 책임 범위를 제한하고 있다는 특징이 있습니다. 이 조직은 다음과 같이 다섯 가지 기능으로 구성되어 있습니다.

① 지휘부(command)
재해대응 활동에 대해서 전체적인 지휘를 하는 의사결정 그룹입니다. 업무가 완전히 회복하기까지 책임을 갖고 목표나 우선순위의 설정, 활동 중의 문제 해결, 경영진과의 협의 등을 합니다.

② 실행부(operation)
긴급대응이나 재해복구의 계획을 실행으로 옮기는 그룹으로 원래 업무기능으로 돌아가는 것을 최대의 임무로 합니다. 재해조사나 시설·IT·통신설비의 복구 등은 모두 이 그룹에서 담당합니다.

③ 계획(planning)
현장의 정보를 수집·평가·조정하면서 계획을 짜는 것 외에 계획의 보수 유지나 보고를 합니다. 중요한 기업 이해관계자를 확인하여 필요사항을 전달하는 것도 이 그룹의 역할입니다.

④ 후방지원(logistics)
두 가지 면에서 복구활동에 필요한 서포트를 합니다. 첫 번째는 인적지원으로 스태프의 식량이나 구호, 보호가 있습니다. 다른 한 가지는 물자조달이나 시설 서비스의 제공입니다.

⑤ 재정(finance)
재해대응 활약에 관한 모든 예산이나 경비를 관리하는 그룹입니다. 수리나 수선비, 추가적인 인건비 외에 긴급물자의 조달비용, 임금·복리후생·보험의 관리도 포함됩니다.

04
사업 연속성 매니지먼트 시스템의 응용

4.1 실천주기의 확립
4.2 ISO 22301 규격해석 요점

4.1 실천 주기의 확립

BCP를 활성화시키는 구조
PDCA 사이클의 성립
BCM과 BCMS
국제규격의 발행이 의미하는 것

1 BCP를 활성화시키는 구조

세상에 80%의 성공이나 실패는 20%의 사람에 따라 이루어집니다. 이것은 80대 20의 법칙이라고 불리며 경험원칙으로 이해가 됩니다. BCP(사업 연속성 계획)의 세계도 마찬가지로 긴급 시 행동이나 사업 연속성 전략을 책정하는 것은 사내 일부의 사람들이고, 다른 많은 사원은 그것을 모르고, 알 필요도 없습니다. 그러나 일단 BCP가 완성되어 그 운용단계에 들어간 뒤에도 80대 20인 그대로라면 바람직하지 못한 방향으로 진행될 가능성이 있습니다.

BCP를 다음 단계로 이어가지 못하고 조직의 사업 연속성 능력의 육성도 활력을 받지 못한 채 흐지부지 끝나버리고 맙니다. 경영자도 종업원도 모두 바쁩니다. 그러나 BCP가 성과물로서 '헌납'된 시점을 경계로, BCP에 대한 경영자의 의식은 장기적인 투자에서 현실적인 지출로 변합니다. 프로젝트 멤버는 "이것으로 모두 끝났다."라며 안도의 숨을 쉽니다. 이때부터 BCP에 대한 우선순위가 내려간다고 할 수 있습니다. BCP는 예측할 수 없는 사태에 대비하기 위한 계획입니다. 예측하지 못하는 사태에 대비하는 것은 '우리들'이며, 경영자에게 제출된 종이 다발이 그 기능을 완수해 주지는 못합니다.

이런 일이 없도록 사업 연속성에는 경영방침이나 사업 전략에 따른 위기관리 자세를 지휘 하향적으로, 조직의 대응능력이나 사원의 의식에 반영하거나, 그것을 목적으로 BCP를 운용하기 위한 조직이 준비되어 있습니다. 이것은 '사업 연속성 매니지먼트(Business Continuity Management: BCM)'입니다. 알기 쉽게 설명하면, BCM이란 '위기에 대처할 수 있도록 조직력을 높이기 위한 조직'이라고 할 수 있습니다. BCM 체제를 조직에 정착시키기 위해서는 무엇을 어떻게 실행해야 좋을까요? 세 가지 포인트가 있습니다.

① 목적과 목표를 명확히 한다

BCM의 활동을 생각하기 전에 먼저 초심으로 돌아가서 왜 BCP를 책정하려고 생각했는가, 최고경영자의 의도나 책정의 목적, 동기에 대해 되돌아보세요. 여기에 BCM을 계속하기 위한 근본적인 답이 숨어 있습니다. BCP 책정 목적을 재확인하게 되면, 다음으로 'BCM의 활동을 계속함으로써 조직이 어떻게 바뀌어야 좋은지', 즉 BCM 정착으로 기대되는 효과, 또는 BCM의 달성목표를 작성해 보세요. 방재의식과 위기대응력, 조직의 결속력, 고객대응력의 향상 등 여러 가지 시점이 있습니다.

② BCM 활동순서를 확립한다.

반복적인 실행이 바람직한 프로세스는 간소화하고 순서를 일상화 한다는 것을 염두에 두세요. 예를 들어 사업 영향도 분석(BIA)이나 위험률 평가(RA)는 주력사업을 전환하거나 시장환경이 변화하면 이것에 맞춰 다시 시작할 필요가 있습니다. BIA나 RA를 대규모 일과성 이벤트로 파악하는 것이 아니라 필요에 따라 언제나 실행할 수 있도록 순서를 확립하고, 또 연습이나 교육을 외부의 전문기관에 맡기지 않고 사내에서 현실적인 시나리오를 만들어 실시하고 평가한다(사실 이것이 가장 효과적이다)는 이런 궁리를 하고자 하는 것입니다.

③ BCM 활동의 결과를 가시화한다

BCM 활동을 계속하기 위해서는 무엇보다도 경영자들의 계속된 이해와 협력이 필요합니다. 사장이 "우리 회사에서는 BCM이라는 잘 모르는 활동을 하는 것 같다."는 어조로 말하는 일이 없도록 활동의 결과를 확실히 가시화해서 정기적으로 경영자에게 보고하고, 경영자는 이것을 평가해서

BCM의 성과나 문제점을 이해하여, 코멘트를 논의함과 함께 다음 결과나 성장을 기대하는 프로세스가 필요합니다. 이를 위해서는 활동의 전과 후를 정량적·정성적으로 비교해, 향상된 점이나 이후 과제·개선점 등을 명확하게 하는 것이 중요합니다.

다시 말씀드리지만, ①~③은 일과성이 아닙니다. 끊임없는 변화에 노출된 조직의 사업 지속 문화를 정착시키기 위해서는 영속적이고 반복적인 흐름의 배경이 있어야 한다는 것입니다. 이 흐름을 만드는 것이 'PDCA 사이클'입니다.

② PDCA 사이클의 성립

PDCA 사이클은 사업활동에 여러 가지 관리업무를 계속적으로 개선하기 위해 고안된 기법 중 하나로 제2차 세계대전 후 월터 슈와르츠(Walter A. Shewhart), 에드워즈 데밍(W. Edwards Deming) 등에 의해 제창되었습니다. Plan(계획) → Do(실행) → Check(평가) → Act(개선)의 4단계가 순차적으로 반복되기 때문에 이런 이름이 생겼습니다. 이 사이클의 특징은 목표를 설정한 활동에 대해 최고경영자 스스로 의사결정이나 평가, 의견제시와 관련하면서 계속된 유지·개선·향상이 실현된다는 것입니다. 최고경영진의 위임을 관성바퀴로 하여 PDCA 사이클을 돌리는 구조로 되어있는 것입니다([그림 4-1]을 참조).

■ Plan - 계획의 입안·책정

'Plan'에서는 사업의 목적이나 방침에 따라 결과를 내기 위해 목표설정이나 그 목표를 달성하기 위한 프로세스, 순서를 정합니다. 구체적으로는 준수하는 가이드 라인이나 규격의 선정, 방침서의 작성, 추진 멤버의 결정, 활동범위의 확인 등 일련의 항목을 사업 연속성 프로그램으로 정리합니다. 여기서 가장 중요한 것은 최고경영자 자신이 사업 연속성 프로그램을 통해 어느 사업(제품이나 서비스)을 지키고, 계속하고, 복구하고 싶은지 결정하고 제시하는 것입니다.

■ Do-계획의 실행

'Do'는 Plan에서 결정·합의한 사업 연속성 방침이나 목표, 프로세스, 순서, 방법을 기준으로 구체적인 실행으로 옮기는 단계입니다. 사업 영향도 분석이나 위험률 평가(위험대책 포함)는 이 단계에 해당합니다. 또, 책정 프로세스를 통해 합의·확인한 일련의 출력을 행동계획에 포함해 문서화합니다. 완성된 BCP를 검증해서 연습을 거쳐 문서를 유지 보수하는 것이 이 단계입니다.

■ Check-실시한 계획의 평가

'Check'는 사업 연속성의 방침과 목표에 따라 활동이 적절하게 행하여지고 있는지의 여부를 내부에서 점검·검증해 그 결과를 경영층에 제시하여 평가받는 프로세스입니다. 사내평가의 결과로 사업 연속성의 운용관리가 유기적으로 기능되고 있는지 체크하지만 객관성이나 정량화를 의식한 나머지 스코어링이나 수치를 지나치게 내세우지 않도록 유의하시기 바랍니다. 오히려 최고 경영진이 이해할 수 있도록 구체적인 말로, 대화적으로 행하는 것이 바람직하다고 할 수 있습니다. Check는 사업 연속성 프로그램과 조직의 사업 지속 능력에 대해 최고 경영진이 책임을 다하고 있는지 확인하는 단계인 것입니다.

■ Act-실시한 계획의 수정과 개선

'Act'는 경영층으로부터 평가받은 결과를 기준으로 필요하고 적절한 개선을 시행하는 활동입니다. 이 개선에는 BCP의 범위나 목적·방침·사업 연속성전략이나 위험대책의 궤도수정이나 변경 작업, 그리고 실제 재해가 일어난 후 목표나 방침과의 차이에 대한 개선 항목 등을 포함합니다.

제4장 / 사업 연속성 매니지먼트 시스템의 응용

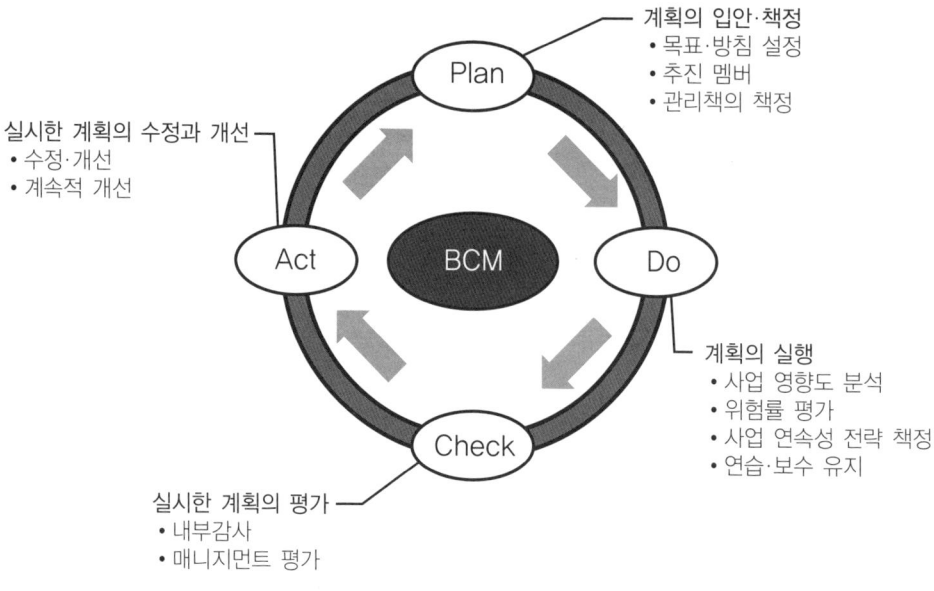

[그림 4-2] PDCA 사이클

③ BCM과 BCMS

BCM에 관련된 용어로 '사업 연속성 매니지먼트 시스템(Business Continuity Management System: BCMS)'이 있습니다. 이 용어는 사업 연속성의 국제규격화의 흐름에 점차 사용되게 되었습니다. 그렇다면 BCM과 BCMS, 양자의 차이는 무엇일까요.

실질적으로는 명확한 차이는 없고, 두 개념 모두 PDCA 사이클을 적용해 조직에 정착, 계속적인 개선과 향상을 목적으로 하는 프로그램입니다. 다시 말해 매니지먼트 시스템[2]인 BCMS는 사업 연속성 프로그램의 실행과 성과에 대한 최고경영자의 의사와 설명책임이 더욱 명확하게 반영되어야 하는 점에 차이가 있습니다. 사업 연속성 관리를 통해 실행되고 있으며 그 결과에 대해 경영자가 어떻게 생각하고, 어떻게 평가하며, 어느 방향으로 진행해야 하는지를 자신의 말로 요구하는가입니다.

형식 면에서 말하자면 BCMS는 같은 매니지먼트 시스템인 품질 ISO(9001)이나 환경 ISO(14001), 정보안전보장 ISO(27001) 등과 발을 맞춘

---
2 매니지먼트 시스템=조직이 방침과 목표를 설정해 그 목표를 달성하기 위한 시스템.

다고 하는 목적이 있습니다. BCM에서는 사업 연속성의 구조 정도, 대책의 규모, 대응력의 기준은 사내방침에 따르지만 BCMS는 국제규격으로 외적인 요구사항을 만족시키지 않으면 안됩니다. 또한, BCMS에는 다른 매니지먼트 시스템과 같이 인증 취득을 위해 외부심사제도가 준비되어 있고, 요구사항의 충족도를 단서로 사업 연속성 활동이 바람직하게 '돌아가고 있는것'을 제3자가 증명해 줄 수 있습니다.

단, 제3자가 증명하는 것은 "BCMS의 요건을 충족하고 있는가?"라는 형식 뿐이며 비상사태에 직면할 때는 확실히 BCMS가 사업중단 위험을 피할 수 있다는 것을 보증하는 것은 아닙니다. BCMS를 도입한 기업이 반드시 다른 기업의 재해대응력보다 우수하다고 단정할 수는 없고, BCM이나 BCMS의 유무와 관계없이 그 기업의 위험관리 의식의 수준과 노력 여하로 강력한 사업 지속력을 보유할 수 있습니다. 이 점도 다른 매니지먼트 시스템과 성질이 비슷합니다.

한마디로 말하면, BCMS는 BCM을 매니지먼트 시스템의 라인업에 가세하는 것으로, 이것에 맞춰 명칭을 변경한 것입니다. ISO 인증 취득이나 다른 매니지먼트 시스템의 라인업을 의식하지 않는다면 'BCM'이라는 용어만 사용하면 충분하리라고 생각합니다.

④ 국제규격의 발행이 의미하는 것

2012년 국제표준화기구의 전문위원회인 ISO/TC 223(사회안전보장)이 책정한 사업 지속의 국제규격 ISO 22301의 발행에 의해 지금까지 각국이 각각 다르게 취해온 사업 연속성의 사고방식이 하나의 합의와 공통의식으로 확립되었습니다. 다른 표현으로 하자면, 세계에 기업은 이 규격에 의거함으로 인해 상호 간에 상대의 언어나 문화를 초월한 사업 지속 관리 체제를 구축할 수 있다는 것입니다.

일본에서는 국제규격의 활용과 인증취득이 하나의 것으로 생각되는 경향이 강합니다만 규격을 표본으로 하는 것과 인증을 취득하는 것은 별도로 생각해야 합니다. 국제규격은 해석을 자유롭게 할 수 있어 자사의 실정에 맞추어 유연하게 이해하여 자사에 적절한 사업 지속 체제를 만들 수 있다는 이점이 있습니다. 그리고 이것만으로 외적인 절차나 요건을 의식하지 않고 마치기 때문에, 노력이나 비용면에서 BCM 유지에 부하가 걸리는 일이 없습니다.

바꾸어 말하면, 인증 취득은 사업상 신뢰와 신용을 담보로 활동할 수 있다는 메리트가 있습니다. 예를 들면 해외기업과 거래를 시작할 때에 상대의 속을 들여다보지 않아도 위험 대비에 준비되어 있는지가 인증의 유무로 확인됩니다. 즉, 인증의 취득과 유지에는 상응되는 노력·시간·비용이 관계되어 있기 때문에 중·장기간의 이익과 메리트를 응시하며, 비용 대비 효과를 생각한 뒤 결정하는 것이 중요합니다.

국제규격의 활용방법은 다음과 같은 순서로 생각합니다.

① BCP의 책정을 거쳐 BCM에 착수해 있는 기업 중, 자사의 사업 지속력에 대해 어떤 벤치마크가 필요하다고 생각하는 경우는 다음 중 어느 쪽인지 혹은 양쪽을 선택한다.
  • 내부감사를 강화한다(내부감사자는 외부 연수로 기술향상을 도모한다).
  • 사내 국제규격의 요구사항과 대조하면서 현행 BCM의 충족도를 체크한다.
② ①을 거쳐 BCM의 강화를 도모한다.
③ 더욱이, 인증에 시간·노력·비용을 할애할 만한 여유가 있는 기업은 ISO 22301을 납득·유지해 사업에 활용한다.

반면, 대기업이나 중견기업은 이 국제규격을 어떻게 보는 것일까요? 파악하는 방법이 기업마다 다르다는 것은 당연합니다. 그러나 적어도 일반적인 관점에서 추측되는 것은, 국제경쟁력이나 우위성을 갖는 관점에서, 그리고 동일본대지진 발생 이후 일본기업의 신뢰를 되돌리기 위해서는 적극적으로 규격을 활용하는 방법을 생각한다는 것입니다(인증 취득이 단숨에 나아간다는 뜻은 아닙니다). 그리고 이러한 대기업이나 중견기업의 활동과 영향은 서서히 공급자를 구성하는 중소기업에도 파급되는 것을 알 수 있습니다. 예를 들어 국제규격의 요구사항인 「8.3 사업 연속성 전략」에는 다음과 같은 문장이 보입니다(「ISO/FDIS 22301 최종규격안」 영·일대역판).

조직은 공급자의 사업 지속 능력을 평가해야 한다

이것은 알기 쉽게 말해 "BCMS를 실천하는 기업은 구입처와 같은 공급자가 어디까지 위기에 대처하는 능력이 있는지 평가하세요."라는 의미입니다. 공급자가 재해나 위기에 대해 무방비·무관심하면 곤란합니다. 예를 들어 자사가 완벽한 재해대책이나 훈련을 실천하고 있다고 해도 거래처가 무방비한 상태라면 BCMS으로서 충분하지 않습니다. 정말로 '공급자의 위험'이 '자사의 위험'으로 남게 됩니다.

BCMS라 할지라도 ISO의 요구사항을 어디까지 충족할지는 그 조직의 사고방식이나 역량에 따르게 됩니다만 인증취득이나 유지를 전제로 하는 기업에 있어서는 더욱 적극적인 공급자의 평가와 대책을 진행해두는 것이 요구됩니다. 이런 움직임은 국내외나 규모의 대소와 관계없이 기업이 사업 연속성 의식이 높은 거래처를 사업 파트너로 선택하는 시대가 도래했다는 것을 가리키는 것이라고 말할 수 있습니다.

4.2 ISO 22301 규격해석 요점

규격을 이해하면 어떤 장점이 있는가?
BCMS의 계획
BCMS의 실행
BCMS의 점검과 평가
BCMS의 시정과 개선

① 규격을 이해하면 어떤 장점이 있는가?

국제규격의 이해에 그다지 관심이 없다고 생각하는 독자도 적지 않을 것이라고 생각합니다.

그러나 필자는 모든 독자가 이 부분을 보기 바랍니다. 규격을 이해하면 다음과 같은 장점이 있기 때문입니다. 첫 번째는 앞에서 설명해 드린 바와 같이 벤치마크로서 활동할 수 있는 것입니다. 자체적으로 작성한(작성하고 있는) BCP를 규격에 비추어 재점검함으로써 BCP에 요구되는 대책이나 처치, 혹은 운용관리의 방법에 대해 과부족을 발견할 수 있습니다. 과부족이 개선되면 BCP의 품질향상으로 이어지는 것은 당연합니다.

경영상 안심과 자신의 획득이라고 하는 장점도 있습니다. 규격 요건을 충족하고 있다는 것은 그만큼 경영이 재해위험에 노출되지 않기 위한 준비가 되어 있다는 것입니다. 이에 따라 회사는 안심과 자신을 얻을 뿐만 아니라 그 안심과 자신을 디딤돌 삼아 날마다 사업에 더욱더 전념할 수 있습니다. 더욱이 앞으로의 사업 거래요건에 대비하게 됩니다. 재해위험은 어떤 나라의 기업에서도 중요한 과제입니다. 장래를 보아 내외 거래상대로부터 ISO 22301이 요구되는 가능성이 있는 것도 유심히 봐둘 필요가 있습니다. 그것을 위해서도 지금부터 규격을 이해해 예습해두는 것은 전혀 쓸모 없는 일이 아닙니다. 아래 이 책의 제 2, 3, 5장에서 설명한 내용을 기조로 ISO 22301의 요점을 설명합니다. [표 4-1]은 「ISO/FDIS 22301 최종규격안」 영·일 대역판(일본규격협회)의 차례 구성에서 「4. 조직의 상황」~「10 개선」까지를 대상으로 합니다. 이 장의 해설을 읽을 뿐 아니라 원서를 입수해 병용하면서 이 책의 해설을 읽을 것을 권장합니다.

[표 4-1] ISO/FDIS 22301의 차례 구성

1	적용 범위		
2	인용 규격		
3	용어 및 정의		
4	조직의 상황	4.1	조직과 그 상황의 이해
		4.2	이해관계자의 요구 및 기대의 이해
		4.3	매니지먼트 시스템의 적용 범위 결정
		4.4	사업 연속성 매니지먼트 시스템
5	리더십	5.1	일반
		5.2	경영자의 약속
		5.3	방침
		5.4	조직의 역할, 책임 및 권한
6	계획	6.1	위험 및 기회에 대응하기 위한 처치
		6.2	사업계속 목적 및 달성계획
7	지원	7.1	자원
		7.2	역량
		7.3	인식
		7.4	커뮤니케이션
		7.5	문서화한 정보
8	운용	8.1	운용 계획 및 관리
		8.2	사업 영향도 분석 및 위험률 평가
		8.3	사업 연속성 전략
		8.4	사업 연속성 순서 확립 및 도입
		8.5	연습 및 시험 실시
9	퍼포먼스 평가	9.1	감시·측정·분석 및 평가
		9.2	내부감사
		9.3	매니지먼트 평가
10	개선	10.1	부적합 및 시정조치
		10.2	계속적 개선

* 출처: 「ISO/ FDIS 22301 최종규격안」 영·일 대역판(일본규격협회)

내용은 다방면에 걸친 것부터 다음의 네 개의 블록(이것은 PDCA의 분류 방법과 같다)에 집약하여 이하 ②~⑤에서 해설하고 있습니다.

- BCMS의 계획
- BCMS의 실행
- BCMS의 점검과 재검토
- BCMS의 시정과 개선

덧붙여 규격에는 정답이라는 것이 없습니다. 여기에 말하는 규격의 해설도, 필자의 개인적인 견해에 지나지 않는다는 것을 미리 알려 둡니다.

② BCMS의 계획

이 항목은 규격의 차례 「4. 조직의 상황」, 「5. 리더십」, 「6. 계획」, 「7. 지원」에 해당하는 부분입니다.

「4. 조직의 상황」에는 다음의 4 항목이 실려 있습니다.

4.1 조직과 그 상황의 이해: BCMS를 구축, 운용하는 데 있어 다음 사항을 확인해 기록해 두어야 합니다.

- 사업활동전반을 이해할 것. 어떤 사업(제품이나 서비스)인가, 어디와 거래해 어디에 납품하고 있는가, 업무가 정지되면 어디에 영향이 미치는가 등.
- 경영방침 전반이나 사업활동의 방침·목적·위험 대응 방침.
- 위험을 발생시키는 내외의 불확실한 원인을 확인한다.
- 위험을 어느 정도 받아들일지를 정한 후에 사업조직의 목적, 위험요인, 위험 기준(비용이나 법적 요건, 재해 관계자의 관심도 등)을 명확히 한다.
- BCMS의 목적을 정의한다.

4.2 이해관계자의 필요 및 기대의 이해: 이해관계자(기업의 이해관계자)란 사업의 목적이나 활동에 영향을 끼치는 사람들을 가리켜 종업원·가족·고객·거래처·공급자·주주·법령이나 규제를 행사하는 당국, 일반시민 등 다양

합니다. 포인트는 다음과 같습니다.

- 어떤 이해관계자가 무엇을 요구하고 기대하고 있는지 이해한다.
- 사업의 계속이나 이해관계자의 이익을 위해 지켜야만 하는 법률이나 규제가 있으면 그것을 참조·평가해 확실한 BCMS에 편입시킨다.
- 이러한 정보는 항상 최신 상태를 유지해 신규 추가나 변경이 있으면 그 정보의 영향을 받는 사내외의 이해관계자에게 주지시킨다.

4.3 매니지먼트 시스템의 적용 범위의 결정: 위의 4.1과 4.2를 참고하여 BCMS의 범위를 정하고, 관계자에게 주지시킵니다. 적용범위를 정하는 절차는 다음과 같습니다.

- BCMS에 포함되는 사업조직과 그 사업(제품이나 서비스의 제공)에 관한 활동범위를 명확히 한다.
- 조직의 목적과 사명·법령·규제의 요건을 참고한다.
- 이해관계자의 요구나 이익을 고려한다.
- 조직의 규모나 복잡성을 고려하여 적용 범위를 정한다.
- BCMS의 범위로부터 제외된 부분에 대해서는 그 이유를 문서로 만들어 둘 것. 또 제외된 부분이 BCMS의 요구사항에 좋지 않은 영향을 주지 않는 것이 필요하다.

4.4 사업 연속성 매니지먼트 시스템: 국제규격의 요구사항을 기조로 BCMS를 확립해 PDCA 사이클을 실시할 것을 요구하고 있습니다.

「5. 리더십」에 다음의 4항목이 게재되어 있습니다.

5.1 일반: 리더를 포함한 경영진은 BCMS의 활동에 종사하는 스태프에게 권한을 주어 동기부여나 리더십의 발휘 등을 요구하고 있습니다.

5.2 경영자의 약속: 약속이란 자기가 한 말을 실행하는 것입니다. 최고 경영자가 실행해야 할 내용은 다음과 같습니다.

제4장 / 사업 연속성 매니지먼트 시스템의 응용

- BCMS와 조직이 목표하는 방향과 일치시킨다.
- BCMS에서 필요로 하는 것(데이터 백업 등)을 업무 프로세스에 포함시킨다.
- BCMS의 요건을 충족하는 경영자원(적합한 인재·예산·노하우·설비 등)을 제공한다.
- BCMS의 요구사항을 지켜, 확실히 성과를 내도록 한다.
- 계속적인 개선을 지시하고 지원한다.

경영자의 약속으로서 사업 연속성 방침을 결정하는 BCMS의 목적이나 계획을 구축하고, BCM에 필요한 역할·책임·역량을 설정하고, BCMS의 도입과 유지에 맞는 책임자를 최소한 한 명을 지명하는(본 업무와 겸무 가능) 등의 실행을 요구하고 있습니다. 또한, 위험 기준과 그 수용 수준에 대한 결정과 연습·테스트, 내부 감사에 적극 관계되어 매니지먼트 평가를 받아들여 계속적 개선의 지시를 내려, BCMS의 활동에 적절한 역할과 권한이 할당되도록 여러 사람에게 알려야 합니다.

5.3 방침: 경영자는 다음과 같은 조건을 갖춘 사업 연속성 방침을 책정해 문서로 보존유지해야 합니다.

- 조직 목적에 맞는다.
- 사업 연속성의 목적을 정하기 위한 구조로 한다.
- 요구사항이나 계속적인 개선을 지켜준다.
- BCMS의 활동과 관련된 모든 사람들에게 알리는 것이다.
- 정기적이거나 큰 변화가 있을 때는 방침이 적절한지 재검토한다.
- 경영자가 승인하면 이해관계자가 손에 넣을 수 있는 것이다.

5.4 조직의 역할, 책임 및 권한: 경영자는 BCMS에 있어 다음의 활동을 수행할 수 있도록 적절한 역할과 권한을 부여해 주지시켜야 합니다.

- 규격의 요구사항에 따른 매니지먼트 시스템을 확실히 구축·도입시킨다.
- BCMS의 목표달성을 경영자에게 보고한다.

「6. 계획」에는 다음 2항목이 게재되어 있습니다.

6.1 위험 및 기회에 대응하기 위한 처치: 4.1의 조직을 둘러싼 내외 상황이나 4.2의 이해관계자가 무엇을 요구해 어떤 법령이나 규정을 준수해야 하는지를 이해해 위험이나 개선의 기회를 확인함으로써 다음 목적을 달성해야 합니다.

- BCMS에서 기대한 결과를 얻을 수 있도록 한다.
- 원치않는 결과를 미연에 방지한다.
- 개선의 기회에 주의한다.

위험이나 개선의 기회에 관해서는 무엇을 어디까지 대응해야 좋을지 그 필요성을 평가해 필요함이 결정되면 그 대응방법을 BCMS의 프로세스에 조합합니다. 또, 그 대응이 적절한지의 여부를 판단하기 위한 기록을 남겨야 합니다.

6.2 사업 연속성 목적 및 달성계획: 먼저 최고경영자는 사업 연속성의 목적을 자체적인 주장으로 나타내야 합니다. 설정한 목적을 명문화하여 사내에 주시시킬 필요가 있습니다. 또, 다음 조건을 충족시켜야 합니다.

- 목적이 사업 연속성 방침과 일치할 것
- 목적을 충족하는 최저한의 제품·서비스의 레벨이 참고되어 있을것
- 목적 달성이 측정 가능할 것
- 적용되는 요구사항이 참고되어 있을 것
- 정기적으로 확인하고 필요하다면 갱신할 것

또, 사업 연속성 목적을 달성하기 위해 다음 항목을 결정할 필요가 있습니다.

- 책임자
- 실시 사항
- 필요한 경영 자원
- 완료 기한
- 결과의 평가방법

「7. 지원」에서는 다음 5개 항목이 게재되어 있습니다.

7.1 **자원**: '자원' 즉, 경영자원(사람·물건·정보·돈)을 BCMS의 활동전반에 적절하게 투입해야 한다고 합니다. 이것은 BCP의 책정, BCMS의 운용관리, 연습의 입안·실시, 기타 관련된 인재, 방재·위험대책, 사업 연속성 대책에 필요한 유형·무형의 경영자원을 가리킵니다.

7.2 **역량**: BCP 책정의 지식, 연습·훈련의 기술, IT의 손해복구나 설비자원의 상해복구나 설비자원의 고장대응 기술, 다기능공화에 의한 대체요원의 육성 등, BCMS의 성과를 내는 데 필요로 하는 전반적인 지식·노하우·기능의 습득을 가리킵니다.

7.3 **인식**: 비상시에 조직으로서 무엇을 지키고 유지할 것인가, 사업의 중요한 기능을 유지하기 위해 어떤 활동을 언제까지 재개하면 좋은 것인가, 자신의 어떤 의식이나 활동이 조직의 사업 연속성력을 높이는 데 공헌할 것인가, 연습의 실시나 위험대책을 게을리 하면 무슨 일이 발생할지 등을 알아내는 것입니다. 초동대응을 할 때 자신의 역할(소화반·피난유도반) 등도 방재훈련이나 탁상연습으로 인식해 둘 필요가 있습니다.

7.4 **커뮤니케이션**: 이 커뮤니케이션에는 두 가지 의도가 있는 것 같습니다. 한 가지는 사건사태의 발생부터 실행하는 통보·안부확인·이해관계자와의 연락체제(누구에게 언제 무엇을 전달할 것인가)의 정비입니다. 다른 하나

4.2 ISO22301 규격해석 요점

는 이 커뮤니케이션을 유효하게 기능하게 하기 위한 순서·수단을 결정하는 (매스컴 대응 포함)·실지 테스트·연습입니다. 이 책의 189페이지도 참조해 주세요.

7.5 문서화한 정보: 이것은 다음과 같은 종류를 요구하고 있습니다.

규격이 요구하는 문서(초동 대응 계획·사업 연속성 계획·재해복구 계획), 내부 감사나 매니지먼트 재검토 자료 등.

또, BIA나 RA 등의 순서 책자와 분석·조사 리포트 종류도 포함되어 있습니다. 변경관리와 문서관리 규정이 있습니다만 이 부분은 다른 매니지먼트 시스템과 같다고 생각합니다.

③ BCMS의 실행

이 항목은 규격의 차례 「8. 운용」에 해당하는 부분입니다.

8.1 운용 계획 및 관리: 여기서는 사업중단 위험에 대처하기 위한 조치나 개선책, 요구사항을 충족하기 위한 전반적인 절차에 대해 어디까지 달성해야 하는지 목표 기준을 정해 관리방법을 정합니다. 이것들의 계획대로 실행된 것을 기록으로 남깁니다. 변경관리를 계획적으로 진행함과 동시에 예상치 못한 변경이 발생하였을 때 재검토해서 불합리한 영향력이 생기지 않도록 하기위한 추구를 하고 있습니다.

8.2 사업 영향도 분석 및 위험률 평가: 이들의 분석·평가작업을 위한 과정(프로세스)을 문서로 만들어 도입·유지하는 것을 지향하고 있습니다. 구체적인 순서나 분석·평가 기구에 대해서 제2장의 '사업 영향도 분석'이나 '위험률 평가'에서 설명한 것처럼 조직의 종류나 규모에 따라 여러 가지 패턴이 있습니다. 따라서 자조직에 가장 적절한 방법을 빠른 수단으로 구축하는 것이 바람직하다고 할 수 있습니다. 양자에 공통되는 요점은 다음과 같은 다섯 가지입니다.

- 양자를 실시하기 위한 일련의 절차와 평가 기준을 정하고, 각각의 목적에 따라 평가를 시행한다.
- 조직으로서 지켜야 할 법률 기타 요건을 참고한다.
- 분석을 체계적으로 실시, 위험 대응의 우선순위와 필요한 대책 비용을 명확하게 한다.
- 양자로부터 어떤 산출을 얻을지 확실히 한다.
- 정기적 및 필요에 따라 양자를 시행하고 각각의 출력을 최신 상태로 유지하며, 기밀정보로 유지하기 위한 규정을 마련한다.

사업 영향도 분석 및 위험률평가의 구체적인 절차에 관해 제2장을 참조하고, 양자의 실시 포인트를 정리하여 설명합니다.

■ 사업 영향도 분석
- 제품이나 서비스의 제공에 필수인 활동(업무나 공정)을 확인한다.
- 각각의 활동이 정지한 경우에는 영향을 시계열(時系列)로 평가해 최대허용정지시간을 구한다.
- 최대허용정지시간을 바탕으로 바람직한 활동 재개 목표 시간 (RTO)과 최저한의 복구·활동 레벨을 결정한다.
- 각각의 활동에 필수적인 내외의 의존자원(경영자원)을 밝혀낸다.

■ 위험률평가
- 사업 영향도 분석에서 우선순위로 매겨진 중요한 활동마다 의존자원의 위험을 확인한다.
- 이것들의 위험을 체계적으로 분석해 위험대응도를 평가한다.
- 사업 연속성 목적에 일치시켜 조직의 위험 선호에 따라 대책을 결정한다.

8.3 사업 연속성 전략: 사업 영향도 분석과 위험률평가의 결과를 반영한 것이어야 한다. 이 전략의 실행에 필요한 경영자원을 특정하여 확보할 것, 이 전략의 시행을 저해하는 위험에 대해 적절한 대책을 세우기를 요구

하고 있습니다. 사업 연속성 전략에 대해 제2장에서 상세한 설명을 했습니다. 여기서는 규격의 요구사항에 대해 정리합니다.

■ 사업 연속성 전략을 결정짓는 것

사업 연속성 전략 책정의 요소가 되는 것은 사업 영향도 분석을 통해 특정된 '중요한 활동'과 중요한 활동마다 사업재개를 목표지표(RTO, RLO 등) 그리고 각각의 중요한 활동에 필요한 경영자원(사람·정보·장소·IT·외부의존처 등)입니다.

■ 전략 실행에 필요한 경영자원을 확실히 조달

사업 연속성 전략에는 사업 영향도 분석으로 특정된 통상의 경영자원과는 다른, 이 전략을 위해 준비된 대체자원이 필요한 경우가 있습니다(항상 대체가 필요한 것은 아닙니다). 위험대책에는 전략 실행에 필요한 대체자원을 확실히 지켜 조달하기 위한 방법도 포함하는 것이 중요합니다.

8.4 사업 연속성 절차의 확립 및 도입: 실체는 초동대응계획(사건 사태의 대응 계획)이나 사업 연속성 계획, 재해복구절차의 책정과 도입을 말합니다.

■ 사건·사태 대응

사건·사태 대응(이 책의 제2장에는 '초동대응')의 포인트는 다음과 같습니다.
- 사건·사태 대응 행동을 일으키는 판단 기준을 갖는다.
- 긴급점검이나 재해 상황 확인에 의한 사건·사태의 심각도를 평가한다 (BCP발동 여부의 근거).
- 초동대응 절차와 커뮤니케이션 대응절차를 확립한다.
- 사업 영향 확대나 2차 재해를 막기 위한 초동대응 자원과 비상시의 비축에 대비해둔다.

■ 경고와 커뮤니케이션

사건·사태 발생을 어떻게 인식하여 누가·어디에·어떤 타이밍에 통보·보고할 것인가, 외부 문의에 어떻게 답할 것인가에 대해 절차를 확립해 문서로 만들고, 유지하는 것이 요구됩니다. 포인트는 다음과 같습니다.

- 사건·사태의 발견과 인식·상황감시방법과 절차를 정한다.
- 내외(위기에 직면했을 때 종업원·주변 주민들에게 경보, 고객)에게 전하는 절차를 정한다.
- 소방이나 지역의 방재기관과의 커뮤니케이션 규정(해당하는 경우)
- 복수의 전달과 응답수단을 갖는다.
- 경고와 커뮤니케이션 절차에 대한 연습·훈련을 한다.
- 재해일지(언제, 어떤 재해가 발생해, 재해의 정도, 종식까지의 흐름은 어땠는가)를 기록한다.

■ 사업 연속성 계획

이것은 그대로 이 책의 제2장에 해당한다고 보시면 됩니다. 포인트는 아래와 같습니다.

- 초동대응의 역할, 대책본부조직의 역할과 권한을 명확히 한다.
- BCP(사업 연속성과 복구활동)를 언제 실행에 옮길지의 기준
- 효과적인 사업 연속성 전략(수단·방법)의 라인업(한 가지만이라고 한정할 수 없다)
- 계속·복구에 해당하는 요원의 안전 확보, 건강에 대한 배려, 보호 등
- 경찰·소방·병원에 연락, 종업원·가족·기업 이해관계자와의 안부확인 절차.
- 연속성 전략을 실행에 옮기기 위한 방침과 행동절차(누가, 언제까지, 무엇을 조달·달성할 것인가)
- 매스컴에 대한 대응은 제5장을 참조
- BCP의 태세를 언제 어떻게 해제하고, 완전복구를 위한 활동에 통합할 것인가.

■ 복구절차

사업 연속성 대응과 '복구절차'의 차이는, 전자는 사업 연속성 전략을 근간으로 잠정적인 대응이 중심인데 반해, 복구는 정상적인 사업 활동을 영위할 수 있도록 직장을 원상 복귀하는 이른바 완전복구를 목표로 하는 절차를 의미합니다. 이 책에서는 사업 연속성 계획의 일부로 재해복구절차를 포함하고 있습니다. 인프라 사업이나 제철 등의 대규모 공장에서는 더욱 명확하고 상세한 재해복구 계획을 별도로 만들어 둘 필요가 있습니다.

8.5 연습 및 시험의 시행: 초동대응계획이나 사업 연속성 계획, 재해복구계획에 규정된 절차나 대책이 사업 연속성 목적에 따른다는 것을 테스트해, 조직의 실천적인 행동력이나 판단력으로 이어지도록 연습할 것을 요구하고 있습니다(제3장 참조). 포인트는 아래와 같습니다.

■ BCMS의 적용범위와 목적에 따라야 할 것

연습(훈련포함)에 대해 말하자면, 기존의 소화훈련이나 피난훈련만으로는 불충분합니다. 재해가 표면화된 후의 사업 연속성 대응의 절차에 대해서도 탁상훈련 등을 통해 실시하세요. 테스트에 관해서는, 예를 들어 특정 자원을 다른 장소에서 들여오는 절차가 있기 때문에 실제는 어려워도 시뮬레이션 베이스로 어디까지가 유효한지 검증하는 것이 중요합니다.

■ BCMS에서 특정된 위험의 영향을 피하기 위한 것

연습과 테스트로 상정하는 위험은 위험률평가에서 선정한 위험이 대상이 됩니다. 아무리 대규모 연습이라 할지라도 그것이 BCMS의 목적에 부합하지 않거나 임기응변의 아이디어로 실시된 것은 과거와의 퍼포먼스와 비교·검증을 곤란하게 합니다.

■ 결과나 개선 제안을 보고서로 작성·제출·평가하는 조직을 갖출 것

연습과 테스트는 BCMS의 명확한 목적과 범위에 따라 실시하는 것입니다. 즉, BCMS의 목적이나 범위에 걸맞지 않은 결과가 나왔을 경우는 그것

제4장 / 사업 연속성 매니지먼트 시스템의 응용

을 보고해, 평가하고 평가 개선으로 이어지지 않는다면 의미가 없습니다.

■ 계획적으로 실시하는 것

연습이나 테스트는 사업 연속성의 절차가 완성되었을 때만 실시하는 일과성의 활동이 아닙니다. 연습을 반복함으로써 스태프의 지식이나 기술, 사명감과 책임감이 향상됩니다.

④ BCMS의 점검과 평가

이 항목은 규격의 차례 「9. 퍼포먼스 평가」에 해당하는 부분입니다.

9.1 검사·측정·분석 및 평가: BCMS가 기대대로 목표를 달성해 유효하게 기능하고 있는지, 정기적으로 확인하는 것을 요구합니다. 기대대로 BCMS가 목표를 달성하고 있는지의 여부를 '퍼포먼스'라고 합니다. 퍼포먼스가 충족되지 않는다는 것은 요구를 충족하지 못했거나 경우에 따라서는 사건사태의 발생으로 이어지게 됩니다. 이 정기적인 확인방법은 아래와 같습니다.

- 자사의 BCMS에 필요한 평가기준을 정한다.
- 사업 연속성 방침·목적·목표의 달성도를 대상으로 한다.
- 중요한 활동을 보호하는 프로세스·절차·기능의 퍼포먼스를 대상으로 한다.
- 이 규격 및 사업 연속성 목적에 따르고 있는지를 정기적으로 확인한다.
- 과거에 퍼포먼스를 충족하지 못했던 사례도 참조한다.
- 평가결과는 제대로 기록해 바르게 개선해갈 수 있도록 한다.

■ 사업 연속성 절차의 평가

여기서는 BCP가 잘 기능하는지(기능했는지)를 평가함을 살펴봅니다. 평가의 기회로는 연습이나 테스트, 실제로 사건사태가 발생했을 때의 보고 내용, BCMS로서 목표 달성이 되어 있는가의 확인 등이 있습니다. 사업에 큰 변화가 발생한 경우는 신속하게 사업 연속성 절차에도 반영합니다. 평가항목으로는 법령준수나 업계가 권장하는 효과적인 방법과의 적합성, BCMS의 방침이나 목적을 충족하고 있는지를 들고 있습니다.

이 평가는 정기적으로, 또 사업환경이 변화했을 때 실시합니다. 실제로 BCP를 발동해야 하는 사태가 일어났을 때는 이것들을 평가하여 기록해야 합니다.

9.2 내부감사: 내부감사는 선임된 사내의 제3자의 입장이 되는 사람이 BCMS의 규정이나 규격의 요구사항이 충족하고 있는지에 대해 문서·기록의 체크, 듣기, 현장 방문 등을 통해 확인하는 것을 말합니다. 감사가 처음인 담당자는 사전에 교육연수 등으로 노하우를 익혀둘 필요가 있습니다. 내부감사의 포인트는 아래와 같습니다.

- 감사계획에 참고해야할 것은 두 가지입니다. 전회의 감사에서 문제가 있던 부분, 지적된 부분을 중점적으로 감사한다(감사범위와 빈도의 설정). 사업 활동에 관련된 위험률평가의 결과를 참조한다.
- 감사계획을 실시해 결과를 기록한다.
- 감사보고. 감사대상부문의 책임자에게 보고한다(BCMS에의 적합도, 지적과 제안사항 등).
- 감사대상부문의 책임자는 부적합이나 지적된 점에 대해 되도록 빠른 시기 안에 수정대책을 세워 실행한다(재해는 기다려주지 않는다!).
- 위에 기록한 처치를 팔로업(follow-up)하는 경우 검증결과의 보고도 감사에 포함한다.
- 최고경영자에게 보고한다.

9.3 매니지먼트 평가: 이것은 경영자가 설정한 BCMS의 방침이나 목표에 대해, 실제로 BCMS의 운용결과가 적절하고, 타당하고, 유효한지의 여부를 재검토하는 프로세스입니다. 적어도 1년에 1회 정도 하는 것이 바람

직합니다. 매니지먼트 평가의 결과는 기록해 관계자에게 전달할 필요가 있습니다. 포인트는 아래와 같이 세 가지입니다.

■ **재검토의 준비**(인풋)

전회까지 평가에서 지적된 점의 개선상황, BCMS의 퍼포먼스(부적합의 수정상황·감시·내부감사의 결과에 의한다), 과거의 위험률평가로 남긴 과제 등의 정보를 사전에 경영자에게 전해 둡니다.

■ **재검토 작업**(매니지먼트 평가)

중요한 것으로 전회의 평가가 어디까지 보충되었는지, 방침이나 목적은 올바른지, 새로 발생한 위험은 없는지, 미실현의 개선과제는 없는지, 재발방지책은 어디까지 진행되어 있는지, 연습·테스트의 결과는 어떤지, BCMS의 적용범위 중에 정합성이 취해지지 못하는 것이나 모순이 발생하지 않았는지, 실제로 발생한 재해의 교훈은 발휘되었는지, 개선을 위한 어드바이스 등이 있습니다.

■ **재검토 결과**(아웃풋)

계속해서 필요시되는 개선이나 변경점이 있다면 그 결정과 처치를 명확히 합니다. BCMS의 적용범위, BCMS의 유효성을 높이는 방법, BIA, RA, BCP 절차의 변경, 및 BCMS의 운용관리 면에서 영향이 있을 것 같은 항목의 수정(법령·계약·경영자원·예산 면 등)을 제공합니다.

5 BCMS의 시정과 개선

이 항은 규격의 차례 「10. 개선」에 해당하는 부분입니다.

10.1 부적합 및 시정조치: 부적합이란 BCMS의 요구사항을 충족하고 있지 않은 것을 가리킵니다. 따라서 먼저 이것을 특정하여 재발방지책을 강구해야 합니다. 재발방지책은 부적합의 원인을 제거하는 것이 목적이며

문제가 발생했을 때 응급처치는 포함되지 않는다고 봅니다. 포인트는 아래와 같습니다.

- 부적합을 재검토한다(BCMS 중에 같은 문제가 또 발견될 수도 있다).
- 원인을 밝혀내 재발방지 활동이 어디까지 필요한지 검토한다.
- 필요한 재발방지책을 선정하고, 실시해 어디까지 효과가 있었는지 확인한다.
- 부적합의 내용, 그 재발방지책의 절차와 대책, 세운 결과를 기록한다.

10.2 연속적 개선: BCMS가 적절하고 타당하여 유효할 수 있도록 지속적으로 개선할 것을 요구하고 있습니다만 이를 위한 특별한 활동이나 예산은 필요하지 않습니다. 참고로 예를 들면, 다음의 BCMS의 프로세스를 사용하면 연속적인 개선을 달성할 수 있다고 보고 있습니다.

- 리더십. 규격의 차례 「9.3 매니지먼트 평가」를 참조
- 계획. 규격의 차례 「6. 계획」을 참조
- 퍼포먼스 평가. 규격의 차례 「9. 퍼포먼스 평가」를 참조

05
대책 각론

5.1 귀가 곤란자 대책
5.2 스태프 확보
5.3 통신수단의 확보
5.4 긴급 시 정보수집
5.5 위기대응의 의사소통
5.6 절전·정전 대책
5.7 정보 시스템의 데이터 복구
5.8 데이터와 문서 자산의 보호
5.9 공급자의 위험대응

5.10 건물 재해와 대체 거점
5.11 재해 시 상호협력과 제휴
5.12 재해 대책 자금의 확보
5.13 이동·수송·교통 대책
5.14 판데믹(pandemic)과 방사능 오염 재해

제5장 / 대책 각론

> **Point**
> 이 장에서는 BCP(사업 연속성 계획)의 초동 대응의 취급방법이나 위험 대책, 사업 연속성 전략을 입안할 때 검토 과제가 되는 테마를 14개로 묶어 그 의의·문제점·해결을 위한 사고방식 등을 소개하고 있습니다. 각 테마의 개요는 다음과 같습니다.

테마	개요
5.1 귀가 곤란자 대책	귀가 곤란자의 발생으로 인한 영향과 그 회피방법, 회사 및 개인의 대비나 대처방법 등을 제시합니다.
5.2 스태프 확보	비상시에 스태프의 집합을 방해하는 요인이나 영향, 스태프 확보를 위한 관리책과 안전관리 및 안정 문제 등을 설명합니다.
5.3 통신수단의 확보	통신수단 두절로 인한 영향, 하드웨어적(물리적인 전달수단), 소프트웨어적(각종 연락 리스트 등)의 대책에 대해 설명합니다.
5.4 긴급시의 정보수집	짧은 시간도 허비할 수 없는 분주한 재해 대응 상황에서 신속하고 정확하게 필요한 정보를 수집하기 위한 기본적 개념을 제시합니다.
5.5 위기대응의 커뮤니케이션	비상시의 커뮤니케이션 실패는 2차 재해의 확대나 신뢰 상실, 뜬소문 피해를 초래합니다. 여기에서는 이런 악영향을 회피하기 위한 전달전략 방법에 대해서 설명합니다.
5.6 절전·정전 대책	사무실 외 사업환경의 기본적인 절전 및 정전대책에 대해 설명합니다.
5.7 정보 시스템의 데이터 복구	정보 시스템의 데이터 복구를 위해 이론적인 지식으로 RTO(목표복구시간)과 RPO(목표복구시점)의 두 가지 목표지표를 사용한 사고방식을 중심으로 설명합니다.
5.8 데이터와 문서자산의 보호	중요한 정보자산(전자 데이터와 종이 매체)의 확보는 BCP에 있어 대책의 기본요건입니다. 여기서는 중요한 정보자산 리스트의 작성과 정보자산의 보관에 대한 개요를 설명합니다.
5.9 공급자의 위험대응	대체로 회사의 대책에만 눈을 빼앗기게 되면 공급자로부터의 조달 위험을 남기게 됩니다. 여기서는 공급자의 위험의 발생하는 영향과 유효한 대책에 대해 생각합니다.
5.10 건물 재해와 대체거점	건물 자체의 무너짐으로 이용할 수 없게 된 위험을 상정하는 것은 BCP의 재검토나 개선을 진행한 이상 피해서는 안 되는 과제입니다. 여기서는 기본적인 대체거점의 사고방식을 제시합니다.
5.11 재해 시 상호협력과 연계	대기업과 같은 넉넉한 재해대응예산이나 효과적인 이중화 대책이 어려운 중소기업에 있어서는 동업자나 협력회사와의 협력관계의 확립이 하나의 현실적인 해결책이 됩니다.
5.12 재해대책자금의 확보	재해 시 손실을 가시화할 때, 막연히 시뮬레이션 기초로 실행하는 것은 현실적이지 않습니다. 여기서는 목적과 용도별 손실과 필요자금의 산정방법에 대해 다룹니다.
5.13 이동·수송·교통대책	대규모 자연재해나 사고로 인해 회사가 고립되어 활동을 할 수 없게 되고, 따라서 BCP에 규정된 전략이 실행으로 옮길 수 없는 위험과 그 대응책에 대해 생각해봅니다.
5.14 판데믹과 방사능 오염 재해	판데믹에 '종식'은 없습니다. 주로 초동대응에 관해 발생할 판데믹에 대해 대비하기 위한 포인트, 그리고 판데믹 대책과의 공통점을 살린 방사능오염 대책에 대해 생각해봅니다.

5.1 귀가 곤란자 대책

귀가 곤란 상황이란?
회사에서의 대응
귀가할 수 없는 경우의 행동

1 귀가 곤란 상황이란?

대재해가 발생하면 넓은 지역에 걸친 공공교통기관이나 도로가 단절되어 이용할 수 없게 됩니다. 이때 회사에 있던 사람이나 외출 중인 사람 등 목적지로 이동과 귀가가 곤란한 사람들을 '귀가 곤란자', '귀가난민'이라고 불러 상황에 따라 아래와 같은 여러 가지 사태에 직면하게 됩니다.

① 거리나 중요도로가 사람과 차로 대혼잡

대지진 등의 경우 가족의 안부를 걱정하는 사원은 자발적으로 귀가에 나서고, 사내에 비상 시 비축(식료나 수면용 담요 등)이 없는 기업들은 사원에게 귀가를 재촉해, 수많은 사람이 거리로 내몰립니다.

② 편의점 등의 식료의 고갈

회사가 충분한 식료를 비축해 두지 않으면 편의점이나 패스트푸드점, 음식점 등으로 찾아 들어가는 사람이 늘어납니다. 점포 안은 바로 많은 사람들로 꽉 들어서고 음식은 바닥이 나는 사태가 많이 발생합니다.

③ 버스·택시의 행렬

철도의 운행정지로 귀가할 수 없는 원거리통근자들은 대체교통수단으로 선택하는 것이 버스나 택시입니다. 그러나, 대행렬로 승차할 수 있어도 정체로 인해 목적지에 도착하는 시간이 단축되지 않는 등의 상황이 계속됩니다. 간선도로나 도심고속도로의 차선규제로 대량의 차량이 주요도로에서

제5장 / 대책 각론

생활도로에까지 넘쳐나 혼잡하기 그지없습니다. 귀가 곤란자는 지방에서도 일어나고 어디서나 누구에게나 일어나는 문제입니다.

④ 미아·외부인의 난입

날이 저물어 바로 귀가를 서두르는 사람 중에는 낯선 거리와 길을 걷다가 길을 잃은 사람, 추위와 피로 때문에 지나가던 빌딩에 들어가 쉬는 사람 등 재해 특유의 난민 행동을 볼 수 있습니다.

2 회사에서의 대응

귀가가 곤란한 시점에서 사원이 어떤 상황에 놓이게 되느냐에 따라 대응은 몇 가지 패턴으로 나뉩니다. 먼저 회사 건물이 무사하다는 전제하에 사원을 바로 귀가시키지 않도록 합니다. 사내에서 가족의 안부가 확인된 사원은 잠시 대기하거나 해가 진 상황이라면 다음날까지 기다린 다음 귀가하는 것으로 합니다. 이것은 귀가시간에 시차를 둠으로써 도로의 대혼잡을 완화하는 목적도 있습니다. 외출 중인 사원은 방문처나 가장 가까운 지점, 영업소 등에 일시대기하여 시간이나 날씨를 참고로 어느 정도 안전하다고 판단한 시점에 자택이나 회사 중 가까운 쪽으로 돌아가는 판단이 필요합니다. 당신의 회사를 방문한 사람들(고객이나 거래처, 시설의 이용자)도 사원과 같이 귀가 곤란에 빠질 가능성이 있습니다. 대응 방법은 사원의 경우와 같습니다.

외부 사람이라는 이유로 대응을 소홀히 하거나, 무조건 귀가·귀사를 재촉해서는 안 됩니다. 또, 귀가 곤란자가 되는 동시에, 휴대전화나 문자 메일로 지시나 소재의 전달이 되지 않을 가능성이 있기 때문에, 만일의 때에 대비하여 자주적으로 행동하기 위한 규칙을 정비해 둘 필요가 있습니다.

다음으로 회사의 비축에 관한 사항입니다. 귀가 곤란자가 된 사원이나 방문자에게 수면을 취할 수 있는 공간 이외에 식료·담요(또는 침낭이나 긴급 보호 시트 등)를 일정 수량 확보해 둘 필요가 있습니다. 방문자(소수의 경우)에는 대책본부 스태프의 긴급 숙박용으로 비축한 식료와 물을 배분하는 것으로 대응할 수 있다고 생각됩니다. 식료품 이외에 회중전등, 구급상자, 재해용 화장실 등도 필수품입니다.

회사가 귀가 곤란자에게 적절한 지원을 하기 위해서는 대전제로서 '회사의 건물이 재해입지 않을 것'이 기본요건이 됩니다. 모든 물품이 쓰러지거나 엎어지고 낙하하여 발 디딜 틈도 없는 상태가 되지 않도록 평상시에 비품 등을 고정하거나 배치를 신중히 하고, 건물도 적절한 내진 보강대책을 세우는 등의 조치가 필요합니다.

③ 귀가할 수 없는 경우의 행동

여기서는 주로 귀가 곤란자 자신의 시점에서 설명합니다. 돌연 공공교통기관이나 도로가 단절되어 이동수단이 끊긴 경우, 다음의 세 가지 판단과 행동을 참고로 해 주세요.

① 귀가해도 좋은 경우

발이 묶인 장소(회사나 방문처·역 등)에서 도보로 귀가 가능하거나 자택까지 경로를 숙지하고 있는 경우 등이 조건입니다. 단, 날씨가 좋지 않거나 해가 진 이후, 혹은 주위에 화재가 발생해 도로 위에 사람이 넘쳐나는 경우에는 몸의 안전을 위해 다음 ②의 행동을 우선시합니다.

② 귀가하지 않는 편이 좋은 경우

가족의 안부를 걱정해 귀가를 서두르는 경우에, 재해가 크면 자택으로 돌아가는 도중이나, 도착하고 나서 2차 재해에 휘말리는 원인이 되기도 합니다. 악천후나 해가 진 후, 길이 가장 복잡한 상황이면 무리하게 집에 돌아가지 말고, 건물이 안전한 한 사내에 머무르거나, 외출처 장소라면 가장 가깝고 안전한 시설의 피난장소로 대피해 잠시 상황을 지켜봅니다.

③ 어떻게 해서라도 귀가를 해야 하는 경우

되도록 그룹으로 행동하는 것입니다. 이것은 정신적으로 힘이 되는 동시

제5장 / 대책 각론

에 방범이나 부상, 몸의 상태가 좋지 않은 사람이 나타나는 경우의 대응에도 유리합니다. 길을 잃으면 체력을 소모하지 않는 가장 가까운 피난장소에 대기해 정보수집과 지리 방향을 확인하는 데 노력해주세요.

도시에서는 대형시설의 주변이나 번화가, 위치표시가 돼 집중되기 쉬운 경향이 있습니다만, 재해 시에는 꼼짝달싹할 수 없을 만큼 혼잡해 위험하기 때문에 피하는 편이 무난합니다. 마지막으로 귀가 곤란자를 참고한 회사로서 [표 5-1]을 참고해주세요.

[표 5-1] 귀가 곤란자에 대비한 비축대책

항목	내용
비축해야 할 수량	예산에 여유가 있다면 전 사원분을 완비하는 것이 이상적이지만, 우선은 귀가 곤란자 인원에 해당하는 양 (비상시 비축수량＝귀가 곤란자 수×2~3일분)이 적당하다.
비축하는 품목	비축품 목록이나 1인당 섭취량/일 등에 대해 자치단체의 사이트나 방재전문 사이트를 참조. 여기서는 요점만 제시합니다. a. 보존식은 유통기한이 길고, 부피가 크지 않으며, 적정한 맛과 영양이 기대되는 것이 좋다. 보존식이나 미네랄 워터는 연 1회 방재훈련 때 사내에서 소비한다. b. 야외용 용품을 중심으로 고릅니다. 방재용으로 상품화한 제품은 내구성이나 용도·응용면 등에서 약간 의문이 남습니다. c. 위생대책. 특히 화장실 대책을 게을리하면 만일의 사태에 매우 곤란해집니다. 시중에 판매하는 간이 화장실을 구입합니다. 소형 골판지(10장 정도)와 대형 비닐 봉지(10장 정도)를 준비해 두면, 간이화장실로도 다른 용도로도 사용할 수 있습니다. 또, 화장실 용수로 페트병(2리터짜리 빈병 사용)을 수십 병은 준비해두는 것이 좋습니다.

또한, 귀가 곤란의 문제는 사회문제만이 아니고, 각 가족이 귀가 곤란에 처해 뿔뿔이 흩어지게 되어 버렸을 때 어떻게 할 것인지에 대해서도 잊지 않고 이야기해 두어야 합니다. 작은 꼬마나 고령의 부모가 계신 경우에는 이웃과의 협력이나 보육원 등의 연락방법 등도 확인해 둡니다.

5.2 스태프 확보

스태프 결원의 원인과 대책
스태프 확보를 위한 관리책
스태프의 안전관리와 마음의 안정

1 스태프 결원의 원인과 대책

큰 재해가 발생하면 사업 연속성이나 복구에 필요한 인원이 부족해지는 문제가 생깁니다. 여기서는 스태프의 모임이 원활하게 진행되지 않는 원인과 해결 포인트에 대해 생각합니다.

어느 면에서나 사후에 대응하려고 하면 늦기 때문에 사전에 검토해 대책을 세워 두는 것이 중요합니다.

① 사원 본인의 재해

근무시간에 상관없이 사원의 신변에 일어날 수 있는 상해나 입원·사망 등을 가리킵니다. 지진은 직장에서 강철제 선반이나 OA 기기의 전도·낙하로 인한 상처, 엘리베이터 안에 갇히는 일 등이 있습니다.

방재교육이나 훈련 등을 통해, 직장이나 가정에서 재해회피의 예방책을 철저하게 해 둘 필요가 있습니다.

② 자택·가족의 피해

사원의 자택이 재해피해를 입어 피난처에서 부자유한 출근을 해야 하거나, 사원의 가족, 친척들의 상해나 입원·사망 등으로 일이 손에 잡히지 않는 상황을 말합니다. 여기에 대해서도 ①과 같은 교육과 훈련을 통해 직장이나 가정에서 재해를 회피하는 예방책을 철저히 구상합니다. 인사나 총무 담당자는 외부전문가로부터 사원의 대처방법에 대해 사전에 조언을 받아 두는 것이 필요합니다.

③ 귀가·출근 곤란

도심부와 교외를 왕복하는 사원에게 발생하는 공공교통기관의 단절문제입니다. 가족의 재해나 피난처 생활로 인해 현저한 불편이 없는 사원, 복구에 빼놓을 수 없는 건강한 신체의 사원에 대해서는 회사 차량으로 출근시켜 주거나, 경우에 따라서는 회사 근처에 투숙하여 복구를 돕도록 하는 것도 필요합니다.

④ 계약·법률의 벽

회사에 따라서는 중요한 업무에 많은 외부 스태프(청부계약으로 모인 인원 등)가 관련된 상황이 있습니다.

이런 경우에는 자사가 외부 스태프에게 직접 출근이나, 자택대기를 명하거나, 마음대로 대체요원을 투입할 수 없습니다. 필요한 스태프를 확보해 사업을 조기에 재개할 수 있느냐 없느냐 하는 것은 외부 스태프 관리처의 기업이 어디까지 위험관리의식을 갖고 비상시에 인원체제를 생각하고 있는가와 관련되어 있습니다.

⑤ 개인정보제시의 거부

개인정보보호 의식이 높은 오늘날에는 긴급 시 연락망(주소·휴대전화번호·가족의 연락처 등으로 구성)의 작성에 협력하지 않는 사원도 많습니다.

긴급 시의 연락처를 밝히지 않은 사원, 회사로부터 개인 휴대전화나 문자메일 주소로 명령·통지받는 것을 은근히 거절하는 사원에게는 개인정보의 관리와 용도에 대해 충분히 설명해 이해를 얻고, 신뢰관계를 구축해 두는 것이 중요합니다.

⑥ 회사에 대한 낮은 충성심

이것은 인사·대우와 관련된 일상의 근본적인 문제(고용조건·복리후생·인간관계·보수 등)라고 할 수도 있습니다. 최근에는 정규 직원과 임금 격차가 있음에도 고도의 기술과 지식을 요구하는 중요한 포스트에 속해 있는 비정규

직 사원이 늘어나고 있습니다. 그들은 중요한 업무의 계속·복구를 떠맡는 반면에, 회사에 귀속의식, 협력의식은 정사원보다 높지 않을 가능성이 있습니다. 대책으로는 역시 평상시 소통을 긴밀히 하여 가능한 한 불만이나 요구에 대응해 신뢰관계를 쌓아둘 필요가 있습니다.

② 스태프 확보를 위한 관리책

복구 요원의 모임에 지장이 생기지 않도록 예방책을 세워도 실제로 여러 가지 어쩔 수 없는 일로 인해 인원 부족으로 고민하는 것이 많은 재해현장의 현실입니다. 비상시에는 신속하게 필요한 인재를 필요한 장소에 배치할 필요가 있습니다. 여기서는 이른바 재해시에 '적재적소'를 실현하기 위한 스태프 관리방법에 대해 설명합니다.

① 대체 요원 리스트 작성

대체 요원 리스트란 중요 업무의 계속과 재해복구에 종사하는 스태프에 대해, 예를 들면 "A씨가 출근할 수 없는 경우, A씨와 비슷한 기술력을 갖춘 다른 인원이 있는지", "있다면 누구인가"를 쉽게 정하기 위한 목록입니다. 만일 예정해 둔 스태프가 출근하지 못할 때에는 이 목록을 보고 임기응변으로 멤버를 할당할 수 있습니다.

② 스태프 집합 조건의 가시화

이것도 긴급 시 스태프를 확보하기 위한 집합 리스트입니다. ①과는 달리 메인·대체를 묻지 않고 각 스태프가 비상시에 어떤 수단으로 출근하는가(할 수 있는가)를 가시화한 것이며, 전 사원을 대상으로 작성할 필요는 없습니다. 어느 정도 폭넓게 망라해 두는 것이 유연한 목록을 만드는 포인트로 됩니다([표 5-2]를 참조). 사생활 침해를 걱정하는 사원이 있는 경우는 조사하는 측의 목록을 작성하는 목적과 용도, 관리 방법을 확실하게 사원에게 명시한 후 이해를 얻는 것이 중요합니다.

제5장 / 대책 각론

[표 5-2] 스태프 집합 리스트

집합 중요도	긴급 시 조직G	역할명	이름	[A] 통근 수단	[B]대체 통근 수단	[B]의 소요 시간	휴대전화 번호	문자 메일 주소	대체 연락처
1	대책본부 요원	본부장	○○○	전철	자전거	60분	○○○	○○○	○○○
1	대책본부 요원	부본부장	○○○	버스	도보	90분	○○○	○○○	○○○
2	복구 멤버	조리	○○○	도보	도보	15분	○○○	○○○	○○○

③ 진척 관리와 계속 매뉴얼의 정비

이것은 재해 대응보다는 일상 업무의 효율화의 연장으로서의 작업이라고 할 수 있습니다. 각 사원의 업무 진척 상황에 대해서는 노트·일보 이외에 전자 메일로 상사에게 보고하거나 사내에서 열람할 수 있도록 인트라넷 등에 올리고 있다고 생각합니다. 재해시에는 정전, 서버나 컴퓨터 등의 고장이 생길 가능성이 높아 종이로 출력하거나 외부 서버를 거쳐 다른 장소로부터도 열람할 수 있게 해 두는 것으로, 재해시 중단된 업무의 상황을 어느 정도 파악할 수 있습니다. 또, 계속 매뉴얼은 제3자라도 용이하게 의미를 짐작할 수 있도록 알기 쉽게 기록해 두는 것이 중요합니다.

④ 크로스 트레이닝

크로스 트레이닝은 복수의 운동이나 연습을 조합해서 실시하는 스포츠 트레이닝이라는 의미에서 유래합니다만, 비즈니스 세계에서는 한 사람이 복수의 업무를 처리할 수 있는 지식이나 기술을 몸으로 익히기 위한 교육과 훈련을 가리킵니다. 제조업 등에서는 복수 공정 작업을 해낼 수 있도록 교육·훈련하는 구조로서 '다기능공화'라고 하는 언어를 사용합니다.

이것들은 사업 지속을 위한 대체요원을 확보한 후에 크게 의지할 수 있는 곳일 뿐만 아니라 일상적으로도 업무량의 증감에 맞춰 사원을 유연하게 이동할 수 있다는 이점이 있습니다.

⑤ 기능 향상 프로젝트의 추진

크로스 트레이닝이나 다기능공화를 인사평가 제도에 포함해 실시하거나, '역량 인정자 증원 캠페인' 등을 실시해 사업 운영에 불가결한 업무(특히 병목현상에 상당하는 업무)에 종사하는 사원수를 상대적으로 늘려 중요한 기술을 소지하고 있는 인재를 충원해 둡니다.

그리고, 일정 기간마다 기술이나 기술을 소지한 인재를 파악해, 인재 풀을 참조하면서 대체 요원의 리스트나 스태프 집합 리스트를 작성하는 것으로 더욱 전력이 강화된 인재를 육성·확보할 수 있습니다.

③ 스태프의 안전관리와 마음의 안정

초동 대응이나 사업 연속성 대응, 재해복구의 활동은 어느 국면에서나 위험과 마주한 상황이 되는 것이 통례입니다. 활동에 임하는 직원에 대한 안전 대책은 꼼꼼하게 준비해 두지 않으면 안 됩니다. 안전 대책으로 상정해야 하는 사항은 대책 본부 요원의 과로나 수면 부족, 스트레스, 잔해 철거 등 복구 현장 스태프의 부상·낙상·감전·분진의 흡입과 유해물질의 접촉으로 인한 건강 장애 등 여러 가지로 다양합니다. 복구 활동의 아이템은 헬멧·안전화·작업복·장갑·방진 마스크 등이 있습니다. 회사가 필요 비축 품목 제품에 포함해, 활동에 임한 스태프에 평소에 주지해 두는 것이 중요합니다.

한편 자택에 재해나 가족의 간호, 원거리 등의 이유로 자택에서 대기를 할 수밖에 없거나, 스스로 늦게 출근하거나, 조퇴 근무를 신청하지 않을 수 없는 직원들은 소득 감소에 대한 불안, 상사나 동료에게 염려, 구조 조정될 것이라는 회사에 대한 불신이 쌓여 업무가 정상 가동되지 않을 수도 있습니다. 이것이 특히 대책 본부 요원이나 중요한 업무를 담당하는 직원인 경우, 업무 계속·복구 전략이 원활하게 작동하지 않을 수도 있습니다.

이런 상황이 계속되면서 사원의 의식이 부정적으로 되고, 사기가 저하되고, 계속되는 의심으로 이어지거나, 여러 가지 육체적·정신적인 스트레스가 쌓여, 모르는 사이에 복구의 발목을 잡을 수도 있습니다. 심각한 재해를 체험한 후에는 불면이나 불안, PTSD(외상 후 스트레스 장해) 등도 발생하기 쉽다고 합니다. 이러한 증상은 복구작업의 분주함과 서두르는 속에 혼돈되어 간과해 버리기 쉽기 때문에, 사전대책으로 인사나 총무 스태프 중심으로 예방책이나 해결책을 마련하는 것이 중요합니다.

긴급시 인원확보문제는 하루아침에 해결되지 않을 수도 있습니다만 사내 담당자뿐 아니라 사회보험노무사나 변호사·심리상담사들도 참여해 단계적으로 협의·해결해가는 노력이 요구됩니다.

5.3 통신수단의 확보

통신에 주는 영향과 요구의 다양성
하드 면의 대책
소프트 면의 대책

1 통신에 주는 영향과 요구의 다양성

통신은 문명의 병목현상이라고 해도 과언이 아닙니다. 통신이 두절된다는 것은 사회의 다양한 연결이 단절된다는 것이기도 합니다.

따라서, 재해 초기에는 어떻게 신속하게 사원이나 가족의 '안부 확인'을 할 것인가가 중요한 과제입니다. 이것에 이어 고객이나 납품 업체, 발주처 등 외부와의 관계를 어떻게 유지하는가 하는 문제가 대두됩니다. 비상 시의 통신에 대한 영향과 요구의 다양성의 특징은 다음과 같습니다.

① 사원에게 주는 영향

재해시 당사자가 있는 곳에 따라 안부 확인처가 복수가 됩니다. 예를 들어 외출·출장 중인 사원이라면 회사로부터 얼마 떨어져 있지 않은 거리에 있는 경우, 혹은 국내의 원거리에 출장 중이거나, 외국으로 출장 중인 경우 등 여러 가지 상황이 상정됩니다. 회사로부터 안부 확인은 담당자가 개별 연락을 하는 이외에 지진 속보를 받아 회사에 안부 확인을 요구하는 메시지를 자동으로 일괄하여 송신하는 시스템을 활용하는 방법도 증가하고 있습니다.

② 가족에게 주는 영향

가족의 경우, 회사에서 자택에 전화를 걸어 확인하는 것만으로는 끝나지 않을 가능성이 있습니다. 예를 들어 아이가 유치원이나 보육원, 학교에 다니고 있다면 각 시설에 확인합니다. 입원 중인 가족이 있다면 병원에 확인

제5장 / 대책 각론

해야 합니다. 지진이 발생했을 때에는 가족이 어떤 활동상황에 있는지 한 번 이상 확인을 해야 합니다.

③ 고객에게 주는 영향

고객이나 납입처에 대해서는 사내가 혼잡한 상황이라고 해서 아무 연락도 하지 않고 있다면 고객으로서는 불안이나 불신감을 일으키게 됩니다. 특히, 재해의 영향을 거의 받지 않은 원거리 고객의 경우에는 자사의 피해 상황을 보지 않기 때문에 상황 판단에 차이가 발생할 수 있습니다. 사내가 혼란한 때에 "주문 제품은 예정대로 됩니까?"라는 염려의 확인 전화가 걸려오는 일도 있을 것입니다.

④ 발주처에 주는 영향

발주처(구입처)에 대해서는 정확히 자사에 대한 고객의 견해와 정반대가 됩니다. 즉, 자사로서는 주문한 원재료·제품·상품이 예정대로 도착하는지 한시라도 빨리 확인하려고 생각할 것입니다. 이때 발주처가 재해를 입어 출하가 불가능해 대폭 지연되거나 전혀 연락이 되지 않는다면 생산 계획이나 판매 계획의 대폭적인 재검토를 강요받게 됩니다.

② 하드웨어적 대책

통신수단의 확보를 생각할 때는 하드(hard)와 소프트(soft)의 양면으로부터 대책을 세울 필요가 있습니다. 하드헤어는 여러 가지 기술이나 기구를 이용, 소프트웨어는 하드웨어를 살리기 위한 대비나 마음가짐이 있습니다. 여기서는 하드웨어에 대해 소개합니다.

① 휴대전화와 문자 메일

휴대전화 연결이 되지 않는 경우, 연결될 때까지 시간차를 두지 않고 반복해서 시도하는 동작을 하지 않습니다. 휴대 메일을 송신하고 응답을 기다리는 잠깐의 시간을 두고 다시 거는 여유가 필요합니다. 휴대전화 회사의 '재해용 게시판'의 사용이 가능해지면 신속하게 이 서비스를 운용하도록 합니다, 배터리 소진에 주의가 필요합니다.

② 고정전화와 공중전화

휴대전화만으로는 원활한 송수신이 어려운 경우, 휴대전화를 고정전화로, 또는 회사 고정전화나 공중전화로 상대의 고정전화로 거는 대책이 필요합니다. NTT의 '재해용 전언 다이얼 171'이 사용 가능해지면 빨리 이 서비스를 운용할 수 있도록 합니다.

③ 자동 안부 확인 시스템(또는 서비스)

동일본대지진이 발생했을 때 수동으로 안부 확인이 원활하지 않았기 때문에 자동안부 확인 시스템이나 서비스를 도입하는 기업이 늘고 있습니다. 기계적으로 일괄된 발신으로 안부를 확인하는 부분에서는 유효한 방법이지만 후에 설명하는 바와 같이 소프트웨어 면에서 유의해야 할 점이 있습니다.

④ SNS나 트위터

이것들은 모두 퍼스컴이나 스마트폰의 기능을 사용해, 인터넷을 사용한다는 전제조건이 있습니다. 일상적인 사용에 익숙한 사용자가 아닌 이상 참가할 수 없다는 단점이 있기 때문에 연령층이나 조작지식 등을 생각하면 전 사원을 대상으로 하는 것이 현실적이지 않는 경우도 있습니다.

⑤ 도보나 자전거

예를 들어, 주말이나 야간에 재해가 발생해 사원의 안부를 알지 못할 때 그 사원이 비교적 회사에서 가까운 지역에 사는 경우에는 도보나 자전거로 확인하러 나가는 방법도 있습니다만, 방문했으나 부재중일 경우도 있습니다. 이때는, 회사의 지시를 기록한 메모를 우편함에 넣어 둡니다.

⑥ 우편엽서

긴급성이 낮은 이해관계자나 전기적인 통신수단 대부분이 사용할 수 없는 상황에 놓여 있는 상대방에게는 우체국과 집배 기능이 유지되어 있다면 우편엽서나 편지로 안부를 확인할 수 있습니다. IT를 기조로 하는 통신과 비교하면 늦어진다는 염려되는 부분이 있습니다만, 동일본대지진 때는 전화가 되지 않아 며칠이 지나도 안부를 확인할 방도가 없는 상황도 있었습니다. 이런 때에 우편엽서와 같은 아날로그 통신 수단도 적극적으로 활용하고 싶은 것입니다.

③ 소프트웨어적 대책

안부 확인이나 긴급시 소통을 위한 통신수단은 하드웨어가 구비되어 있다고 해서 충분하다고 할 수 없습니다. 이것은 주로 하드웨어를 이용하는 측의 문제이기도 하며, 다음과 같은 소프트웨어 면의 대책을 세워두는 것이 중요합니다.

① 긴급 연락 목록의 작성

긴급 연락 목록은 두 종류를 준비해 둡니다. 한 가지는 소방서나 구급병원·경찰·부동산(건물관리) 회사, 보안 서비스 회사 등에 통보나 의뢰를 하기 위한 목록입니다. 다른 한 가지는 회사 내 긴급연락망입니다.

② 휴대용 긴급 연락 카드의 작성

이것은 사원 개개인이 휴대하는 카드 형식의 긴급연락 목록입니다. 회사의 기본적인 형식을 준비해 전 부서에 배포한 뒤에 부서별 담당자에게 맞추어 기입하는 것도 좋습니다. 외출이나 출장이 잦은 사원은, 연락이 어려운 때에 자주적인 행동 규정을 회사에서 정해 이것을 본인이 카드에 입력할 수 있도록 부서 내에서 공유하는 방법도 있습니다.

③ 고객·거래처 목록

이른바 긴급 시 연락해야 하는 이해관계자 명단을 최신 출력한 상태로 갖고 있어야 합니다. 연락하려고 할 때, 명단의 전화번호가 바뀌어 연락이 불가능한 경우, 바꾸기 전 명단을 컴퓨터에 보관하고 있다가, 위험에 참조되지 않았다고 하는 문제는 실제로 자주 발생하는 실패 사례입니다.

④ 훈련이나 교육으로 인한 습관화와 의식

안부 확인이나 긴급시 소통을 얼마나 냉정하고 신속하게 하는가는, 최종적으로 사람의 의식 문제라고 말할 수 있습니다. 따라서 만일의 상황에 최적 형태로 통신을 활용할 수 있도록 정기적인 훈련과 오리엔테이션으로 의식을 부여할 필요가 있습니다. 또, 자동 안부 확인 시스템을 도입한 기업은 사원의 입사·퇴직·메일 주소의 변경과 더불어 등록정보의 유지 보수를 게을리하지 않는 것이 중요합니다.

5.4 긴급 시 정보수집

정보수집의 필요성
수집하는 정보의 특징과 수집 방법

1 정보수집의 필요성

평소부터 "긴급 시에는 어떤 정보를 수집해야 하는가?"에 대해 우선순위와 필요 항목을 정해 두지 않으면 무용의 정보 수집에 시간을 빼앗기게 되거나, 후에 "이런 정보가 있으면 늦어지지 않았을 텐데"하며 후회가 남을 수 있기 때문에 주의가 필요합니다. 긴급시 수집해야 하는 정보로는 다음과 같은 것이 있습니다.

- 사원의 안부 확인 정보
- 인프라·교통기관의 정보
- 자사의 재해 정보
- 거래처의 안부·재해 정보

또, 이들 정보의 수집의 시점도 극히 중요합니다. 긴급한 정도에 따라 그 후의 행동 방향이 달라지는 경우가 있기 때문입니다. 예를 들어, 도쿄 본사에서 재해지에 있는 공장의 상황을 알고 싶은 경우를 생각해 봅시다. 연락이 되지 않고 상태 파악이 전혀 되지 않는 때, "공장에서 연락이 오기까지 기다린다." 혹은, "한시라도 빨리 재해 상황을 확인한다." 이렇게 두 가지 행동으로 나누어지게 됩니다. 전자는, 몇 가지 방법으로 공장 관계자로부터 연락이 오는 것을 대책 본부에서 기다리는 것입니다. 한편, 후자는 모든 이동수단을 구사해(경우에 따라서는 어느 정도의 위험을 범하더라도), 가능한 한 빨리 본사로부터 공장에 정찰을 위한 스태프를 파견하는 것입니다.

5.4 긴급 시 정보수집

2 수집하는 정보의 특징과 수집 방법

수집의 긴급성이 높은 정보는 업종이나 회사의 규모와 더불어 경영층의 방침(어디에 경영층의 관심이 집중되어 있는가)에 따라 달라집니다. 기본은 **1**에서 설명한 네 가지입니다.

다음의 ①~④에 상세하게 설명하겠습니다.

① 사원의 안부 확인 정보

재해시 안부 확인은 겨우 몇십 분 만에 끝나버린다고 생각하는 사람도 많습니다. 그러나, 동일본대지진에서는 안부 확인이 대체로 완료될 때까지 1~3일 정도가 소요되었습니다. 안부 확인에 혼란을 피하고 신속하게 안보 정보를 수집하기 위해서는 미리부터 긴급 연락망을 정비해, 복수의 통신수단을 마련해 두는 것이 중요합니다(「5.3 통신수단의 확보」 참조).

② 인프라·교통기관의 정보

대규모 자연재해나 사고의 경우 전기·수도·가스 등 라이프 라인의 단절이나 공공 교통 기관망의 재해는 상당히 큰 확률로 발생할 수 있는 것으로 생각할 필요가 있습니다. 또 회사 주위 상황을 파악하기 위해 도보·자전거·오토바이를 이용하는 등의 정찰도 생각해 둡니다.

③ 자사의 재해 정보

재해가 발생한 후에는 가능한 한 빠른 단계로 자사가 입은 피해가 어느 정도인지 확인할 필요가 있습니다. 단, 실내나 건물 자체가 괴멸상태인 경우에는 여진의 위험이 있어 바로 확인하기는 어려울지 모르지만 어떻게 해서든 각각의 상황에 따른 민첩한 판단과 다음 취해야 할 작업이 요구됩니다. 이 때문에 BCP의 대상 범위에 포함되는 중요한 경영자원을 중심으로 사전에 긴급점검 리스트나 재해 상황 확인 시트 등을 작성해 주세요.

④ 거래처의 안부·재해정보

중요한 부품·제품·상품의 구매처(발주처)가 재해를 입게 된 경우에는 바로 전화해 납기 등을 확인하고 싶지만 상대가 재해를 입은 중에 비즈니스 전화를 하는 것은 마음에 걸리는 것도 사실입니다. 이런 경우에 대비해 사전에 거래처와 긴급 시의 대응 방침에 대해 각서를 교환하는 것도 유용합니다. 각서가 있음으로써 적어도 상대방의 대응상황을 예측할 수 있고 쓸데없는 불안으로 초조해하지 않고도 해결할 수 있습니다.

5.5 위기대응의 의사소통

의사소통의 중요성
효과적인 의사소통 대응 포인트
메시지 패턴의 3가지 예

1 의사소통의 중요성

재해나 사고, 불상사 등의 기업 위기 사태에 직면했을 때 적절한 의사소통을 취함으로써 그 위기를 회피·경감할 수 있습니다. 이것을 '크라이시스 커뮤니케이션(crisis communication)'이라고 합니다만, 일본에서는 '위기관리홍보'로 번역되어, 어느 편인가 하면, 대기업이나 행정부가 매스컴을 향해 행하는 정보 전술과 같은 한정적인 이미지가 있습니다. 이 책에서는 당사자의 업종·업태·조직의 규모와 관계없이, 또 매스컴에 한하지 않고, 고객이나 거래처, 주위 주민 등의 주요 이해관계자에 대해 신속히 현재 상황을 알려주고 재해 발생이나 신용상실을 회피하는 것을 목적으로 하는 활동으로 간주하고 있습니다. 따라서 전자의 의미와 구별하기 위해 '긴급 시 커뮤니케이션'이라는 표현을 사용하는 것으로 합니다.

긴급 시 커뮤니케이션은 전달의 타이밍, 메시지의 투명성, 받는 사람의 의문이나 오해를 초래하지 않는 명료한 내용, 적절한 전달 채널 등이 중요합니다.

메시지 작성에 앞서 무엇보다 중요한 점은 현재 직면해 있는 위험이나 재해에 대해 당사자가 어디까지 바르게 상황을 파악하고 있느냐입니다. 당사자가 두려움이나 초조함·망설임, 정서적으로 균형이 잡혀 있지 않았거나 격무로 복구대응 업무에 쫓기고 있다면 전달해야 하는 적절한 메시지를 생각해내는 것은 곤란합니다. 거기서 현재 상황을 바르게 파악하기 위한, 예를 들면 다음과 같은 포인트에 기반해서 조목별로 나누어 써내려가 봄으로써 메시지를 구성할 때의 기준으로 할 수 있습니다.

■ 상황을 정확하게 파악하기 위한 포인트
- 지금 발생한 일은 무엇인가?
- 이런한 사태가 발생하게 된 원인은 무엇인가?
- 현재 상황이 계속되면 다음에 어떤 사태가 예상되는가?
- 다음으로 예상되는 사태에 대비할 수 있는 것은 무엇인가?

② 효과적인 의사소통 대응 포인트

긴급 시 의사소통을 성공시키기 위해서는 다음의 여섯 가지 항목에 유의해야 합니다.

① 적절한 메시지일 것

직면한 위험이나 상정되는 피해의 크기를 과소평가하지 않는 것입니다. 가능한 한 신속하고 정확하게 정보를 반영시키도록 노력합니다. 메시지를 만드는 사람이나 말하는 사람의 주관을 개입하지 않고, 사실 그대로를 직접적이고 객관적으로 표현하는 것이 필요합니다.

② 받는 사람이 이해할 수 있을 것

이해관계자(받는 사람)가 충분히 이해하고 그 이해함을 기준으로 적절한 판단과 행동을 할 수 있도록, 알기 쉬운 말로 전달합니다. 업계 용어·전문용어·사내용어의 지나친 사용은 외부 사람들에 대해 사실을 애매하게 하여 오해를 불러일으키는 계기가 되기 때문에 가능한 한 사용을 피합니다.

③ 투명성을 유지할 것

긴급 시 의사소통이, 이해관계자가 입을 수도 있는 피해나 악영향을 최소화하기 위해 발신한다고 하는 전제는 받는 사람의 '알 권리'를 보증하는 것이기도 합니다. 사실을 근거로 정확한 정보를 지속적으로 발신하는 것으로 투명성을 유지해야 합니다.

④ 메시지 전달 리허설을 게을리하지 않는다

아무리 바빠도 다짜고짜 두서없이 메시지를 전달해서는 안 됩니다. 오히려 바쁜 때일수록 잠시 여유를 갖고, 상세하게 침착하게 전달합니다. 리허설 도중 발견한 실수나 부정적인 표현은 신속하게 검토하고 정정하는 여유도 필요합니다.

⑤ 적절한 타이밍(시점)에 발신한다

적절한 메시지는 적절한 시점에 발신했을 때 최대의 효과를 발휘합니다. 너무 빨라도, 너무 늦어도 안 됩니다. 사전에 준비해 받는 사람이 가장 정보를 필요로 하거나 반드시 알려야 한다고 판단한 시점에 신속하게 발신할 필요가 있습니다.

⑥ 적절한 상대에게 발신한다

한 대형 택배 회사에서 대량의 배달이 늦어지는 문제가 발생했을 때, 사장은 사죄 회견에서 "법인 고객에게는 빨리 통보했으나, 개인 고객에게는 알리지 못했다."는 것을 폭로해 회사의 엉성한 대응자세가 문제시된 적이 있습니다. 이 사건으로 개인고객들의 신뢰를 잃게 된 것입니다. 메시지 전달 상대를 잘못 선택해 전달하거나, 불충분하면 역효과가 된다는 것을 이런 예를 통해 알 수 있습니다.

③ 메시지 패턴의 3가지 예

아래는 고객과 거래처를 대상으로 한 지진재해의 커뮤니케이션의 예입니다. 긴급시 상황은 다양하며, 이것들은 예문만으로 한정되는 것이 아닙니다. 구두나 메일 이외에 회사의 홈페이지에 게재하는 등의 방법으로 메시지를 발신해 주세요.

① 초동 대응 단계에서의 '긴급보고' 메시지

회사의 재해 상황과 납품 여부, 품질 및 수량·납기 및 지연 예정 등의 외에, 예문과 같은 업무 대응 창구의 변경을 통지하는 것도 좋은 방법입니다.

"○○지방에서 진도 6강의 지진이 발생했습니다. 저희 회사에서는 가능한 한 업무의 계속에 노력해 고객이 통상과 변함없이 안심하고 거래를 하실 수 있도록 처리할 생각입니다. 더불어, 본사 콜센터와 전화 연결되지 않는 손님, 구매처 관계자님, 협력업자님들은 송구합니다만 오사카(大阪)지점 06-0000-1111로 문의해 주십시오."

② 복구에 착수했을 때의 '경과보고' 메시지

가복구인가 통상 복구인가의 여부와 관계없이 복구활동에 착수했을 때 재해의 혼란으로부터 벗어나고 있음을 전달합니다. 이 시점에서 복구의 실마리가 보인다면 업무 재개 시기나 상품·서비스의 납기 예정 등의 정보를 제공하는 것도 고객에게 안심이 됩니다.

"현재 저희 회사에서는 신속한 상품공급과 수주 체제가 원활히 돌아갈 수 있도록 복구에 최선을 다하고 있습니다. 고객님들께 걱정과 불편을 끼치게 되었습니다만, 조금만 더 기다려 주시기를 부탁 드립니다."

③ 복구가 완성되었을 때의 '업무재개' 메시지

하루빨리 주문품을 받고 싶어 하고, 주문을 재개하고자 하는 고객을 위해, 복구 완료가 가까이 된 시점 또는 완료된 시점에서 전달하는 것입니다.

"저희 회사 재해의 영향으로 여러분에게 큰 걱정을 끼쳤습니다. 업무체제는 재해 전과 같은 수준으로까지 완전히 복구해, 내일부터 통상업무를 재개하겠습니다. 이것은 전적으로 여러분의 이해와 지원 덕분이라고 생각합니다. 참으로 감사합니다."

위와 같은 메시지는 ①~③의 세 가지 국면에서 한 번씩 사용하는 것을 의미하는 것은 아닙니다. 시간의 경과와 복구 진척도에 따라, 다른 메시지 패턴이 있음을 보여줍니다. 실제로는 상황에 따라 수시로 메시지를 발신하고 몇 번이고 발신이나 응답을 반복하는 것으로 생각됩니다. 비상시 커뮤니케이션의 중요한 포인트는 적절한 시기에 적절한 메시지를 전하는 것에 전력을 다해야 하는 것입니다.

5.6 절전·정전 대책

사업의 영향
절전·에너지 절약 대책
정전 대응

1 사업의 영향

일본에서 사무실 빌딩의 전력 사용 최고 절정이 되는 시간(14시)의 용도별 전력 소모의 비율은 에어컨 용이 약 48%, 조명 및 OA 기기(컴퓨터·복사기 등)이 약 40%라고 합니다(자원 에너지청 추계 2011년 자료). 사무실 전력의 90% 가까이가 이런 용도에 사용되고 있다는 것은, 절전을 하여도 부득이 정전이 발생하였을 때 상당한 확률로 업무에 지장이 생긴다는 것을 시사하고 있습니다. 절전의 경우, 직장 안에서 이동해서 작업하는 경우 익숙하지 않으면 주변이 어두워 실수하게 되거나 잊어버리며, 안전이나 위생에 소홀해지는 위험성도 있습니다. 오락이나 쇼핑을 즐기는 상업시설에서는 소비마인드에 찬물을 끼얹는 수도 있습니다.

정전의 경우에 사태는 더욱 심각합니다. 조명이나 OA 기기, 중요한 통신수단인 전화나 팩스, 메일을 사용할 수 없고, 서버가 정지로 인해 데이터가 소실됩니다. 수도 또한 사용할 수 없고, 에어컨 정지로 몸의 리듬이 붕괴되며, 업무 효율이 저하되는 사태도 발생합니다. 한편, 공장에서 정전이 발생하면, 긴급정지된 기기를 재가동시키는 데 많은 시간이 걸리는 데다, 공장 특유의 여러 가지 문제가 발생합니다. 냉장고나 냉동고를 사용하는 점포에서는 생선식품의 신선도를 유지하지 못해 판매할 수 없게 되거나, POS 시스템을 사용하지 못하고 고객의 회계 대응이 정체됩니다. 재고확인이나 상품의 발주가 안 되는 장해도 발생합니다. 아래에, 위와 같은 영향의 회피, 저감하는 수단으로 사업환경에 일반으로 적용하는 기본적인 절전 및 정전대책에 대해 설명합니다.

2 절전·에너지 절약 대책

사업소에서 절전대책으로 중요한 포인트는 무엇보다도 절전 노력을 촉구하는 체계를 확립하는 일입니다. 그 때문에 전력량과 절전 효과의 가시화를 도모해 이것들로부터 절전 달성 목표를 설정하여 치밀하게 계속적으로 조절하는 습관을 몸에 익히는 것이 중요합니다. 주요 대책은 다음과 같습니다.

① 자사의 전력소비를 억제한다

일반가정·사업소를 불문한 기본적인 절전대책입니다. 이것은 에어컨의 설정온도를 높이고, 사용하지 않는 방이나 복도의 조명을 소등하고, LED 조명으로 바꾸고, 에어컨을 끄고, 장시간 사용하지 않는 OA 기기를 준비 모드로 하고, 콘센트를 뽑아 대기전력을 없애는 등의 대책이 있습니다. 또, 낮에는 외광을 들여 조명 사용을 줄이고, 반대로 여름같이 외광이 강해 실내 온도로 변하기 쉬울 때는 창문을 열어 블라인드나 커튼을 사용하는 방법도 효과적입니다.

② 전력소비의 피크 시간을 피해 부하를 분산한다

이것은 많은 사업소에서 전력의 사용이 집중되는 시기(한여름 평일 정오 등)를 보다 완만한 시기(야간이나 주말)로 옮김으로써 최고조시간에 집중하는 전력소비를 분산하는 목적이 있습니다. 복수의 사업자에 있어 윤번 조업이나, 영업시간이나 영업일을 단축하거나 옮기는 등의 방법이 있습니다.

3 정전 대응

자연재해가 잦은 일본에서는 앞으로도 예기치 못한 대규모 정전이나 계획정전에 직면하게 될 것을 생각하고 있어야 합니다. 만일 전력의 수요와 공급의 균형이 무너져 돌발적인 대지진이 발생하게 되면 거대한 영향을 피할 수 없습니다. 사업자들에게 있어 주요 정전대책은 다음과 같습니다.

① 발전 시설의 도입과 이용

소규모 사업자는 포터블 발전기 등을 구입해 사용할 수 있지만, 대용량의 전력을 필요로 하는 공장의 생산 라인은 자가발전설비의 설치나 대형발전기가 필요합니다. 후자는 시설비나 임대료, 연료비와 같은 비용의 비율이 높아지는 경향이 있습니다.

② UPS에 의한 순시 전압 강하·정전 대책

반도체 공장 같은 경우 순시 전압 강하나 정전되면 안 되는 중요 설비에는 UPS(무정전전원장치)의 적용이 필수입니다. UPS가 충분히 성능을 발휘하기 위해서는 재충전이나 정기적인 배터리 교환 등의 보수 점검은 필수입니다.

③ 자가발전설비와 UPS의 병용

자가발전설비는 시작부터 전력이 공급되기까지 몇 분간의 시간을 필요로 하는 것이 많고, 그 사이에는 전력이 공급되지 않기 때문에 정전 발생부터 자가발전설비에 의해 전력 공급개시까지 UPS로 유지합니다.

④ 정보 시스템을 위한 정전 대책

정전에 의한 디스크 장애를 가정한 데이터나 시스템 백업 체제의 확립, 정전시 회복(복구) 절차의 확립, 자가발전장치 정상작동의 확인, 연료의 확보, 백업용 배터리의 확보, 용량이나 열화 상황, 자가발전장치로 교체하는 시간의 확인 등도 필요합니다. 또, 중요한 시스템이나 데이터를 갖는 거점을 이중화하고 사내 서버를 아웃소싱하는 대책도 있습니다.

⑤ 텔레워크 시스템의 도입

리모트 액세스(원격 접근)이나 가상 데스크탑 등으로 실현 가능한 텔레워크(재택근무)는 정전시의 사업 연속성을 확보하는 것으로 유망한 대책이라고 생각됩니다.

5.7 정보 시스템의 데이터 복구

BCP에서의 데이터 복구 요건
RTO와 RPO의 결정
RTO와 RPO를 충족하는 요건

1 BCP에서의 데이터 복구 요건

여기서는 정보 시스템의 데이터 복구 지표인 RTO(목표 복구 시간)과 RPO(목표 복구 시점)의 설정 방법에 대해 설명합니다.

정보 시스템의 재해복구계획을 입안하는 것은 정보 시스템 부문, 소규모 회사라면 시스템 관리자이겠습니다. 그들이 먼저 착수하는 것은 BCP 책정 멤버의 협력을 받아 중요한 정보 시스템을 운용하고 있는 부서를 특정해 그 업무의 복구 우선순위(목표 복구 시간)를 확인하는 것입니다. 다음으로 재해 입은 시스템을 복구할 때, 어느 시점까지 거슬러 올라가 데이터를 복구할지 정합니다. 이것을 목표복구 시점이라고 하며, 백업의 방법을 결정하는 지표로서 사용됩니다.

한편, 목표 복구 시간 내에 업무를 재개하려면 재해 받은 정보 시스템의 '대체 시스템'을 확보하고, 목표 복구 시점의 데이터 복구를 실현하려면 '백업하는 방법과 넣어둘 장소'를 결정해야만 합니다. 이것들의 요건에 대해서는 「5.8 데이터와 문서 자산의 보호」를 참조해 주세요.

2 RTO와 RPO의 결정

여기서는 사업 영향도 분석에서 얻은 데이터를 기조로 정보 시스템의 RTO를 확인하고, 다시 각각의 시스템의 RTO를 설정합니다.

① BIA 리포트에서 필요한 정보를 파악한다

중요업무와 그것을 구성하는 경영자원 목록을 참조해 정보 시스템 의존도가 높은 업무를 리스트업 합니다.

② 정보 시스템의 리스트를 작성한다

여기서는 [표 5-3]과 같이 RTO의 값이 작은 순서로 표를 작성합니다.

[표 5-3] 중요한 정보 시스템의 리스트

RTO의 작은 순으로 정보 시스템의 일람을 작성 / 각각의 RPO를 결정

부서명	중요 업무명	정보 시스템 명	RTO	RPO
영업부	SC 관리	수발주 시스템	2일	18시간
설계부	설계업무	설계 데이터 동기 시스템	3일	24시간
영업부	고객대응업무	고객 데이터베이스	5일	24시간

③ RPO(Recovery Point Objective)를 설정한다

RPO는 재해나 사고로 데이터를 소실한 경우, 데이터를 어느 시점까지 거슬러 복구시킬 것인지를 나타내는 지표로, 백업의 필요 빈도를 결정하기 위해 사용합니다. 예를 들어, 오전 9시에 발생한 지진 충격으로 PC가 파손되어, 바로 예비의 PC를 조달해 백업 데이터로 복구를 시도해 봅니다. 이때 백업이 전날 오전 9시에 취득한 것이라면 24시간 전의 시점의 데이터로 복구한 것이 되며, RPO=24시간이라고 표기됩니다. RPO는 그 숫자(시간)가 작을수록 최근의 데이터가 필요하다는 것을 의미하며, 그만큼 백업의 빈도나 운용에도 비용이 들게 됩니다. 이점을 근거로 RPO를 결정해 주세요.

③ RTO와 RPO를 충족하는 요건

RTO(목표복구시간)을 충족한다는 것은 업무를 처리하기 위한 시스템이 파손이나 고장으로 가동할 수 없게 되어 대체수단을 실행으로 옮기는 것을 말합니다. 즉, 재해 입은 시스템과는 별도로 대체 시스템으로 가동할 수 있는 환경을 확보하는 것이며, 이를 위해서는 원격지의 지점이나 대체복구

제5장 대책 각론

사이트를 제공하는 업자를 이용할 수 있습니다.

또한, RTO(목표 복구 시점)를 충족하기 위해서는 백업 방법과 격납 장소를 결정해야 합니다. 데이터를 복수의 디스크 장치로 분산해 성능과 내장해성을 동시에 확보하는 기술로 RAID가 있습니다만, 대지진이나 화재, 수해 등에 대해서는 어찌할 수가 없습니다. 따라서, 사외의 별도의 장소(지사나 업자가 제공하는 사이트)에 네트워크를 거쳐 데이터를 복사하거나 사내에서 작성한 백업을 사외의 보관 장소로 수시 이송하는 구조와 규칙을 설치할 필요가 있습니다.

5.8 데이터와 문서 자산의 보호

정보 자산의 리스트 작성
원격지에 보관

1 정보 자산의 리스트 작성

정보 보안 관리가 넓게 침투되어 있는 오늘날, 정보자산의 백업은 어느 기업에서도 상식적인 업무 순서의 하나로 되어 있습니다. 그러나, 대부분은 사내 보관에 머물고 있어, 광역 재해 등을 상정해 다른 장소에 보관하고 있는 회사가 많다고 할 수 없습니다. BCP의 위험 대책에는 이런 점에 입각해 정보자산의 보전 방법을 재검토할 필요가 있습니다.

'정보자산'에는 두 가지 종류가 있습니다. 한 가지는 '전자 데이터'로 일상영업활동을 통해 정보 시스템 등으로 생성된 데이터나 엔드 유저 PC 하드디스크에 격납되어 있는 중요한 서류, 설계도나 서류 등의 원본 파일을 가리킵니다. 다른 한 가지는 이른바 페이퍼 혹은 하드 카피인 '종이문서'입니다. 계약서나 권리서, 소프트웨어 자격, 고객 리스트, 경영이나 재산, 비법에 관한 기밀문서 등도 포함합니다. 정보자산을 확보하기 위한 대책의 개요는 아래와 같습니다.

① 중요 데이터·문서 리스트 작성

PC의 하드 디스크에는 일상적인 업무활동을 통해 생성된 방대한 숫자의 데이터 파일과, 선반이나 서랍에도 많은 서류가 보관되어 있습니다. 그중에는 업무를 처리하기 위해 반드시 필요한 것, 일시적인 사용을 위해 작성한 것들이 뒤섞여 있습니다. 기기에서 먼저 사업 영향도 분석으로 명백해진 중요 업무를 대상으로 이 업무에 불가결한 정보자산을 리스트 업합니다.

- 중요 고객·거래처 리스트
- 기획서, 조사자료, 영업전략이나 노하우에 관한 자료
- 각종 매뉴얼·제조명세서·판매 노하우
- 각종 서식(전표, 재무 기록 등)

② 원격지에 보관

중요한 정보자산의 리스트를 작성해 사내에서 백업해도, 지진이나 화재, 수해 등으로 건물 전체가 재해에 갑작스럽게 직면하면 백업도 다 잃어버릴 가능성이 있습니다. 이런 경우에 대비해 BCP에서는 백업의 대상이 되는 정보자산에 대해서는 동시 재해를 입지 않도록 원격지(오프사이트)에 보관하는 것으로 되어 있습니다. 여기서는 전자 데이터와 종이문서에 대해 각각의 원격 보관의 유의점을 소개합니다.

① 전자 데이터의 보호와 보관

기간 시스템 등에 생성된 중요한 전자 데이터는 매체가 자기 테이프라면 정기 편으로 지방의 지점이나 영업소 등에 이송 보관하는 것이 일반적입니다만, 최근에는 데이터만이 아닌 서버 기능 자체에 대해 [표 5-4]와 같은 여러 가지 외부 서비스(아웃소싱)를 이용하는 방법도 증가하고 있습니다.

② 종이문서의 보관

종이문서로는 계약서·권리서·설계도·고객으로부터 맡은 중요서류 등이 있습니다. 이용빈도나 갱신빈도가 많은 문서류는 사내 금고나 은행 고객용 금고에 보관하는 경우도 많습니다. 그러나, 사내에 보관하는 것은 만일의 경우에 재해를 입을 가능성이 있음을 의미합니다. 가까이에 꼭 두어야 할 중요한 문서는, 재해발생 시에 바로 회수·대피할 수 있도록 비상시 챙겨야 할 품목 중 한 가지로 포함해 두어 정보보안의 관점에서 방범이나 도난 대책에 만전을 기하십시오. 원본이나 복사한 문서류를 동시 재해의 위험이 없는 원격지에 보관할 때에는 위에 설명한 대로 은행이나 그 이외에 다른

중소기업에서는 사장이나 전무의 자택, 창고 사무소, 지점·영업소의 금고 등이 있습니다.

정보자산의 원격 보관 대책에서 한 가지 유의해야 할 것은 광역 재해가 발생하면 긴급차량의 통행을 확보하기 위해, 행정당국의 판단으로 중요한 도로를 봉쇄하거나 통행 규제를 시행할 수 있다는 것입니다. 예를 들면 도쿄에 대지진이 발생하면 23구 내 전 구역의 통행을 규제합니다. 이로 인해 시내와 주변의 현에 위치한 기업이 시내 정보자산의 보관 장소에서 데이터나 문서를 바로 회수할 수 없는 사태가 생길 우려가 있기 때문에 주의가 필요합니다.

[표 5-4] 데이터를 지키는 외부 서비스

종류	내용
데이터 센터	주로 사용자의 서버를 맡아 두거나 자사 서버를 사용자에게 제공하는 등, 서버 운영, 저장 기능을 제공하는 서비스이다. 센터의 시설은 보안 및 재해·장해 대책이 강화되어 있다. 데이터 센터의 이용에는 "자사의 네트워크 관리의 부담이 줄어든다.", "낮은 비용으로 고품질의 서비스를 누릴 수 있다.", "핵심 업무에 전념할 수 있다." 등의 장점이 있다.
핫 사이트· 콜드 사이트	핫 사이트는 동시 재해의 위험이 없는 원격지에 미리, 현재 사용 중에 있는 같은 시스템을 준비해 항상 데이터를 동기화하면서 가동되는 상태로 있게 하는 것이다. 만일 사무실의 시스템이 정지하여도 핫 사이트에 전환시킴으로써 바로 동일한 시스템의 운용을 재개할 수 있다. 한편 콜드 사이트는 시스템 가동에 필요한 최소한의 기능(회선 등)을 동시 재해의 위험이 없는 원격지에 준비하고, 현행 시스템이 정지했을 때는 그 운용에 필요한 하드웨어나 소프트웨어를 도입해 설정한 후에 시스템을 사용할 수 있도록 하는 것이다.
클라우드 서비스	클라우드 서비스는 인터넷을 개입해 컴퓨팅 자원 (소프트웨어, 하드웨어, 파일, 데이터 등)을 이용할 수 있는 다양한 서비스 형태를 말한다. 최대 이점은 사용자 측이 컴퓨팅 자원을 자사에서 보유·관리하지 않기 때문에 컴퓨터가 파손되어도 데이터나 파일이 소실되지 않는다는 것이다. 더불어 라이프 라인이 단절되거나 애플리케이션이 정지되었을 때 대응에 대해 사전에 공급자와 서로 이야기해둘 필요가 있다.

5.9 공급자의 위험대응

'입수불능'에 대한 위기감
공급자 위험의 가시화

1 '입수 불능'에 대한 위기감

BCP에서 간과하기 쉬운 것이 공급자의 위험 대책입니다. 공급자는 원재료나 부품·제품·소모품·연료 등의 구매처나 공급원을 말합니다. 공급자가 재해로 자사에 공급이 중단되거나, 혹은 그 간접적인 영향으로 매점(買占)적 행동을 유발하고 물품 부족에 박차를 가할 것을 생각하면 그 대책의 중요성이 보입니다.

동일본대지진 때에는 제조 현장이 원재료나 자재 부족으로 혼란스러웠습니다. 가까운 예를 들자면 생활필수품의 공급 부족이 있습니다. PSP 용기나 필름 자재 공장의 재해, 더불어 그 필름의 원료가 되는 에틸렌을 정제하는 석유화학 콤비나트의 재해 역시 겹쳐 식품 제조 외에 여러 업종에 영향이 생겼습니다. 우유 제품 부족은 종이 팩 메이커의 재해, 페트병의 부족도 뚜껑 생산 공장의 재해가 원인입니다. 동일본의 제유소의 손괴나 수송용 탱크로리의 유출, 재해지의 서비스 스테이션(SS)의 붕괴나 손상은 심각한 휘발유 부족을 일으켰습니다.

한편, 공급정지는 '매점'도 유발합니다. 이것은 조용한 공황상태라고도 할 수 있습니다. 지진 재해 당일부터 1, 2주간 정도는 위에 설명한 바와 같이 물품 부족의 원인으로 많은 사람이 식료나 휘발유를 매점하여 사업 지속이나 재해복구를 위해 활동하는 사람들에게 큰 장해가 됩니다.

2 공급자 위험의 가시화

「제1장 '사업 연속성 계획'이란 무엇인가」에서는 어떤 기업도 많은 기업의 이해관계자와 연계되어 있다는 것을 말했습니다. 또한 제2장의 「Step 4 위험률 평가」에서는 재해가 원인으로, 생각지도 못한 결과를 초래하는 것을 지적했습니다. 재해가 발생했을 때, 이 두 가지 사항이 가장 현저한 형태로 결합하는 것이 공급자와의 관계입니다. 공급자의 공급이 단절되면 어떤 사업도 꾸려나갈 수 없게 됩니다. 제품 및 원재료는 물론, 중요한 판촉 도구를 제공하는 광고 대행사 및 인쇄회사의 피해(서비스의 공급정지)도 큰 타격이 됩니다. 모든 것은 상호의존의 관계 속에 성립되기 때문입니다.

이런 사태를 피하고자, BCP에서는 적극적으로 공급자의 위험을 조사하고 평가해 그 위험을 회피하기 위한 대책을 취합니다. 이것은 공급망 관리(공급자의 네트워크)를 통제하는 대기업만으로 제한된 것이 아닙니다. 어떤 규모의 회사에서나 공급이 단절되는 위험은 피해야 하는 중요한 과제입니다. 이런 현상을 근거로 아래에 공급자의 '리스트 작성', '위험평가', '위험대책'의 세 가지를 제안합니다.

① 공급자의 리스트 작성

중요 업무에 필요한 모든 공급자의 리스트를 작성합니다. 이미 설명한 바와 같이 여기서는 공급자를, 제품(원재료)이나 서비스를 공급하는 모든 사업자라고 정의합니다. 따라서 인터넷 서비스 제공자나 정보 시스템, LAN 이외에 네트워크 관리를 외주하고 있다면 그 외주 업자도 포함합니다. 원재료나 부품의 공급원인 경우에는 어떤 수준의 공급자인지도 염두에 둡니다.

② 공급자의 위험평가

다음에 작성된 공급자 리스트를 이용해 아래 항목에 대해 조사와 평가를 합니다.

a. 공급자의 방재능력

공급자가 방재계획이나 BCP를 책정해 적절하게 적용하고 있는지 앙케트나 방문을 비롯한 기타 방법을 통해 조사합니다. 이미 BCP를

제5장 / 대책 각론

도입했다면 먼저 이 요건은 끝마친 것으로 간주합니다.

b. 공급이 중단되었을 경우의 영향

　　공급자로부터의 공급이 중단된 경우의 영향을 검토합니다. 이런 영향의 평가는 사업 영향도 분석에서 실행하지만, 위험률 평가나 일상 업무의 거래처 평가의 일환으로 시행하는 일도 됩니다.

c. 공급이 중단된 경우의 보증 내용

　　계약서에는 이른바 SLA(서비스 보증)이 포함되어 있는 경우가 적지 않습니다. 통상적인 방법으로 공급되지 않는 경우의 대체 공급방법이나 최저 공급 수준, 공급 불능이 된 경우의 보증금액의 과부족 등을 확인합니다.

d. 공급정지 후 지속 가능 기간

　　공급자로부터 공급이 중단된 경우 언제까지 업무가 계속 가능한지를 생각합니다. 현재 소유한 평균 재고량이나 대체 조달처의 유무를 참고로 검토해 주세요.

③ 공급자의 위험 대책

공급자의 위험 대책은 '공급자에 대한 대책'과 '자사의 대응대책'의 두 가지로 나눌 수 있습니다.

a. 공급자에 대한 대책

　　희소한 제품·부품·원재료 등을 공급하고 있는 중요한 공급자에 대해 '재해 시 전달수단과 시간', '지원·협력방법', '대체공급수단', '공급이 되지 않는 경우 보증내용' 등에 대해 확인·결정을 내립니다.

b. 자사의 대응대책

　　현재 소유의 재고나 입하 시간을 조정하거나, 자사에서 완성한 성과물의 납입처에 전달시간을 재검토해 공급이 정지했을 때 탄력성을 갖게합니다.

5.9 공급자의 위험대응

　이러한 공급 업체의 위험 대책은 독립적으로 할 수 없으며, 어떤 상황에서도 공급자의 협력이 필요합니다. 비용이나 납기의 유리함만으로 연결되어 있는 관계는 취약한 것입니다. 예측불허의 사태에 직면했을 때 상호 간의 지원·협력가능한 관계를 평상시에 형성하는 것이 중요합니다. 위에 설명한 바와 같이 교섭이나 확인을 할 때는 이것이 BCP 대응의 일환이라는 것을 전하면 공급자 대부분은 이해를 해 줄 것입니다. 만약 진취적인 자세를 보여주지 않는다면 다른 공급자로 교체하는 결단도 필요합니다.

5.10 건물 재해와 대체 거점

목적과 용도의 명확화
대체 거점의 운영요건
장기화를 고려한 대체 거점의 요건

1 목적과 용도의 명확화

BCP는 방재나 위기 관리상 매우 중요하고 효과적인 계획입니다만 그 '한계'를 인식해 두는 것도 장래 BCP 방향성이나 지속 전략의 자세를 검토할 때의 포석이 됩니다.

그 한계는, 대규모 재해가 발생하면 자사의 건축물 자체가 궤멸적인 피해를 보거나 출입할 수 없고, 대중교통의 사용이 불가능한 위험이 있는 것입니다. 사실 동일본대지진 발생 시 건물의 무너짐, 쓰나미와 액상화 토사 붕괴로 인한 파괴, 대규모 화재로 인한 소실, 혹은 원전 사고로 인한 방사능 오염으로 반영구적으로 퇴거당하고 최악의 사건으로 인해 오랫동안 친숙해진 업무장소가 붕괴되는 사태를 눈앞에서 겪었습니다. 이밖에는 중장기 주기를 거쳐 폭발을 반복하는 화산 폭발과 최근 그 세력이 현저해진 태풍과 집중호우, 용오름 등 심각한 피해를 불러오는 상황은 말할 나위도 없습니다. 아래에 사업거점이 사용·접근 불능을 상정한 기본적인 대책에 대해 생각해봅니다. BCP에서는 건물이나 부지에 접근이 불능한 장소, 대체시설, 대체거점을 준비해 두는 것을 하나의 더 좋은 실천으로 취급하고 있습니다.

대체 거점에 대해 가장 먼저 검토해야 할 점은 그 사용 목적과 용도를 명확히 하는 것입니다. 예를 들어 일시적인 가설의 대책 본부가 목적인 경우 화재 등의 국소재해라면 근처 호텔 회의실을 이용할 수 있지만, 재해의 영향이 길어질 때에는 다음과 같은 장소를 대체 후보지로서 확보하는 것도 검토합니다.

5.10 건물 재해와 대체 거점

- 지점·영업소 등 동시 재해의 위험이 없는 장소
- 거래처, 협력업자의 활동 공간의 차용(사전에 합의 필요)
- 재해 영향이 미치지 않는 지역 임대물건 확보

즉, 대체 본부, 업무 수행을 위한 사무실, 제조 현장(공장) 등 목적이나 용도의 차이로 인해 충족하는 조건(필요한 경영자원, 기구, 수량 등)도 여러 가지 단계로 다른 점에 유의하세요.

2 대체 거점의 운영요건

대체 거점의 기본은 재해의 영향이 미치지 않는 전기·전화·인터넷 회선이 사용 가능한 장소가 되지만, 사업 연속성 대응이나 복구대응, 본사 기능의 유지 등 운영 실무 면에서는 다음의 세 가지를 고려해 주세요.

① 장소를 전략적으로 선택한다

사업 지속 전략에는 목표 복구 시간(RTO)을 충족하는 조건을 우선으로 고려해야 합니다. RTO의 값이 작을(단시간)수록 장소가 제한적으로 됩니다. 예를 들어, RTO가 2일이라면 2일 이내에 스태프가 이동해, 대체 장소에 도착해 준비를 완료해야 합니다. 즉, 가장 가까운 장소를 선택하든가, 먼 곳의 장소를 선택하지 않을 수 없는 경우에는 현지에 급히 갈 수 있는 스태프(가장 가까운 영업소의 사원 등)를 지명할 필요가 있습니다.

② 이동·통근·체재의 난이도를 알아둔다

목표 복구 시간 이내에 여유를 갖고 스태프가 현지에 도착 가능한지의 여부를 확인한다.

현지에 잠시 체류하는 것이라면, 체재 기간에 부하(통근이나 숙박의 불편) 등의 정도를 사전에 점검합니다. 또, 스태프에 따라 대체지에 파견을 희망하지 않는 사람이 있을 가능성이 있습니다. 인사부의 협력을 얻어 이런 점을 확인해 두는 것도 중요합니다.

③ 인원수와 용량을 추정한다.

가설 대책 본부, 사업 연속성을 위한 대체 사무실 등은 용도의 차이나 시간이 지남에 따라 수용인원이 변화될 가능성이 있습니다. 예를 들어, 재해를 입은 공장 옆에 가설 대책 본부를 설치하는 것도 생각해 둡시다. 처음엔 의사결정 멤버의 몇몇 사람들의 공간으로 족하지만, 날이 지남에 따라 드나드는 종업원과 협력회사원의 수가 늘어, 큰 단체가 되어 대책 본부가 이동할 수 없게 됩니다. 이와 같은 새로운 노력과 시간 낭비를 막기 위해서는, 또 대체 장소에서의 증원이나 작업량의 증대에 따른 장시간 체제 등의 가능성이 있는 경우는 미리부터 증원 수와 필요한 공간을 계획에 포함하는 것이 중요합니다.

③ 장기화를 고려한 대체 거점의 요건

대체지에서의 활동이 예정보다 길어지거나, 본래 활동 거점이 막심한 피해를 입어 대체지에서의 정규사업운영을 하지 않을 수 없는 경우 새롭게 검토 과제로 검토해야 합니다.

하나는 사업 요건의 재검토(=BCP의 재검토이기도 하다)입니다. 업무를 재개하는 데 있어 고객이나 거래처와의 왕래나 소통의 문제는 없는가, 지리적인 위험요인은 없는가, 고장의 풍습의 특성은 어떤가, 새로운 사업기회는 있는지의 여부를 검토합니다. 다음은 고용의 문제입니다. 특히 숙련사원이나 중요 인재에 상당하는 인재가 새로운 곳으로 이사할 수 있는가, 신규 사원으로 즉시 전력 있는 인재를 고용할 수 있는가, 다른 많은 종업원의 고용을 어떻게 할 것인지의 문제를 해결해야 합니다. 최후에는 자금 융통입니다. 특히 중소기업의 경우 기존 설비투자의 변제가 남아 있으면 새로운 토지에 신규 사업 자산의 조달에는 많은 곤란이 동반됩니다. 이것에 대해 평소에 세무사나 회계사, 가까운 금융기관에 상담해 비상시에 긴급융자나 동업자와의 공동구입의 가부 등을 검토해야 합니다.

5.11 재해 시 상호협력과 제휴

상호협력과 제휴의 중요성
재해 시 협정의 체결
협정서의 기재 요소

1 상호협력과 제휴의 중요성

　BCP에서는 다른 조직과의 협력관계의 확립을 장려합니다. 그 이유 중 하나는 자사 단독, 자조 노력만으로는 재해 대응에 한계가 있다는 것, 다음으로는 공조(서로 협력하는 것)의 중요성, 그리고 마지막으로 재해의 심각성에 따라서 자사의 대응만이 아닌 구원 물자의 제공이나 인명 보호 등을 통해 지역사회의 요청에 따라야 하는 경우가 있습니다. 협력관계를 구축하기 위해서 선정한 조직에 대해서는 비상사태의 목적을 명확히 하고 나서 의논에 들어갈 필요가 있습니다. "목적을 명확히 한다."란 예를 들어 재해 발생 직후의 인명구조나 안전 확보, 긴급 물자의 제공 등 일각을 다투는 초동단계에서의 협력을 중심으로 생각한다는 것이라면 인근 주민의 지역사회나 자치단체와의 제휴가 중심이 됩니다. 그러나, 자사의 경영자원을 사용할 수 없게 되었을 때, 사업의 계속을 목적으로 하는 동등한 경영자원을 갖는 대체사업자를 찾는 경우 재해의 영향을 받지 않는 먼 곳의 사업자나 자사의 요건을 충족하는 기술이나 노하우가 있는 조직을 찾아야 합니다.

　즉, 상호협력을 실현하기 위해서는 대화를 통한 이해와 신뢰 확립이 먼저 전제됩니다. 협력관계를 구축하지 않은 조직이 안고 있는 문제로, 상대가 동업자(경합 타사)인 경우, 경영자원을 서로 융통해 합침으로써 노하우나 기업비밀, 기술적인 약점이 상대에 누설되는 것은 아닌지, 업무를 위탁함으로 고객을 빼앗기지는 않는지의 우려가 있습니다. 이러한 것들에 대해 아무것도 손을 쓰지 않았을 때의 영향과 보상의 크기를 제대로 응시해 이해를 넘어선 곳에 협력의 의미와 가치가 있다는 것을 양방에서 인식하는 것이 중요합니다.

② 재해 시 협정의 체결

여기서는 상호 협력 계약을 '협정'이라는 명확한 형태로 진행한 사례를 소개합니다. 앞에서 설명했듯이 협력 목적에 따라 상대는 달라집니다. 민간 기업과 자치단체가 맺은 '방재협정'은 사회적인 사명과 봉사정신, 브랜드나 지명도가 유지됩니다. 민간 기업간의 협력 협정은 상호 자원을 융통하거나 사업 지속 전략을 실행으로 옮기기 위한 공조로서의 목적이 있습니다. 아래에 이런 패턴을 몇 가지 소개합니다.

① 자치단체와 민간기업과의 협정

재해 시, 도시의 비축 식량이 부족하거나 부족이 우려되는 경우에는 도시의 요청을 근거로 협력사업자로부터 취급 물건의 공급을 받는 협정입니다. 협정을 맺는 기업의 업종은 슈퍼·의료품제조사·아웃도어가게·종합 센터·백화점·제과업체·대형 가전판매점 등 다양합니다.

② 민간 기업과 마을회의 일시 피난 협정

민간기업과 마을회가 협정을 맺는 예도 있습니다. 한 예로 경치 좋은 항구에 있는 관광호텔이 만일 쓰나미의 내습이 예상될 때 관광호텔에 4층 이상의 층의 공유 부분을 긴급피난 장소로 개방하는 협정을 맺는 것입니다. 해안에 가까울수록 급격한 높은 파도가 덮쳐오거나, 반대로 해안에서 몇 킬로미터의 평야가 안으로 펼쳐져 있는 지역, 즉 쓰나미나 홍수의 내습으로부터 도피처가 없는 지역에서는 이런 고층 빌딩이 있는 기업이나 맨션과 마을회의 협정은 극히 중요한 의의가 있습니다.

③ 민간기업 간의 협정

도쿄의 한 의료 기기 업체의 유지 보수 서비스 부문은 전국의 고객(제품 납입처)에 출장하는 체제를 취하고 있지만, BCP의 책정과 동시에 유지 보수 서비스용 부품의 구입처인 나고야(名古屋)의 부품 업체와 협정을 맺었습니다. 이 협정은 만일 거대 지진에 휩싸여 자사 직원이 출장을 갈 수 없을 경우, 부품 메이커의 엔지니어가 직접 고객에게 부품 교환을 하러 나간다는 것입니다. 이와 유사한 협정은 여러 가지가 있습니다. 제조 공정의 일부 또는 전부, 또는 조립 모듈 단위로 다른 지역의 동업자나 조립 부품 메이커와 상호 위탁 계약을 맺는 것인데, 통상의 제조 가공 체제가 취해지지 않을 경우 이러한 기업들이 상호 작업을 하청 받고 사업의 목적을 달성하는 구조로 되어 있습니다.

③ 협정서의 기재 요소

아래 나타낸 것은 자치단체의 홈페이지 등에서 일반적으로 볼 수 있는 재해 시 협정서 항목입니다(여기에 기재된 요소가 전부는 아닙니다) 참고로 해 주세요.

타이틀: 재해 시 생활물자 지원을 위한 협정서

제1조: 목적
제2조: 재해의 인정과 통지(갑 → 을)
제3조: 생활물자의 지정 및 확보(갑을 협의)
제4조: 요청방법(갑 → 을)
제5조: 물자의 납품장소(갑을 협의)
제6조: 경비 부담·청구·지불에 대해(갑을 협의)
제7조: 상해사망 등 보상에 대해(갑을 협의)
제8조: 손해 부담에 대해(갑을 협의)
제9조: 연락책임자(갑을 쌍방)
제10조: 협정기간(갑 → 을)
제11조: 협의(갑을 협의)

(부칙) _____
(서명란) _____

자치단체 (갑)
민간기업 (을)

5.12 재해 대책 자금의 확보

재해 손실의 가시화
필요한 자금 확보

1 재해 손실의 가시화

재해 대책 자금에는 "이것만 준비하면 충분하다."라는 결정적인 숫자가 없습니다. 어느 회사의 사장은 "적어도 매출의 3개월분은 필요하다"고 언급하고, 다른 회사의 사장은 3년간은 매출이 제로라고 해도 먹고 살 수 있다며 낙관합니다. 어느 정도 사업 자산이 손해를 볼지는 실제로 결과를 보아야만 알 수 있습니다. 또 연구개발비나 판매촉진 캠페인 비용이 이익이나 가치를 낳는 '투자'임에 반해, BCP 비용은 병이나 부상에 대비하는 '중도해약 보험'과 동등시 하는 경향도 있습니다.

여기서 재해 시 자금을 검토하기 위해서, 재해로 인해 사업이 중단되었을 때, 손실의 종류를 파악하고 각각의 영향의 크기를 가시화해 볼 것을 추천합니다. 먼저 BCP를 도입하지 않은 경우에 발생한다고 생각되는 재해손실의 종류와 영향은 다음과 같습니다.

- 매출 기회의 일실(→1일 ○만엔 ×사업정지일수분)
- 사업 자산 손실(→건물·장치·기재·비품 등의 파손·고장 등)
- 고객층 감소(→신뢰·신용의 저하→고객을 되돌리는 시간, 선전비)
- 고정비의 계속적 발생(→운전자금의 고갈, 종업원의 해고)

이러한 손실은 사업 정지 기간이 길어지면 길어지는 만큼 누적으로 발생한 손실입니다. 그런데 이것은 비상시의 대책이나 대응이 무방비한 상태였으므로 발생하는 손실입니다. 즉 최소한의 사업을 계속하는 데 필요한 경영자원을 유지할 수 있다면, 연쇄적이고 누적적으로 발생하는 이러한 손실을 감소시킬 수 있는 것입니다. 따라서 대책 비용을 어디까지 압축할 수 있을지가 재해 대책 자금을 결정하는 데 중요한 열쇠입니다.

2 필요한 자금 확보
여기서는 재해 시 자금 확보에 대해 다음의 ①~③을 고려해 봅시다.

① 방재대책과 사업계속에 필요한 예산
사업 지속 전략의 효과를 본다면 단순히 수익 감소를 줄인다는 비근한 효과에만 그치지 않습니다.

비즈니스 이해관계자와의 신뢰, 신용 유지를 기대할 수 있기 때문에 위에 언급한 것과 같은 연쇄적인 손실을 끊을 수 있습니다. 이 예산 내역은 비상시 비축품 등의 방재 대책비, 주요한 경영자원을 지키기 위한 위험대책비, 사업 지속을 위한 대체자원대책비용(외부 데이터 센터 이용요금이나 설비의 이중화 대책 등), 손해보험 등이 있습니다.

② 사후 대응 예산(운전 자금과 복구 예산)
사후 대응 예산은 ①의 예산과 이율배반적인 관계에 있어 ①의 예산을 강화할 수 있다면 즉 예산을 건 효과가 기대된다고 하면, 복구예산은 그만큼 적게 추측할 수도 있습니다. 대규모자연재해 등을 상정한 경우 최저로 필요한 예산 종류는 다음의 두 가지입니다.

- 회사유지비(건물·시설유지비, 임대료·급여·수도광열비·차입금 변제 등의 고정비)
- 복구비용(재해자산의 수리·복구, 점검·보수·매입 지출 등)

③ 사후 대응 예산의 확보
재해발생 후 기본적인 자금조달원은 소지한 자금이며, 어느 정도의 금액은 상시 보유하고 싶은 것입니다. 그리고 고정비인 임금 급여의 부하에 대해서는 사원의 휴직 조치를 마련하여 고용조정급부 등의 조성을 받는 옵션도 있습니다.

금융기관으로부터의 운전자금이나 복구자금 조달에 대해서는 사전에 유연한 면을 준비해 두는 것이 바람직합니다. 이것은 사업 연속성 계획에 있어 대책의 효과를, ②의 사후 대응비용에 반영시킨 후에 필요한 예산을 책정하는 이면에는 BCP의 범위로 커버되지 않는 손실을 반영한 자금조달 계획을 작성해 금융기관과 협의해 자금 조달에 대한 협력을 조성하는 것이 바람직합니다.

5.13 이동·수송·교통 대책

재해로 인한 직접적인 영향
상정되는 피해와 대책

1 재해로 인한 직접적인 영향

대규모 지진이나 태풍·쓰나미·화산폭발의 발생은 사람과 물자의 이동에 심각한 영향, 이른바 '수송기능의 정지'를 초래합니다. 도쿄나 나고야, 오사카 등의 주요 도시를 매일 같이 일상적으로 오가거나 물자 수송에 크게 의존하고 있는 기업은 이동이나 수송 기능이 저해된 때 사업에의 영향을 가시화해 두어야 합니다. 수송·교통수단의 단절은 단순한 통행과 이동이 안 되는 것에 그치지 않고 예상도 할 수 없는 복합적인 영향을 초래하게 될 것입니다. 도시에 데이터 센터가 있는 기업은 인원의 이동 곤란으로 인해 데이터의 회수나 복구작업이 원활히 진행되지 않는 사태를 불러일으킵니다. 여러 가지 물자나 연료의 공급 단절은 또 다른 문제를 일으킬 수도 있습니다.

이런 사태를 기업으로서 사전에 예측해 해결하는 것은 쉽지는 않습니다만 어떤 조직에도 공통적으로 우려되는 상황이며, 가능한 범위에서 문제점과 대책을 가시화하는 것이 요구됩니다.

2 예상되는 피해와 대책

① 회사의 고립화

대도시권을 잇는 도로, 산간지역의 도로, 곶이나 해안선의 도로, 많은 다리가 교차되는 도로가 단절되면 회사가 고립될 수 있습니다. 평소에 익숙한 경로 외에 대체경로와 우회로를 검토해 입지조건에 따라 육로뿐 아니라 공로·해로도 염두에 두어야 합니다. 또한, 고립되었을 때 구조대책으로 최소한의 통신수단(위성전화 등)을 유지해야 합니다.

② 이동 곤란

이동 곤란 상황은 장기간 출근이 불가능해지거나 회의·미팅·프레젠테이션·경영활동·상담의 기회를 빼앗길 가능성이 있습니다. TV·음성 회의로 변경하거나 화상회의의 검토도 필요합니다. 건물이나 기계장치의 수리업자나, IT 보수 서비스 업자를 부탁해도 이동할 수 없어 복구가 진척되지 않을 수도 있습니다. 지진 등을 상정하는 BCP로는 이용성은 높아도 동시 재해의 가능성이 있는 지역에 복구 자원이나 의존처(수리나 보수처)를 집중시키는 것은 가능한 피해 주세요.

③ 수송력의 마비

도쿄나 오사카(大阪)는 유통 네트워크가 최고로 집중되어 있는 지역입니다. 해안지역의 석유화학 콤비나트 등의 재해는 심각한 가솔린 부족을 불러일으키고, 많은 도로의 재해(건물이나 전신주의 파괴 등)와 이에 동반된 통행규제가 일어나면 막대한 양의 수송차량이 이동할 수 없게 됩니다.

이 때문에 기업이 사업 지속 대응이나 본격적인 재해복구에 필요한 물자나 스태프가 활동하는 데 필요한 식료·물·가솔린·의약품 등이 공급되지 않을 가능성이 있습니다. 중요한 경영자원, 조달품·판매용 상품에 대해서는 원격지(지점 영업소 등)에 재고를 확보해 두고 생산업자나 위탁업자로부터 고객에게 직송하는 것도 검토해 봅니다. 임시물류거점, 창고(물류 중계 기지)를 재점검합니다. 재해지에 있는 창고가 전멸했을 때 다른 창고에서 어디까지 보충할 수 있는지 재검토합니다.

④ 공급망(supply chain)의 단절

가장 어려운 대응 중 한 가지가 공급망의 문제입니다. 일본 각지에는 기술력이나 경쟁력 면에서 보틀넥이 되는 중소기업이 다수 집중되어 있기 때문에 수송의 단절로 인해 동일본대지진과 같은 글로벌 공급망의 단절영향이 생길 가능성이 있습니다. 기업 개별뿐만 아니라 복수의 협력회사·동업자·다른 업종끼리 여러 방법으로 제휴·협력관계를 구축해 공급체제의 유연성과 대체성을 확보하는 것이 바람직합니다.

14 판데믹과 방사능 오염 재해

판데믹(pandemic: 전염병의 만연)
원전 재가동 후 방사능 오염대책

1 판데믹(pandemic: 전염병의 만연)

2009년에 전 세계적으로 만연했던 신형 인플루엔자는 독성은 그다지 강하지 않았으나 생활면이나 비즈니스에 대한 영향도 비교적 제한적으로 머물렀습니다. 지금은 거의 신형 인플루엔자의 붐이 사라졌지만 앞으로 감염력과 독성이 더 강한 전염병이 돌발적으로 발생할 지도 모릅니다. 아래에 지금까지의 지식과 교훈을 바탕으로 한 BCP의 판데믹 대책의 요점을 소개합니다.

① BCP의 트리거 결정법

BCP의 트리거(행동을 일으키는 계기)는 두 가지가 있습니다. 한 가지는 인플루엔자 감염의 위협을 느껴 대책 본부를 시작할 때입니다. 다른 한 가지는 BCP를 발동할 때입니다. 대책 본부 설립 기준에 대해 글로벌한 WHO의 경보는 참고로 하고, 자사의 지역적 특성을 참고한 기준을 마련합니다([표 5-5] 참조). BCP의 발동기준은 다른 BCP와 같은 기준도 상관없습니다.

② 초동대응의 취급에 일관성을 가지려면

지난번 신형 인플루엔자는 감염력과 치사율, 감염의 확산에 관한 정보가 바뀔 때마다 다급히 다른 대응을 추구한 기업도 적지 않았습니다. 이것은 ①의 트리거 설정과도 관계합니다만 원칙으로 '사원·가족·자사업무의 영향이 표면화'까지는 모니터링(상황 감시)법을 철저히 하고, 기계적인 트리거의 설정기준에 과민하게 반응해 행동하지 않도록 유의해 주세요.

제5장 / 대책 각론

[표 5-5] 대책본부 성립의 기준예

경계 레벨	사례 내용	판정	대응 예
I	국내원격지(사업 활동권 외)에서 감염자 발생	긴급사태가 아니다.	주의 환기와 모니터링
II	통근권(or 시내)에 감염자 발생 또는 원거리의 영업소 안에서 감염자 1명 확인	철저한 경계 필요	건강 상태 확인과 위생 습관을 사원에게 철저. 영업소 스태프 전원의 건강 상태 확인과 위생대책에 철저. 건강 상태에 조금이라도 이상이 생기면 신속하게 출근을 보류하도록 지시한다. 근무는 통상체제를 유지. 회사로서 위생대책을 실시(마스크 배포, 소독액 설치, 대인 거리 유지)
III	본사 내에서 1명의 감염자 확인	긴급사태 ≪대책본부 설치≫	위의 대책에 더해 필요에 따라 사업 연속성 체제에 이행. 긴급성이 높은 중요업무만 속행. 중요 업무에 관련된 스태프를 출근 그룹, 재택근무 또는 자택 대기 그룹으로 분산해 2일 교체 근무를 한다. 출근 그룹은 회사 전용차·개인차로 통근시킨다, 대체 스태프를 대기시킨다 등.

③ 사업 연속성에 대한 대응을 강독형과 약독형으로 나눌 것인가?

BCP는 일반적으로 최악의 상황을 기조로 상정과 행동의 기준을 결정합니다. 진도 6의 지진은 문자 그대로 엄청난 피해를 주지만, 인플루엔자와 같은 경우는 감염력이나 독성(치사율)의 강약에는 애매함이 있습니다. 약독형이라도 사내에 많은 발병자가 발생하면 BCP를 발동하고, 강독형이라도 회사 전체에 감염예방대책이 철저하다면 BCP를 발동하는 기회는 없을 수도 있습니다.

강독형인지 약독형인지가 판명되기까지는 다소 시간이 걸려 실시간으로 행동으로 옮기기 어렵다는 특성도 있습니다. 이런 이유로 강독/약독을 사업 연속성 활동의 판단 재료가 되는 것은 의미가 없고, '감염예방대책'을 철저·강화하기 위한 기준으로만 사용하는 것이 타당합니다(생명유지와 사회 인프라에 관련된 사업에서는 이 정도로 그치는 것이 아닙니다).

② 원전 재가동 후 방사능 오염 대책

 동일본대지진에 의한 후쿠시마(福島) 제1 원자력 발전소의 쓰나미 피해와 그로 인해 발생한 방사성 물질의 확산 피해는 많은 주민과 기업에게 청천벽력이었음에 틀림없습니다. 이 재해는 비상시 위험 대책의 미비와, 결함을 간과해 온 국가와 전력 사업자의 위기관리에 대한 현저한 방심이 원인이었다고 말할 수 있습니다. 앞으로 단계적으로 전국의 원전 시설이 폐지될 가능성은 있다고 해도, 대체 에너지 전환에 시간이 걸릴 것이므로 현실적으로 전력 사회는 물론, 정부와 지자체도 이 재가동을 지지하고, 이를 단계적으로 확충해 나갈 것도 충분히 생각할 수 있습니다.

 향후, 방사능 오염 재해의 잠재적인 위험이 당분간 계속된다고 가정한다면 각 기업은 어떠한 대책을 세워야 할까요? 최소한 실시하고 싶은 것은 원자력 발전시설과 가까운 장소(예를 들어 100킬로미터권 내)에 있는 기업은 BCP에, 원자력발전소 사고에 동반된 방사능 오염 재해의 대처순서를 포함하는 것입니다. 그렇다고는 하나, 방사능 오염 재해에 효과적인 대응은 미진한 부분이 많아 여기서는 구체적으로 제시할 수 없습니다. 다행히 많은 조직은 2009년 신형 인플루엔자의 유행시에 감염증 대응의 순서책이나 BCP를 책정하고 있었습니다. 감염증 대응의 BCP에는 예방·모니터링·트리거 레벨·뜬소문 재해대응·피난·거점이동계획 등이 포함되어 있다고 생각하나 이것들은 많은 점에서 방사능 오염 대응의 절차나 BCP를 작성할 때 참고가 되지 않을까 하고 생각합니다([표 5-6]참조). BCP에 원전 사고 후 대응 방침을 명문화해 두는 것은 단순히 방사능 확산의 위협으로부터 사원과 가족을 지킬 뿐 아니라 국내외 기업의 이해관계자에 대한 책무이자 신뢰를 얻기 위한 수단 중 하나라고 할 수 있습니다.

 즉, 양자에는 [표 5-6]과 같은 검토사항으로 공통점이 있는 한편 특징적인 차이가 있다는 것도 잊어서는 안됩니다. 그것은 판데믹에서는 어떤 시기가 되면 신속히 종식되도록 전력 회복하는 것에 비해, 방사능으로 인한 환경이나 생태계의 오염은 기업 회전 기간을 척도로 생각하는 한, 종식이나 회복을 기대하는 것은 거의 가능성이 없다는 점입니다. 양자의 BCP를

제5장 / 대책 각론

생각할 때, 이런 특이한 성질을 갖는 재해인 것을 염두에 두는 것이 중요합니다.

[표 5-6] 판데믹과 방사능 오염 재해의 항목 비교

항목	판데믹 대응 BCP	방사능 오염 대응 BCP
예방 대책	감염예방(손씻기·양치질·복잡한 인파를 피한다) 대체 스태프를 정해 둔다.	방사선으로부터의 보호 대책/방사성 요드에 의한 내부피폭 대책 등 대체 스태프를 정해 둔다.
모니터링	감염확대·접근상황을 모니터링한다.	미디어의 정보 수집 및 방사선량 측정기에 의한 정기적인 계측
트리거	레벨Ⅰ=국내 감염 확인 레벨Ⅱ=시내 감염 확인 레벨Ⅲ=사내 감염 확인 등	레벨Ⅰ=원전 재해 확인 레벨Ⅱ=시내 방사성 물질 확인. 레벨Ⅲ=방사선 양이 위험 수치에 달한 경우
업무의 계속	감염 만연기에 요구되는 업무, 연속성 업무와 뒤로 돌려도 좋은 업무의 분류	장기화를 대비한 대체 거점의 사업 연속성 요건(경영자원의 배분·공급·물류 대책)
뜬소문 피해 대책	사내에 감염의 소문이 퍼진 경우 자사의 감염증 대책에 관해 정보 발신	자사상품에 방사성 물질이 검출된 경우에 정보발신 및 커뮤니케이션 대책
연습	감염의심자의 대응과 반송 훈련·위기 대응 커뮤니케이션 훈련	트리거에 따른 행동 계획 절차확인·피폭자의 대응(의료·노무·인사면)

부록 1
샘플 문서집

이 샘플 문서집은
이 책의 이해를 돕기 위한 보충자료입니다.
기재된 회사명·인명·업무내용은 모두
가상이며, 실재조직·인명 등은
일체 관계가 없습니다. 또,
어느 계획도 실현성이나 유효성을
보증하는 것이 아닙니다.

부록 1 / 샘플 문서집

프로젝트 실시 계획

○년 ○월 ○일
총무부: ○○○

1. 프로젝트의 목적

당사는 정밀기기 부품 가공의 시장에서 경쟁우위에 있고, 많은 대기업·중견업체와 거래를 하고 있습니다. 당사가 재해로 사업을 정지하는 경우, 다른 회사에 미치는 영향이 클뿐만 아니라 경합 타사로 현저한 고객 유출도 염려됩니다. 이 BCP 책정 프로젝트를 통해 다음의 목적을 달성하고자 합니다.

- 실효성 있는 BCP의 완성
- 프로젝트 멤버의 위험이나 위기에 대응하는 의식 향상
- 사업에 불가결한 요소의 투명화와 이해
- 재해로부터 지켜야 할 중요한 경영자원과 복구우선도가 높은 업무기능의 공유

2. 검토 대상이 되는 사업의 종류

BCP로 검토해야 할 당사 업무는 다음과 같습니다.

- X제품의 제조(상장기업 20회사, 30공장)
- Y제품의 제조(기타 중소 400회사)
- Z사 전용 OEM 공급
- 기술 컨설팅

3. 성과물

BCP의 책정을 통해 아래와 같은 결과물을 작성하여 보고회에서 보고합니다.

- 사업 영향도 분석(BIA) 리포트
- 당사에 중요한 위험과 그 대책 리스트
- 사업 연속성 대책 리스트
- 초동 대응 계획
- 사업 연속성 계획서
- 각 계획의 중위·하위 서류(매뉴얼·체크 리스트류)

4. BCP 책정 멤버와 협력자

BCP 책정 프로젝트의 멤버 및 그 역할은 아래와 같습니다. 이 리스트에 없는 다른 사원에 대해서도 필요에 따라 청취 조사 등을 하는 경우도 있습니다.

① 프로젝트 참가자
- 사장, 전무(영향도 조사, 위험 대책의 확인과 승인, 사업 연속성 계획서〈최종성과물〉의 확인과 승인)
- 전 부서 부장, 과장 및 현장 주임(영향도 조사 앙케트의 협력, 위험 대책의 입안과 검토, BCP팀 멤버의 선출)

② 프로젝트 사무국
- ○○○(총무부: 책정 리더)
- ○○○(정보 시스템부: 사무국)
- ○○○(기획부: 조력자)

5. 스케줄
- BCP 책정 기간: ○○년 ○월 ○일~○월 ○일
- 작업 항목과 작업 시간은 다음의 표와 같습니다.

사업 스텝	작업 항목	1월	2월	3월	4월	5월	6월
1. BIA조사	앙케트 입안 실시·집계 보고와 승인	■					
2. 위험대책	자료의 준비 실시·집계 보고와 승인		■				
3. 계속대책	보고의 정리 연속성 대책의 입안 보고와 승인			■			
4. 행동계획	BCP팀 결정 행동계획의 입안 매뉴얼 입안				■		
5. BCP문서작성	원고작성 드래프트 완성					■	
6. 검증	BCP의 테스트 수정과 승인 완성(최종성과물)						■

부록 1 / 샘플 문서집

BIA 리포트

보고일: ○년 ○월 ○일
BCP 책정 멤버: ○○○

1. BIA 조사의 목적

BCP 책정의 일환으로서 전 부서를 대상으로 사업 영향도 분석(이하 BIA) 조사를 실시했습니다. 이 조사의 주 목적은 다음과 같습니다.

- 중요사업을 성립하는 중요한 업무군을 특정하는 것
- 각 업무의 정지 허용시간으로부터 복구긴급도(우선순위)를 추정하는 것
- 중요 업무를 구성하는 경영자원과 내외의 의존처를 특정하는 것

2. 조사 방법의 개요

조사는 ○월 ○일, 아래와 같은 순서로 실시했습니다.

① 조사 방법: 워크숍

전 부서별 부장·과장, 현장을 숙지하고 있는 주임급의 사람들이 참여해 BCP 사무국의 설명에 따라 BIA 조사표를 기재하였습니다.

② 조사 내용과 순서
- 부서별로 중요 업무를 표로 작성
- 중요 업무가 중단된 경우의 영향(수익·비용, 고객·거래처, 평판·신용)을 시계열로 평가
- 업무 중단의 허용 기한(목표 복구 시간)을 추정해 A·B·C·D의 순위로 분류
- 중요 업무의 기능을 최저한 충족시키는 경영자원의 종류와 양, 내외 의존처 특정

③ 집계 방법
- 중요 업무별 목표 복구 시간, 코멘트(목표 복구 시간의 추정 근거), 경영자원, 의존처의 집약
- 집약한 각 데이터를 종합해 목표 복구 시간 A·B·C·D의 순으로 순위 결정
- 나열해 놓은 일람의 결과는 A가 가장 복구 긴급도가 높고 D가 가장 낮다

3. 중요 업무의 복구 긴급도 리스트

표를 보는 방법은 다음과 같습니다.

- RTO(목표 복구 시간)은 BCP 발동으로부터 중요 업무를 재개하기까지의 시간
- RTO는 A~D로 분류하였고, A는< 24시간, B는 1~3일, C는 4~7일, D는>7일로 앞에 있을수록 복구의 긴급도(복구 우선도)가 높다.
- RTO의 분류 근거는 'RTO를 초과한 경우의 영향'에 기재(응답자의 코멘트)
- 당사의 중요 업무는 다음의 표와 같은 순위로 되어 있다.

RTO의 평가는 응답자의 경험적 판단에 의하기 때문에 회사 전체적인 검증이 필요하다고 생각합니다. 이 우선순위에 관해 여러분의 기탄없는 의견, 제안 등을 부탁드립니다.

부서명	중요 업무 명	RTO	RTO를 초과한 경우의 영향	주요 경영자원	의존처
제조부	정밀부품가공 4라인	A	생산 정지 대기업 거래처로부터의 계약해제	인원 20명 NC선반, 밀링 머신, 방전가공기, 연삭기, 초순수 세정장치.	주문가공업자, M, N 사
제조부	품질검사	A	출하불능	인원 10명 측정장치 경도시험기 만능공구 현미경	-
설계부	설계업무	A	고객의 주문사양을 설계할 수 없다→생산 정지	인원 6명 CAD소프트웨어 설계 데이터	-
영업부	주문·출하 지시	B	매상기회손실이 발생 (1일당 200만엔)	인원 7명 주문·출하지시 시스템	-
영업부	고객 대응	B	거래처의 주문이나 요망에 대응하지 못한다	인원 8명 CRM소프트	-
제조부	부품 재고 관리	C	생산 정지	인원 2명 재고관리 소프트	부품재료 매입처 P,Q,R,S 사
경리부	외상매출·외상매입 처리	D	대규모 신용저하, 거래 정지	인원 4명 재무회계 소프트	B 은행
경리부	급여 계산	D	숙련사원의 사기저하, 사원의 회사에 대한 불신·뜬소문 피해	인원 2명 급여계산 소프트	B 은행

(RTO 분류 A: <24시간, B: 1~3일, C: 4~7일, D: >7일)

부록 1 / 샘플 문서집

초동 대응 계획

1. 변경 관리 정보

개정 레벨	버전 1.0
문서분류	사외 비밀문서
발행일	○년 ○월 ○일
작성자	○○○
승인자	(사장 명)

2. 본 계획의 목적

당사의 업무를 중단시키거나 인명을 위협하는 예측불허의 사태가 나타내는 경우, 당사는 긴급 시 대응 방침을 기조로 다음의 목적을 달성한다.

- 사원 및 방문자의 인명을 최우선 하여, 부상자와 사망자를 내지 않는다.
- 피해를 최소한으로 그치게 함과 동시에 2차 피해의 확대를 저지한다.
- 고객이나 거래처의 신속한 연락에 유의한다.
- 인근 주민의 구조, 상호 협력에 최선을 다한다.

3. 적용 범위

본 계획에서는 다음의 세 가지를 초동대응의 적용 범위로 한다.

- 본사 건물과 부지, 부대설비
- 본사 종업원(정규·비정규사원), 본사를 방문하는 모든 사람
- 본사 내 중요 사업자산

4. 역할 분담

초동대응의 역할은 아래와 같이 정한다.

역할	성명	휴대전화 번호
소화·기기의 긴급정지	전 사원	010-0000-0000
구호·피난유도	ABC○○○ (리더) XYZ○○○	010-1111-2222 010-2222-3333
피해조사	XYZ○○○ (IT 설비) PQR○○○ (시설·비품)	010-1111-2222 010-3333-4444

5. 재해의 가정
본 계획에는 다음과 같은 재해 발생을 가정한다.

재해의 종류	예방과 대비	초동대응시 요점
지진 (진도 6 이상)	주요 물건의 고정 시설건물의 내진보강	몸의 안전확보 여진에 주의하며 피난
수해(내수범람)	중요자산의 대피공간(2층) 흙 부대, 배수 펌프	수위 감시 노면으로부터 50cm부터 행동개시
화재	소화기, 각실 스프링클러, 초기 소화훈련	초기 소화 119번 통보, 피난

6. 긴급 시 연락 경로
긴급 시 연락 경로를 아래와 같이 정한다.
- 피해를 확인한 사람 → 상사(긴급성이 높은 경우는 직접) → 총무부(방재창구)
- 총무부 → 사장·전무에게 보고 → 필요에 따라 위기관리 체제(대책 본부 설치)
- 경영진의 부재 → 현장과 총무부장의 판단으로 위기관리 체제로 이행
- 사외 긴급사태에 직면한 사람은 신속히 총무부나 상사에 연락을 취함

7. 행동방침
① 근무 시간 중의 대응
- 몸의 안전 확보 → 가동 중인 장치·기기·전기설비의 정지
- 발화 확인 → 초기소화
- 부상자 발견 → 응급처치, 가까운 병원에 반송
- 이상·위험을 살핌·피난 권고 → 전원 피난처로(뒷면 지도 참조)
- 안부 확인 → 사람 수·안부 확인 후 상사나 총무부에 보고
- 종업원을 귀가시킬지의 여부 판단(경영진·부서장)

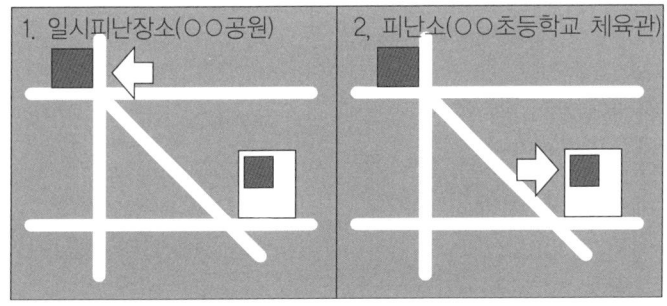

② 사내 근무시간 외(출장/출퇴근 중·재택시)의 대응
- 본인·가족의 안전·안부확인·응급구호 → 회사에 안부를 연락
- 공공기관에 상황을 파악 → 출근·귀사·귀가의 여부/이동수단의 유무 확인
- 출근 판단 → 원칙적으로 전사원 출근(출근 불요의 경우만 회사에서 연락)
- 교통 기관의 마비, 라이프 라인이 단절된 경우는 자택에서 대기
- 피해 조사담당/BCP팀 맴버는 가능한 한 출근

③ 귀가 곤란자 대책
- 비상용 비축품 제공 → 보관 장소·품목·수량은 '긴급물자 리스트'를 참조
- 사내에 머무는 것이 위험하다고 판단되는 경우 → 위의 지도의 2번째 피난장소로 유도
- 귀가 곤란자 리스트 작성→안부 연락창구의 일체화

④ 피해 상황의 확인과 BCP 발동 판단
- 피해 조사 담당은 '피해상황 체크 시트'를 사용해 상황을 확인
- 조사 시간은 30분 이내(평가는 정확하지 않아도 좋다)
- BCP 발동 조건 → 중요 업무의 복구 예상 시간 > 목표 복구 시간 때
- 건물에 들어갈 수 없다. → 대책 본부장의 판단으로 BCP 발동
- BCP 발동 후, 바로 팀을 구성해 BCP 운용체제로 이행

8. 안부 연락과 연락수단

긴급사태가 해제되어 사내로 돌아온 시점부터 신속히 다음 사항의 확인·전달을 실행할 것.

① 안부 불명자(외출중·재택중인 종업원이나 관계자)의 확인

② 중요관계처(중요고객·거래처)에 안부 통지

③ 연락방법은 아래와 같다.
- 공중전화·재해용 전언 다이얼 171
- 휴대 재해용 게시판·휴대 메일
- 원거리 중계 연락처(협력회사○○: 0000-12-3456/○○댁: 0000-12-3456)

④ 관계처에 전달 내용
- 재해의 종류·발생 일시
- 업무에 영향과 재개·출하의 전망
- 연락처가 일시 변경되는 경우 연락처
- 그 외 중요한 전달사항

9. 대책 본부 설치
① 대책 본부 설치와 해산의 판단 및 선언은 다음과 같이 결정한다.
- 설치와 해산의 판단→사장과 총무부장의 합의. 한쪽이 부재일 경우 단독으로 결정할 수 있다.
- 설치와 해산의 선언→사장(부재일 경우는 총무부장). 한쪽이 부재일 경우 단독으로 선언할 수 있다.

대책 본부는 긴급사태 시에는 '긴급 대책 본부'로서, BCP 발동 후는 '재해 복구 대책 본부'로 기능하고, BCP 발동 중에는 복구 자원의 최적 배분, 종업원에게 지시·보고의 수수, 중요 관계처의 연락, 복구 상황 전체의 관리, 자금조달 등을 목적으로 한다.

② 대책 본부의 역할과 담당자
'지휘명령 및 의사결정', '물자조달', '고객대응', '생산 설비의 보호', 'IT자원의 보호'의 역할을 다음 멤버가 담당한다. 역할·권한은 상황에 따라 변경하는 경우도 있다.

담당	역할	휴대전화
사장	대책본부장. 전체 총지휘, 중요한 의사결정	010-000-0000
총무부장	대책본부와 현장의 조정, 본부운영, 시설, 집기·비품의 복구, 스태프 관리 책임자	010-000-0000
생산부장	제조업의 경우는 생산 라인의 계속과 복구의 책임자	010-000-0000
영업부장	고객·거래처 대응과 대외적 커뮤니케이션 책임자	010-000-0000
정보 시스템 부장	IT와 통신 계속·복구책임자	010-000-0000

③ 대책 본부의 설치
대책 본부 설치가 선언된 후 아래와 같은 상황에 따라 어느 쪽인가 설치한다.

부록 1 / 샘플 문서집

후보 장소	소요 시간	설치 장소	요건	설치담당 팀
대책본부	6시간 이내	사내 회의실	전기·전화회선의 가용성을 확인.	재해복구 팀에서 5명
대체 대책본부	24시간 이내	나고야 영업소 내	사전에 현지의 라이프 라인 가용성 확인.	

대책 본부나 대체 대책 본부의 설치 절차 및 운영에 필요한 물자 리스트에 대해서는 「업무 연속성 매뉴얼」 및 「재해 복구 매뉴얼」 참조.

10. 대책 본부의 운영

① 입실·퇴실의 규정

대책 본부의 스태프는 명찰을 휴대함과 동시에 현장의 활동 스태프와 동일한 색의 점퍼를 착용할 것(본부 지급). 원칙적으로 부외자(사원의 가족이나 관계자 포함)는 허가 없이 대책 본부에 출입할 수 없다. 단, 부상 등으로 부외자가 실려 왔을 때는 바로 받아들여 적절히 대처할 것.

② 활동 시간대

중심 시간대는 10:00~16:00, 확장 시간(복구 활동 시간)은 원칙적으로 8:00~20:00로 한다(계절이나 일기에 따라 변경할 가능성 있음). 관계회사, 협력회사에 파견된 사람은 회사의 시간 규정에 따를 것.

③ 건강·안전·복리후생

대책 본부 스태프나 현장 복구 스태프를 위한 수면실을 준비할 때가 있다(식사 가능). 부상자나 심리적인 고통을 호소하는 자가 있는 경우, 바로 구호 담당의 ○○○에 연락할 것, 대책 본부 스태프와 현장 복구 스태프는 활동기간 중의 할증 수당을 지급한다.

11. BCP의 발동과 종료

BCP의 발동 및 완료는 아래의 기준으로 판단하고, 본부장이나 각 영업소장에 의해 선언된다.

- BCP의 발동: 중요 업무 A~C 중 어느 한 가지라도 중단되어 그 복구소요 시간이 해당 업무의 목표 복구 시간을 초과한다고 판단한 경우

- BCP의 종료: 중요 업무 A~C의 모든 가동 확인(검수)의 보고를 수리한 시점

12. 본 계획의 관련 서류

본 계획에는 아래와 같은 초동대응에 필요한 서류가 있다. 필요에 따라 참조할 것

- 안부 확인 리스트
- 긴급 점검 리스트
- 피해 조사 체크 리스트
- 긴급 시 연락처 리스트
- 중요 고객·거래처 리스트
- 비상시 비축품 리스트
- 비상시 지출품 리스트

13. 배포·반환·취급·훈련·검토

① 배포와 반환

본 계획은 소지·사용을 인정한 사람(원칙적으로 경영자, 책정 멤버, 팀 멤버)에게 배포한다. 또, 본 계획을 소유하는 사람은 그 자격을 잃은 시점(멤버 탈퇴·퇴사 등)에서 신속히 반환할 것. 회사는 종업원에 대해 배포된 본 계획의 반환을 요구할 권리가 있다.

② 취급

배포된 본 계획은 장소와 자택에 각 1부씩 보관하고, 책상이나 차내에 방치하지 않으며, 허가 없이 복사하거나 외부에 반출하지 말 것.

③ 훈련과 재검토

반년에 1회, 정기적으로 본 계획의 훈련을 시행할 것. 소방서의 방재훈련 이벤트의 시기에 맞추면 효과가 크다. 본 계획 및 부수되는 매뉴얼 중요 리스트 등은 항상 최신상태를 유지하는 것이 바람직하다. BCM 프로그램의 유지보수 규정에 따라 정기적, 부정기에 재검토를 시행할 것.

부록 1 / 샘플 문서집

사업 연속성 계획 (BCP)

1. 변경 관리 정보

개정 레벨	버전 1.0
문서 분류	사외 비밀문서
발행일	○년 ○월 ○일
작성자	○○○
승인자	(사장명)

2. 본 계획의 목적

당사는 정밀기계부품가공의 시장에서 경쟁우위에 있고, 대기업·중견 기업과 거래가 있다. 당사가 재해로 사업을 정지하는 경우, 각 회사에의 영향이 클 뿐만 아니라 경합 타사에 현저하게 고객유출도 염려된다. 당사 BCP의 목적은 다음과 같다.

- 고객에게 공급책임을 부여해 신용을 유지한다.
- 신속한 복구를 통해 시장점유율을 지킨다.
- 경영을 빠르게 안정시켜 사원의 고용을 지킨다.

3. 적용 범위

BCP로 당사가 지켜야 할 사업과 그 범위는 다음과 같다.

① 대기업 20사, 40공장에 공급을 유지한다(전체 고객의 20% 상당).
매상 공헌도의 높이, 경합의 집중도, 대량고객 유출의 염려 등을 고려.

② 본사, 공장(가와사키) 외에 부품재료매입처 외 7사를 포함하는 생산 및 공급체제는 본사와 공장 외 중요한 부품매입처 7사의 조달능력의 유지도 포함한다.

4. 상정하는 위험

본 계획에서는 BCP 발동에 이르는 사상으로서 다음의 위험을 상정한다.

- 본사 빌딩, 공장의 사용 불가
- 종업원의 출근 불능

- 각 공작기계, 세정장치, 검사기기의 사용 불능
- 전기, 전화의 사용 불능
- 매입처 4사로부터의 조달 불능

5. 계속·복구활동의 역할
① 사업 연속성 팀

「7. 사업 연속성 대응」에 규정한 대체수단을 통해 목표 복구시간 내에 중단한 사업을 재개한다.

역할	성명	휴대전화번호
리더	ABC ○○○	010-1111-2222
부리더	XYZ ○○○	010-1111-2222
A사 라인 사용허가·절차	○○○	010-1111-2222
동사 NC 선반 라인 파견	○○○	010-1111-2222
동사 프라이즈 라인 파견	○○○	010-1111-2222
동사 연삭반 라인 파견	○○○	010-1111-2222

② 재해 복구 팀

「8. 재해복구」에서 정한 절차를 통해 재해현장을 복구해 모든 업무기능의 정상화를 도모하다.

역할	성명	휴대전화번호
리더	ABC ○○○	010-1111-2222
부리더	XYZ ○○○	010-1111-2222
생산 라인 복구담당	○○○	010-1111-2222
세정·검사공정 복구담당	○○○	010-1111-2222
건물·시설복구담당	○○○	010-1111-2222
통신환경 복구담당	○○○	010-1111-2222
정보 시스템 복구담당	○○○	010-1111-2222
데이터 복구담당	○○○	010-1111-2222

6. 커뮤니케이션 대응

사업 연속성 대응이나 복구작업 개시에 앞서 이해관계자의 신뢰유지, 뜬소문 피해 회피를 목적으로 한 소통유지에 힘쓸 것, 이 커뮤니케이션 활동은 통상업무체제로 돌아가기까지 계속해서 실시하는 것으로 한다. 역할·담당자는 다음과 같다.

역할	성명	휴대전화번호
고객·거래처 대응	ABC ○○○	010-1111-2222
광고담당 (매스컴·관계당국 대응)	XYZ ○○○	010-1111-2222
주민·종업원과 그 가족	○○○	010-1111-2222

7. 사업 연속성 대응

① 중단된 업무의 목표 복구시간 회복

BCP가 발동되면, 바로 사업 계속팀을 소집해, 「중요업무 계속 매뉴얼」에서 정한 대체수단을 통해 목표 복구시간 내 업무재개를 목표로 한다. 당사의 주된 중요 업무의 목표 복구시간(RTO)과 대체수단은 아래와 같다.

분류	중요 업무명	담당부서	RTO	대체수단
A	정밀공작기계 4라인의 가공업무	제조부	2일	협력회사 A사의 정밀기기부품가공설비의 일부를 렌탈 계약. 당사 숙련사원 4명을 파견해 업무에 들어가게 한다.
B	정밀부품의 세정공정	제조부	3일	메이커 B사의 초순수 제조장치 차용. 가공처리를 마친 부품에 대해 최단 1일 안에 전달해 2영업일 후에 입하가능.
B	완성품 검사업무	제조부	3일	경도시험기, 만능공구현미경은 각 1대, 구제품을 예비로 창고에 보관(현재도 사용가능).
C	고객대응업무	영업업무부	5일	3명 수작업으로 1일 30건 처리가능. 백로그 처리에 경리부 2명 증원 예정.

(분류 = 목표복구시간에 기조한 복구 긴급도 구분)

② 재해 복구 팀에 통합

사업계속 팀은 재해 복구 팀에 의해 업무재개의 목표가 선 시점에 대책 본부장의 양해를 구한 후에 신속하게 가복구체제를 종료해 재해 복구 팀에 통합한다. 이행의 판단조건은 ① 건물의 복구를 완료하며, ② 주요 라이프 라인(전기·수도)가 복구되고 있는지, ③ 모두 중요업무의 일부를 테스트 가동하고 있는가이다.

8. 재해 복구

① 업무 복구의 우선순위

복수의 중요업무가 중단되어 있는 경우 「중요업무 계속 매뉴얼」에서 정한 업무의 복구우선 순위에 따라 조기 업무기능의 회복 및 정상화를 목표로 한다.

② 복구활동

BCP가 발동되면 바로 재해 복구 팀을 소집해 구역별 복구 매뉴얼에서 정한 복구 순서에 따라 조기의 업무환경회복을 목표로 한다. 건물의 복구, PC나 네트워크 회복, 비품의 조달을 중심으로 한 업무의 물리적·기술적인 회복을 도모한다.

③ 가동 확인

재해복구 팀은 생활설비·PC·네트워크 외 기타 설비에 대해 각 업무책임자 또는 현장담당자로부터 가동확인 보고를 받아, 문제가 없으면 본부장에게 보고한다. 대책 본부장 또는 본부장 대행자는 이 보고를 받고 BCP의 종료를 선언한다.

9. 회사기능의 유지

① 복구 지원 방침

대책 본부 관리하에 사업의 지속 및 복구활동에 직접 종사하지 않는 다른 스태프는 다음 복구 지원활동에 임한다.

- 복구관리(업자의 수배, 점검의 팔로업 등)
- 물자의 조달
- 연락 중계나 외래 대응
- 스태프 관리

② 회사기능의 유지

대책 본부 관리하에 사업의 지속 및 복구활동에 직접 종사하지 않는 다른 스태프는 다음의 사회 기능을 유지해야 한다.

- 고객·거래처 대응
- 경비·급여·복리후생관리
- 업무지원(수작업·도보로 거래처 순회, 사무처리의 지원 등)

10. 본 계획의 관련 서류

본 계획에는 초동대응에 필요한 아래의 서류가 있다. 필요에 따라 참조할 것.

- 제품·부품 매입처 리스트
- 장치 메이커 리스트
- 보수 서비스업자 리스트
- 백업 리스트
- IT·장치 등의 구성 리스트
- 건물·설비 플로어 맵
- 각 기관의 고장수리대응 매뉴얼

11. 배포·반환·취급·훈련·재검토(이하 생략)

판데믹 대응 계획

1. 변경 관리 정보

개정 레벨	버전 1.0
문서분류	사외 비밀문서
발행일	○년 ○월 ○일
작성자	○○○
승인자	(사장명)

2. 본 계획의 목적

① 목적
- 신형 인플루엔자의 감염을 미리 방지해 사원의 안전과 건강을 지킨다.
- 당사의 활동에 관해 감염의 불안이나 뜬소문을 일으키지 않는다.
- 계속되는 중요 업무를 통해 안정공급과 경쟁력, 신용력을 유지한다.
- 공급 사슬의 영향과 경제적 혼란을 적극 회피한다.

② 범위
- 신형 인플루엔자 등의 유행(판데믹)을 가정한다.
- 지켜내야 할 사업, 최저공급수준, 중요업무의 우선순위는 BCP와 같다.
- 전 사원과(그 가족)의 보호, 고객·거래처·외주업자의 영향회피 포함.

3. 판데믹 대책팀

판데믹의 계속적인 감시와 대응을 목적으로 하는 다음의 팀을 설치한다. 이 팀은 판데믹 종식의 정식발표를 확인한 후 해산한다.

역할	담당자	휴대전화번호
정보수집 (모니터링)과 발신	총합기획부 ○○○ (팀 리더)	010-1111-2222
감염 예방·발생 후 대응	총무부 ○○○ (부리더)	010-1111-2222
사업 연속성 대응	BCP 사무국 ○○○	010-1111-2222

4. 정보수집·모니터링·전달

사내 및 외부에 의한 계속적 신형 인플루엔자에 관한 정보를 수집해 전사원에게 발신한다. 기업 이해관계자(고객·공급자·경합 타사·기타 관계처)의 동향에도 주의를 기울인다.

대상	정보원	모니터링 항목	전달방법
사내	건강 모니터링 조사(종업원을 대상으로 실시)/방문처나 공공장소에서 감염·소문에 관한 정보(주로 영업담당)	종업원의 컨디션/회사 주변, 통근 경로, 방문처 정보나 대응의 변화	수시로 메일과 인트라넷을 통해 감염 위험 레벨 Ⅰ, Ⅱ, Ⅲ(뒤에 설명)과 필요한 메시지 통지.
외부	국립감염증 연구소 감염증 정보 센터 HP/현·보건소 HP/외무성 해외안전 홈페이지/일반 뉴스 정보	전국, 해외의 감염 정보 및 경고 수준	

5. 위험률 평가

① 감염위험 레벨

본 계획에서는 후생노동성의 판데믹 정보국면을 Ⅰ~Ⅲ으로 나누어 이 분류에 따라 대책을 강구한다.

판데믹 정보 국면	감염 위험 레벨(당사 기준)
경보단계 4A (국내감염 발생 없음)	Ⅰ(주의 환기)
경보단계 4B (국내감염 발생 확인)	Ⅱ(경계)
경보단계 5/6 (급속확대·만연)	Ⅲ (엄중한 경계)

② 감염 위험

구역	감염 위험이 높은 활동	감염 위험이 높은 장소
사내	• 손님 대응(고객·업자·세일즈맨) • 미팅·회의 • 교대근무로 인계되는 시간	• 세면장, 갱의실, 탕비실, 손잡이나 수도꼭지, 타월 등 맨손으로 닿는 장소 • 고객 코너·식당·흡연 코너·회의실(의자, 테이블), 각자의 책상과 의자
사외	• 근무, 외출 시 이동 • 영업활동(고객, 거래처에 방문) • 영업소에 출장, 관련 업자의 방문 • 감염위험지역(특히 해외)로의 출장	• 공공교통기관(열차·비행기·버스·택시·모노레일 기타) • 공공의 장소(공중화장실, 역 구내, 호텔(로비), 카페, 노상대합실, 방문처, 기타)

③ 사업위험
- 인원 부족으로 인한 조업 레벨(생산성)의 저하, 공급정지
- 공급자의 제품·서비스의 공급감소, 제품 부족, 조달 불능
- 당사 사업에 대한 수요의 감소, 고객 이탈, 경쟁력 저하, 뜬소문 피해
- 판데믹의 장기화에 동반된 수익의 악화, 운영자금의 고갈

6. 예방대책

① 감염위험 레벨 I에 대한 예방책

예방항목	내용
건강관리	과도한 음식, 끽연의 대비, 면역력·체력을 유지한다. 자신의 체력과 건강상태를 주 2회 체크하고, 이상이 발견되면 인사과에 보고한다.
감염예방	마스크의 상용과 자주 손씻기
고객대응	모든 고객에게 당사의 판데믹 대응방침을 배포함과 동시에, 상대처의 대응방침의 유무를 확인한다. 대책에 차이가 있으면 긴급 시 대응·조정방법을 협의한다.
공급업자 대응	중요한 부품재료매입처, 외주업자, 장치메이커, 유지보수업자에게 당사의 판데믹 대응방침을 배포함과 동시에 상대처에 대응방침의 유무를 확인할 것. 대책에 차이가 있으면 긴급 시 대응·조정방법을 협의한다.
교육·판데믹 캠페인	전 사원에게 신형 인플루엔자 대응 매뉴얼(카드식)을 배포. 감염경로나 증상, 예방, 감염시의 대처방법에 관한 바른 지식을 지도(종업원과 가족에게 팸플릿 배포). 사내 게시판, 탕비실·세면실의 주의환기 포스터를 게시한다.

② 감염위험 레벨Ⅱ~Ⅲ의 예방책

예방항목	감염 위험 레벨Ⅱ	감염 위험 레벨Ⅲ
건강관리·감염예방·교육·캠페인·연습	앞에 기재한 철저·강화(특히 건강상태의 체크와 보고의 의무. 격일실시). 사내 시설의 정기적인 소독·살균(각자 책상·컴퓨터·프린터·복사기·FAX 주변·회의실 테이블·의자·탕비실·세면장, 강의실 기타)	
통근·외출 등의 제한	공공교통기관 이용시 가능한 한 주위 사람과의 간격을 둔다. 마스크 필수 착용. 카페·공중화장실 등의 이용은 되도록 삼간다.	영업담당은 회사용 차, 기타 사원은 자가용, 또는 이런 차량을 이용한 운송운행을 우선. 카페·공중화장실 등의 사용은 피한다.
방문자 제한	긴급용건을 제외한 고객·거래처·외주업자의 방문제한을 통지. 원격통신수단(전화·메일·팩스)을 가능한 한 활용한다.	원칙적으로 모든 방문자를 금지한다. 필요한 정보전달은 전화·이메일·팩스, 각자 홈페이지를 최대한 활용한다.
회의·영업소에 출장, 고객·거래처의 방문	회의실 테이블·의자의 간격을 최소 1.5m, 대면하는 상대와 2m 이상의 거리를 두어 배치. 긴급용건 제거, 회의·출장·방문은 피한다.	원칙적으로 모든 회의·영업 출장과 고객·거래처의 방문을 금지한다. 필요한 정보전달은 TV 회의 시스템 (인터넷), 전화·이메일·팩스, 각 홈페이지를 최대한 활용한다.

③ 사원이나 그 가족이 감염되었을 때의 대책
- 원칙적으로 자택에 대기해 본인과 가족의 완치가 확인될 때까지 출근은 보류한다.
- 신속히 위 ②의 소독·살균을 철저히 하는 외에, 발생자가 나온 주변 구역을 폐쇄하기도 한다.
- 신형 인플루엔자에 의한 자택대기의 경우 유급휴가 일수를 초과한 것에 대해 휴직보증으로 1일 임금의 ○%를 보증한다.

④ 판데믹 기간 중 자금확보
판데믹이 현재화된 경우, 반년~1년 이상에 걸쳐 사회·경제 기능이 정체·마비될 가능성이 있어, 자금조달의 곤란이 예상된다. 따라서 ○○○만 엔을 판데믹 대책 준비자금으로 마련해 둔다.

7. 감염위험 레벨 Ⅱ~Ⅲ의 업무 대응
  ① 대책 본부의 설치와 BCP 발동

다음 사례 중 한 가지라도 적합한 사태가 발생한 경우 경영진 및 판데믹 대책 팀과 협의 후, 필요하다고 판단된 경우에는 사내에 대책 본부를 설치해 BCP 대응태세를 이행한다.

- 연속 2일 이상의 결근율이 전사원의 10%를 초과한 경우
- 공급자로부터의 공급 감소, 품귀, 조달 불능이 확인된 경우
- 오퍼레이터 결원에 의해 4개 생산 라인의 1 라인이라도 정지한 경우
- 사원(또는 그 가족) 감염자가 한 사람이라도 발생한 경우

② 중요한 업무 우선순위와 활동 레벨

신형 인플루엔자의 유행과 동반된 영향을 받아 중요한 업무 및 목표복구시간(RTO)은 BCP에 정한 중요업무 및 RTO와 같다.

담당부서	주요 업무 명	RTO	통상인수	최저 공급 레벨을 충족한 인원 수	업무의 활동레벨
제조부	프라이즈 가공 라인	2일	10	4	계속
	NC기반가공 라인	2일	10	5	
	방전가공 라인	2일	10	3	
	연소가공 라인	2일	10	2	
	정밀부품의 세척 공정	3일	5	2	
	완성부품 검사 업무	3일	5	2	
영업업무부	고객 대응 업무	5일	5	2	
	수주 출하 업무	5일	8	3	
제조부	자재·재고관리 업무	5일	4	2	
경리부	외상·매상처리 업무	6일	3	1	
총무부(A 업무, B 업무) 기획부(P 업무, Q 업무) 경리부(X 업무)		2주간 이내	일부 업무는 재택근무를 실시. 축소 규모와 기간에 대해서는 부서별 정리.		축소 가능
총무부(a 업무) 인사부(m 업무) 기획부(p 업무, q 업무)		30일 이내	일부 업무는 재택근무를 실시. 휴지 규모에 대해 부서별 정리에 조정.		휴지 가능

③ 스태프의 보충·대체책

- 각 라인에 결원이 생긴 경우, 크로스 트레이닝을 통해 다른 라인의 업무를 대체하거나 겸임한다.
- 3교대근무 360일 가동을 3교대 주 5일→2교대 주 3일로 바꿀 수도 있다.
- 중요업무 스태프(및 그 대체요원)는 감염예방책으로 오퍼레이션이나 상담,

연속 미팅에는 서로 2m 이상의 거리를 두는 것으로 한다.
- 사무계의 스태프는 부족한 경우에 대비해, 인재파견(대체 포함 3사 등록)을 활용한다.
- 「부서별 대체요원 리스트」를 참조해 신속히 교대할 것.

④ 필요재고의 확보

부품재료·소모품·비축품의 공급감소, 품귀, 고갈에 대비하여 아래와 같이 적절한 재고를 확보할 것.

품목	내역	표준 재고량	예비재고	총계
가공용 부품 재료 4품목	세라믹 특수강 알루미늄 티타늄	300 300 200 100	200 100 50 100	500 400 250 200
OA기기 소모품	프린터 토너 FAX용 토너 용지	3 3 20(×400)	3 3 20	6 6 40
감염대책 세트	마스크 살균소독제 약용비누 보호복	500 200 50 50	100 50 20 20	600 250 70 70

⑤ 커뮤니케이션 대응

외부를 향한 위험 커뮤니케이션을 다음과 같이 정한다(A=최고 중요, B=중요, C=필요에 따라). 각각 전달 내용의 세부사항은 「위험 커뮤니케이션 매뉴얼」을 참조할 것.

중요도	전달 내용	연락처	타이밍	전달방법
A	4가지 생산 라인의 공급량을 최저 레벨에 내리는 결정.	일반상장기업 12사 20 공장	결정하는 대로, 시급	전화, 이메일, FAX, 홈페이지
B	고객 대응시간의 단축(영업업무 등) 근로체제의 축소.	전 고객·매입처·장치 설치자·거래처 은행 기타	결정하는 대로, 순차	이메일, FAX, 홈페이지
C	고객 대응 스태프의 교대 및 결원 보충.	문의·주문 등이 있던 고객	전화로 수리 요구 시점	응답전화로

8. 취급규정·연습에 대해(이하 생략)

부록 2
다각적인 영향도 지표

부록 2 / 다각적인 영향도 지표

■규모가 큰 회사의 업무복구 우선순위란?

제2장의 Step 3에서는 사업 영향도 분석(BIA)의 목적 중 하나인 중요한 활동을 개시하기 위한 우선순위 결정의 방법에 대해 설명했습니다. MTPD(최대 허용 정지 시간)으로부터 RTO(목표 복구 시간)를 정해, 이 RTO 값의 대소를 정렬함으로써 그 우선순위를 정했습니다. 이 사고방식은 피해의 크기도, 영향이 퍼지는 방법도 중간영역에 있는 재해라는 사상에 대해 어떤 합리성을 주는 방법으로 인정받고 있습니다. 기계적으로 작성한 우선순위 목록을 사용하는 방법이 검토하기 쉽고, 합의하기도 좋다는 이점이 있습니다.

그러나, 회사의 규모가 크면 클수록 부문과 부서의 수가 늘고, 갈라져 조사 응답자의 책임의식이나 상호 이해관계도 복잡해집니다. 위에 설명한 바와 같은 기계적인 방법으로 업무의 우선순위를 정하는 데는 한계가 있는 것도 부정할 수 없습니다. 큰 재해로 사업이 중단되었을 때, 전 회사가 하나가 되어 BCP에 규정한 업무의 복구작업에 전념하기 위해서는 무엇보다도 전 사원이 평소에 우선순위를 이해하고 있는 것이 전제되어야 합니다. 그리고, 유사시에는 자신의 부서는 뒤로 미루어도 좋으니 먼저 ○○업무의 복구를 신속히 해야 한다고 하는 의식이 필요합니다.

이렇게 생각하면, 중요업무의 복구 우선순위를 정하는 작업이라는 것은 경영층이나 관리직의 합의(합의 형식) 문제라고도 할 수 있습니다. 그래서, 여기에서는 목표복구시간을 주로 한 업무의 우선순위 결정의 방법과 다르게 합의를 중시한, 보다 다각적인 질문항목과 그 집계방법에 대해 생각해 보고자 합니다. 업무중단의 영향을 평가하기 위한 국면은 다음의 7가지입니다.

① 재무적인 영향

업무중단으로 발생하는 매상 기회의 손실이나, 고객과의 약속을 지키지 않는 것으로 인한 손해 보상금 등의 지출을 특정합니다.

② 업무 운영의 영향

공급책임이나 고객 서비스의 저하, 평판/신용의 실추라는 숫자상으로 파악되지 않는 업무 운영상의 영향을 조사합니다.

③ 월별 영향도

시기에 따라 업무중단의 영향이 크게 다른 경우 특정 기간만 그 업무의 복구 우선순위를 끌어올릴지를 판단할 수 있습니다.

④ 인프라 의존도

여기서는 사업의 중요도가 아닌, 사내의 특정 인프라(경영자원)에 대해 어느 정도 많은 업무가 의존되어 있는지 특정합니다. 의존도가 가장 많이 집중되는 인프라만큼 복구 시 조달이나 기능의 회복을 서두를 필요가 있다고 보는 시점도 필요합니다.

⑤ 인풋이 두절된 경우의 영향

인풋 두절로 업무가 바로 중단된 경우 그 인풋에는 병목 현상(사업복구의 저해 요인)이 포함되는 가능성이 있습니다.

⑥ 업무 중단에 의한 아웃풋의 영향

경영자원이 사용 불능해 업무가 바로 정지하는 경우, 그 경영자원에는 병목 현상이 포함될 가능성이 있습니다.

⑦ 수작업에 의한 업무 달성도

정전이나 기기의 고장으로 PC나 자동제어장치를 사용할 수 없는 경우, 어느 정도 수작업이나 인해전술로 그 작업을 계속할 수 있는가 즉, 재해 시 업무대응력을 추정합니다.

각각의 평가에 대해 중요업무 1건 별로 실행합니다. 실시할 때에 다음 페이지 이후의 보기에 있듯이 앙케트를 작성해 주세요. 7개 모두 조사 국면을 적용할 필요는 없으며, 조직의 규모나 업종에 따라 취사 선택적으로 작성합니다. 또 제2장 Step 3의 BIA(드래프트·상세 패턴 1, 2의 각 방법)과의 관계로 말하면, 이것들 BIA를 적용한 후 필요에 따라 보완적으로 적용하거나 제3의 상세 BIA로 간주해 적용하는 것도 가능합니다.

다음 페이지 이후의 보기에는 각각의 '목적', '집계 포인트', '의견 포인트', '그래프와 의견 샘플'을 함께 적어 두었으니 참고해 주세요.

부록 2 / 다각적인 영향도 지표

1. 재무적 영향

목적 업무 중단으로 인한 재무적인 영향을 조사하는 질문입니다. 매출의 기회 손실과 몇 가지 특별한 지출항목을 나타내고 있습니다. 전자는 1일당 평균 매출이나 연간 평균수주수, 수주금액 등을, 후자는 과거의 분쟁 기록(납기의 지연이나 클레임, 취소와 동반된 주문품의 폐기·매각손실, 계약상의 위약금이나 손해배상금, 지연이자), 업무의 지연이나 되돌리기를 위한 임시 인건비, 급송편의 수배, 외부 위탁금 등의 기준으로 추정합니다.

> **Q1** 이 업무가 중단되면 업무상 어떤 손실과 지출이 발생합니까? 알맞은 요소를 선택해 ○표를 하고 내역을 기입해 주세요(1일당 ○엔, 몇 일째 이후 ○원 등).
>
> [　] 매출기회 손실 (　　　　　　　　　　　　　　)
> [　] 계약상의 위약금이나 손해배상금, 지연이자 (　　　　　)
> [　] 법령위반으로 인한 벌칙금 (　　　　　　　　　)
> [　] 취소에 따르는 주문품의 폐기·매각손실 (　　　　　　)
> [　] 기타 (　　　　　　　　　　　　　　)

집계와 의견

집계 포인트	매출기회의 손실에 대해서는 시간순으로 집계해, 다음 페이지의 윗그림과 같이 집계하는 방법이 있습니다. 특별 지출에 대해서는 그 발생원을 집계해 중간 그림과 같은 꺾은선 그래프나 막대 그래프로 정리할 수도 있습니다.
그래프·표	막대 그래프, 꺾은선 그래프
의견 포인트	일반재해로 인한 업무정지상태가 지속되면, 어느 시점부터 급격히 손실이 확대된다고 합니다. 이 그래프에서도 같은 경향이 발견될 가능성이 있습니다.

1. 재무적 영향

재무적인 영향의 집계 그래프 - 매상 기회 손실

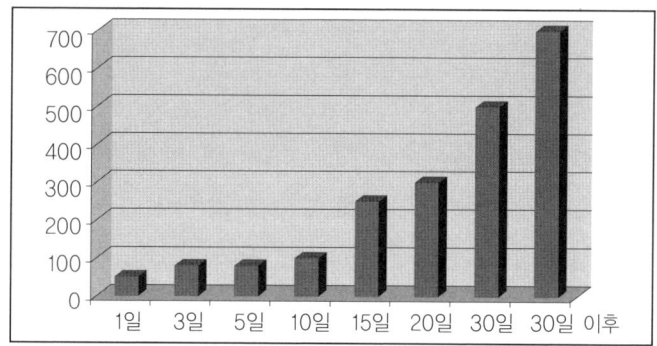

재무적인 영향의 집계 그래프 - 특별 지출

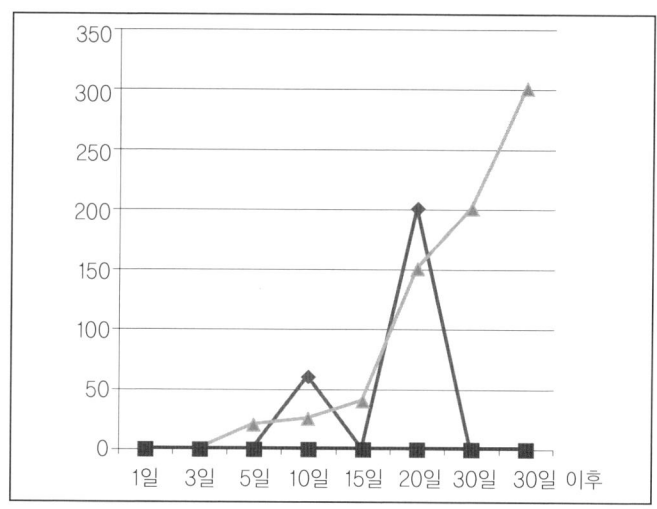

재무적인 영향의 집계 그래프 - 손실의 합계

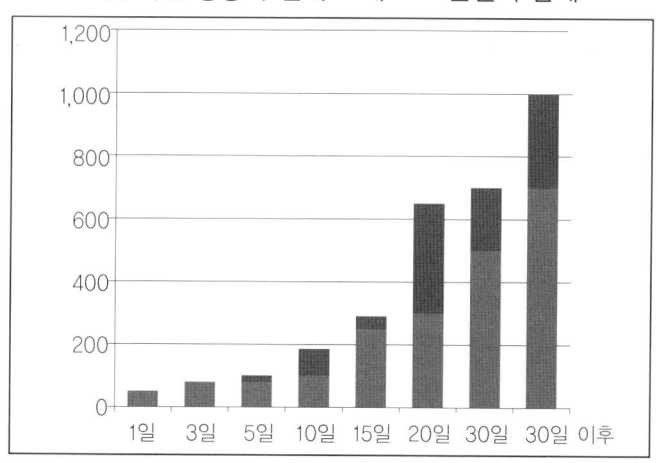

부록 2 / 다각적인 영향도 지표

2. 업무 운영에 미치는 영향

목적 재무적 손실과 같은 숫자로는 파악할 수 없는 업무 운영상의 영향을 특정합니다. 여기서는 영향의 요소로서 '공급책임의 추궁', '고객 서비스의 저하', '평판/신용의 실추', '법령/계약위반', '거래처와의 관계악화', '사원의 사기 저하', '기타' 등을 들고 있습니다. 업종에 따라 환경이나 안전에 관한 지표, 예를 들면 화학약품 공장처럼 처리를 중단했다면 유해 가스를 발생하는 위험요소를 더하는 것도 있습니다.

Q2 이 업무가 중단되었을 때, 가장 염려되는 요소를 아래에서 하나를 선택해 ○표를 해 주세요.

공급책임의 추궁	[ ]
고객 서비스의 저하	[ ]
평판/신용의 실추	[ ]
법령/계약 위반	[ ]
거래처와의 관계 악화	[ ]
사원의 사기 저하	[ ]
기타	[ ]

집계와 소견

집계 포인트	개개의 중요업무에 대해서 응답란에 '○'표 한 요소에 대해서는 워크시트에는 '1'로 입력합니다, 각각의 예로 집계하면, 요소별로 업무건수를 알 수 있습니다.
그래프·표	원그래프· '기타'의 요소 내역표
의견 포인트	'공급책임의 추궁'에 영향을 주는 업무는 몇 건, '고객 서비스의 저하'에 영향을 주는 업무는 몇 건이라는 형식으로 요소별로 업무 건수를 원그래프의 비율로 표현하면, 회사 전체로서 어느 종류의 영향을 중시해야 하는지를 지적할 수 있습니다.

2. 업무운영에 미치는 영향

업무운영에 미치는 영향 집계

중요 업무명	공급 책임의 추궁	고객 서비스의 저하	평판/신용의 실추	법령/계약 위반	······
원재료의 매입	1				
A제품의 제조	1				
품질검사	1				
고객개척					
납품과 유지보수		1			
외상판매 회수			1		
경비처리					
급여 계산					
합계	3	1	1	0	······

업무운영에 미치는 영향 그래프

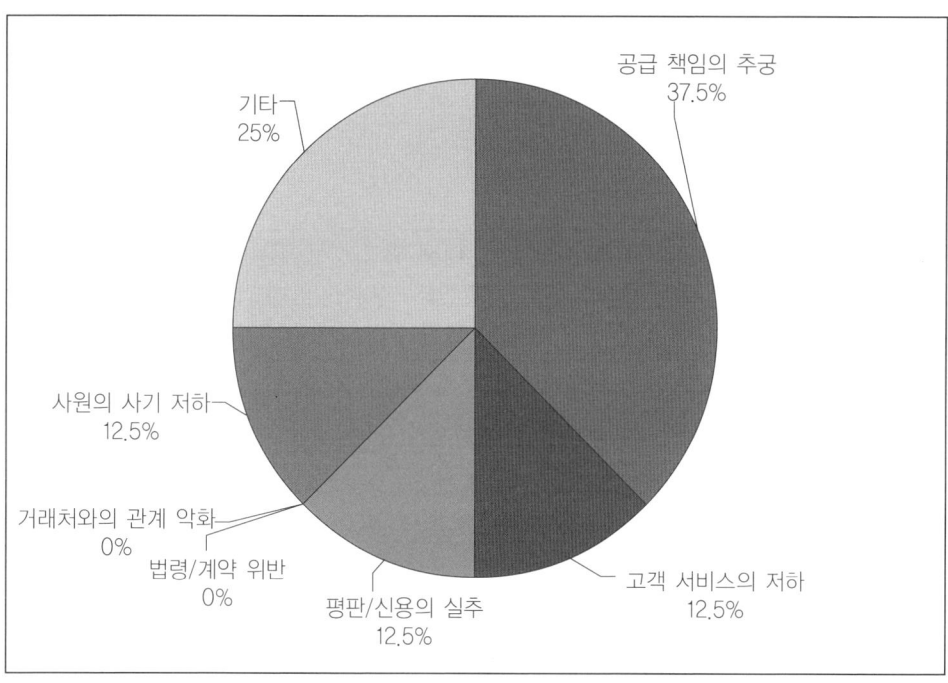

부록 2 / 다각적인 영향도 지표

3. 월별 영향도

목적 성수기에 영업에 미치는 영향을 월별로 파악합니다. 시기에 따라 업무 중단의 영향에 큰 차이가 생기는 경우, BIA에서는 영향이 가장 큰 절정의 때를 선택해서 평가하는 것으로 되어 있습니다. 예를 들어, 2~4월의 결산기에 업무처리의 부하가 최대가 되는 회계업무는 이 시기를 기준으로 해 복구 우선순위를 결정합니다. 업무처리의 절정은 부정기 또는 단속적으로 오는 경우 전체평균적인 업무량을 추정해 그 평균처리량에 대한 영향을 평가합니다.

> Q3 매월 업무처리량이나 필요에 따라 업무 중단에 의한 시기적인 영향이 가장 큰 달에 O표를 해 주세요(복수선택 가능).
>
> 1월 [　], 2월 [　], 3월 [　], 4월 [　], 5월 [　], 6월 [　],
> 7월 [　], 8월 [　], 9월 [　], 10월 [　], 11월 [　], 12월 [　]

집계와 의견

집계 포인트	응답에 'O'를 표시한 달에 대해 워크 시트에는 '1'을 입력해 전체적으로 집계해 각각의 월별로 총 업무 건수를 막대 그래프값으로 나타냅니다. 가장 영향이 큰 달에 주목합니다.
그래프·표	막대 그래프·영향이 가장 큰 달의 업무내역표
의견 포인트	한때 업무가 집중되거나 한 시기 작업량이 연간업적을 좌우하는 것은 그 시기에 복구 우선순위를 앞당기거나 고정적으로 복구 우선순위를 상위로 설정함을 검토합니다.

3. 월별 영향도

월별 영향도의 집계

중요 업무명	1월	2월	3월	4월	5월	……
원재료의 매입			1	1		
A제품의 제조			1	1		
품질검사					1	……
고객의 개척		1	1	1		
납품과 유지보수						
외상판매 회수						
경비처리	1	1		1		
급여 계산						
합계	1	2	3	4	1	……

월별 영향도 그래프

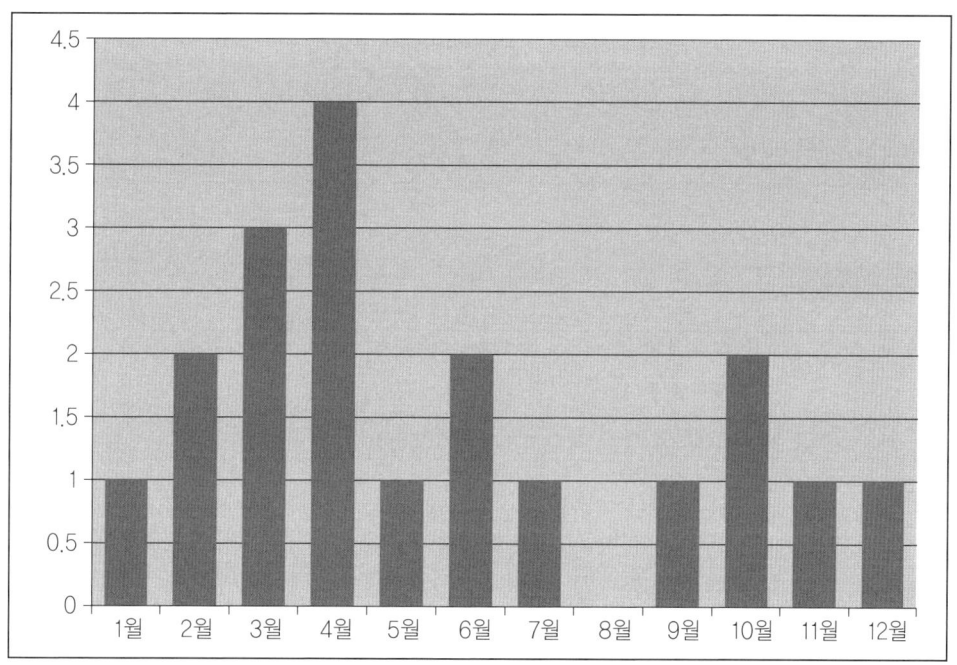

영향이 가장 큰 달의 업무내역

3월	원 재료의 매입, A 제품의 제조, 고객 개척
4월	원 재료의 매입, A 제품의 제조, 고객 개척, 경비 처리

부록 2 / 다각적인 영향도 지표

4. 인프라에 대한 의존도

목적 일상적으로 사용하는 기구나 업무 시스템 속에서 어떤 경영자원에 대한 의존도가 높은지 회사 전체적인 관점에서 조사합니다. 의존도가 높은 경영자원인 만큼 복구할 때 조달이나 기능 회복을 서두를 필요가 있다고 보는 측면도 필요합니다. 구미의 BCP는 종래보다 IT자원(정보 시스템이나 업무 애플리케이션)을 대상으로 업무의 복구 우선순위를 정하는 관습도 보입니다.

> **Q4** 다음의 업무 기구나 시스템에 대해 이 업무에 얼마나 의존하고 있습니까? 다음 중 선택해서 기입하십시오.
> (1=거의/ 전혀 사용하지 않는다 2=오랜만에/가끔 사용한다
> 3=자주 이용한다/업무에 불가결하다)
>
> 고정전화 [　], 휴대전화 [　], FAX [　], 이메일 [　],
> 인터넷　 [　], 인트라넷 [　], 업무 애플리케이션 A [　],
> 업무 애플리케이션 B [　], 업무 애플리케이션 C [　], 기타 (　)

집계와 의견

집계 포인트	경영자원별로 그 의존도를 평가하면, 워크 시트에 평가 값을 입력해 최하행에서 평가의 평균을 얻습니다. 막대 그래프를 사용해서 경영자원에 대한 의존도의 경향을 깊게 합니다.
그래프·표	막대 그래프
의견 포인트	반드시 평가의 낮은 경영자원이 "중요하지 않다"라는 의미는 아닙니다(그래프의 '업무 애플리케이션 B, C' 등). 이것들에 대해서는 다른 대체수단의 유무나 병목현상일지 아닐지의 판단도 참고하여 복구를 서둘러야 할 경영자원인가 아닌가를 결정할 필요가 있습니다.

4. 인프라에 대한 의존도

인프라에 대한 의존도의 집계

중요 업무명	고정전화	휴대전화	FAX	이메일	인터넷	…
원재료의 매입	3	2	3	2	1	2
A제품의 제조	3	1	1	2	1	2
품질검사	3	1	3	2	1	2
고객개척	3	3	3	3	2	2
납품과 유지보수	3	1	2	2	1	2
외상판매 회수	3	1	1	1	1	2
경비처리	3	1	2	1	1	2
급여 계산	3	1	1	1	1	2
평균	3	1	2	2	1	2

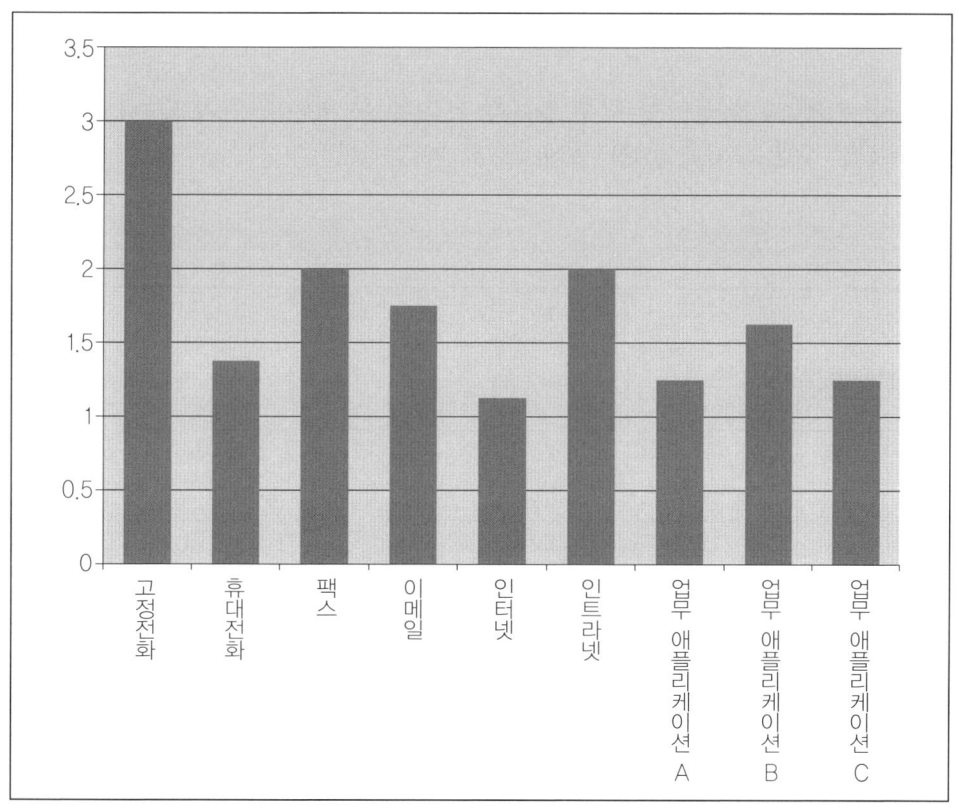

인프라에 대한 의존도 그래프

5. 인풋이 단절된 경우의 영향

목적 사내의 다른 부서 또는 외부(공급업자, 외주업자 등)로부터의 인풋, 즉 원재료·부품·제품·상품, 또는 데이터와 같은 업무의 수행에 필수적인 요소가 단절된 경우 얼마나 업무를 지속할 수 있는지를 평가합니다. '3'을 선택한 업무는 인풋에 병목현상(복구의 저해요인)이 포함될 수 있으므로 그 내용을 파악하는 것도 중요합니다.

Q5-1 업무상 가장 중요한 인풋이 단절된 경우, 이 업무는 어떤 영향을 받습니까? 다음 중 한 가지를 선택해 주세요.

1=생산성은 떨어지지만 수일~1주간은 어떻게든 업무를 계속할 수 있다.
2=생산성은 떨어지지만 1~수일은 어떻게든 업무를 계속할 수 있다.
3=바로 프로세스가 정지되고, 업무는 계속 불가능

Q5-2 위에 '3'을 응답한 경우 업무를 계속할 수 없는 원인이 되는 인풋(원재료·정보·서비스 등)을 구체적으로 써 주세요.
[   ]
[   ]

집계와 소견

집계 포인트	'인풋 단절의 영향도'의 예는 선택지의 평가 값을 입력. 표 아래에는 영향도의 레벨별로 업무건수내역이 표시되도록 계산식을 써둡니다.
그래프·표	원 그래프·병목현상의 내역표
의견 포인트	인풋이 단절되면 바로 업무가 정지되는 업무에는 병목현상이 포함됩니다. 이 인풋은 세심한 위험대책이 요구됩니다.

5. 인풋이 단절된 경우의 영향

인풋 단절 영향의 집계

No.	부서명	중요 업무명	인풋 단절의 영향
1	제조부	원재료의 매입	3
2	제조부	A제품의 제조	3
3	제조부	품질검사	3
4	영업부	고객개척	1
5	영업부	납품과 유지보수	1
6	경리부	외상판매 회수	1
7	경리부	경비처리	2
8	경리부	급여 계산	2
업무건수 내역 (건)		며칠~몇 주 간 가능	3
		1~며칠은 가능	2
		바로 업무정지	3

인풋 단절 영향의 그래프

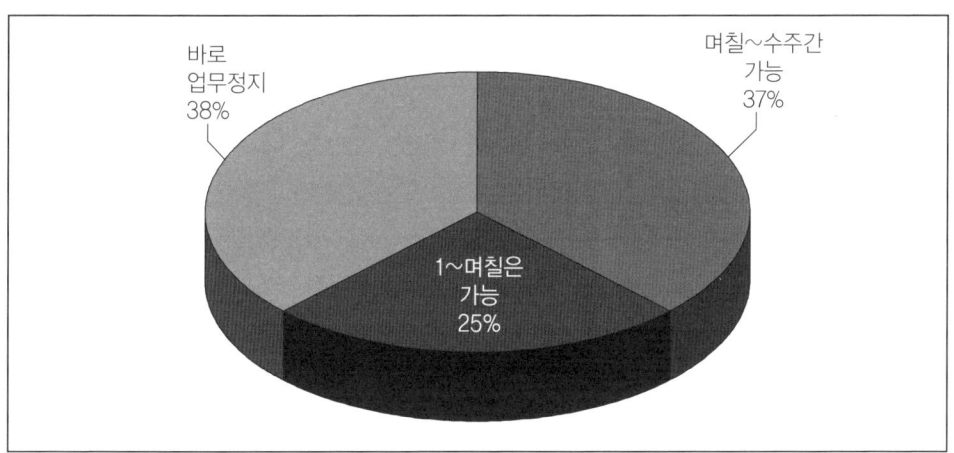

바로 업무정지 38%
며칠~수주간 가능 37%
1~며칠은 가능 25%

'바로 업무정지'를 선택한 업무의 내역과 병목현상

중요업무명	보틀넥
원재료의 매입	매입처 A사
A제품의 제조	원재료
품질검사	A제품 (완성품)

부록 2 / 다각적인 영향도 지표

6. 업무중단에 따른 아웃풋의 영향

목적 업무에 불가결한 경영자원이 사용 불능이 된 경우, 수작업이나 대체수단을 강구하여 어느 정도 공급이 계속되는가를 평가합니다. '3'의 "수작업과 대체수단이 없기 때문에 공급은 바로 정지"를 선택한 업무는 경영자원에 병목현상이 포함될 수 있기 때문에 아웃풋을 막는 요인을 특정해 두는 것도 중요합니다.

Q6-1 업무에 불가결한 경영자원이 사용되지 않는 경우, 가장 중요한 아웃풋에 어떤 영향이 있습니까? 한 가지 선택해 주세요.
  1=생산성은 떨어지지만 수작업이나 대체수단으로 며칠~1주간 공급 가능.
  2=생산성은 떨어지지만 수작업이나 대체수단으로 1~며칠은 공급 가능.
  3=수작업이나 대체수단이 없기 때문에 공급은 바로 정지된다.

Q6-2 위에 '3'을 답한 경우, 아웃풋을 막는 요인 (수작업과 대체수단이 없는 경영자원)을 구체적으로 써 주세요.
  [   ]

집계와 소견

집계 포인트	'아웃풋에 대한 영향'의 예에 선택지의 평가를 입력. 표 아래에는 영향도의 레벨별로 업무 건수 내역이 표시되도록 계산식을 써둡니다.
그래프·표	원 그래프·병목현상의 내역표
의견 포인트	업무가 중단되면 바로 공급이 정지되는 경영자원에는 병목현상이 포함됩니다. 이 경영자원은 세심한 위험대책이 요구됩니다.

6. 업무중단에 따른 아웃풋의 영향

업무중단에 따른 아웃풋의 영향 집계

No.	부서명	중요 업무명	아웃풋 단절의 영향
1	제조부	원재료의 매입	2
2	제조부	A제품의 제조	3
3	제조부	품질검사	2
4	영업부	고객개척	1
5	영업부	납품과 유지보수	1
6	경리부	외상판매 회수	1
7	경리부	경비처리	2
8	경리부	급여 계산	2
업무건수 내역 (건)		며칠~1주 간 가능	3
		1~며칠은 가능	4
		바로 업무정지	1

업무중단에 따른 아웃풋의 영향 그래프

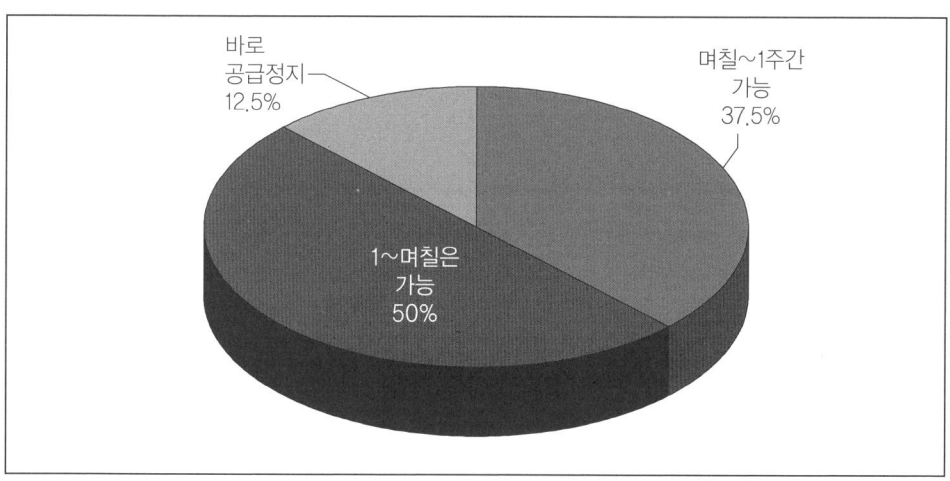

'바로 공급정지'를 선택한 업무내역과 병목현상

중요업무명	병목현상
A제품의 제조	제조장치

부록 2 / 다각적인 영향도 지표

7. 수동에 의한 업무 달성도

목적 PC나 자동제어처리장치의 사용이 불가능해졌을 때, 수작업이나 인해전술로 이 작업을 계속할 수 있을지 어떨지를 찾습니다. 업무 계속의 정도는 퍼센트로 표기합니다. 예를 들면, "30~50% 정도의 비율로 업무를 속행할 수 있다."라고 하는 경우, 통상 '100건/일'이라고 하면, 수작업으로는 30~50건/일로 처리된다는 것을 의미합니다. 이것은 업무의 복구 우선순위와 함께 계속대책 목표의 지표로 파악할 수 있습니다.

Q7 이 업무 시스템(PC 기타 기계장치)이 가동되지 않는 경우, 수동(수작업이나 인해전술)에 의한 업무의 속행은 1일당 어느 정도 가능합니까? (해당란에 O를 기재)

수동으로 업무속행은 불가능 ~10% 미만   [   ]
수동으로 업무속행은 10~30% 정도   [   ]
수동으로 업무속행은 30~50% 정도   [   ]
수동으로 업무속행은 50~70% 정도   [   ]
수동으로 업무속행은 70~100% 가능   [   ]

집계와 의견

집계 포인트	업무별로 'O'를 기재한 달을 전 업무적으로 그룹화해 각각의 달성 %에 속한 업무 건수를 원그래프로 해서 전체 업무의 경향을 봅니다.
그래프·표	원그래프와 '불가능~10% 미만'의 업무내역표
의견 포인트	업무의 속행이 '불가능~10% 미만'에 착안합니다. 이것에 해당하는 업무에는 병목현상이 포함되기 때문에 위험대책을 서두를 필요가 있다는 것을 강조합니다.

7. 수동에 의한 업무 달성도

수동에 의한 업무달성도 집계

중요 업무명	불가능~ 10% 미만	10~30% 정도	30~50% 정도	50~70% 정도	70~ 100% 가능
원재료의 매입					1
A제품의 제조	1				
품질검사		1			
고객개척					1
납품과 유지보수					1
외상판매 회수					1
경비처리			1		
급여 계산					1
집계	1	1	1	0	5

수동에 의한 업무달성도 그래프

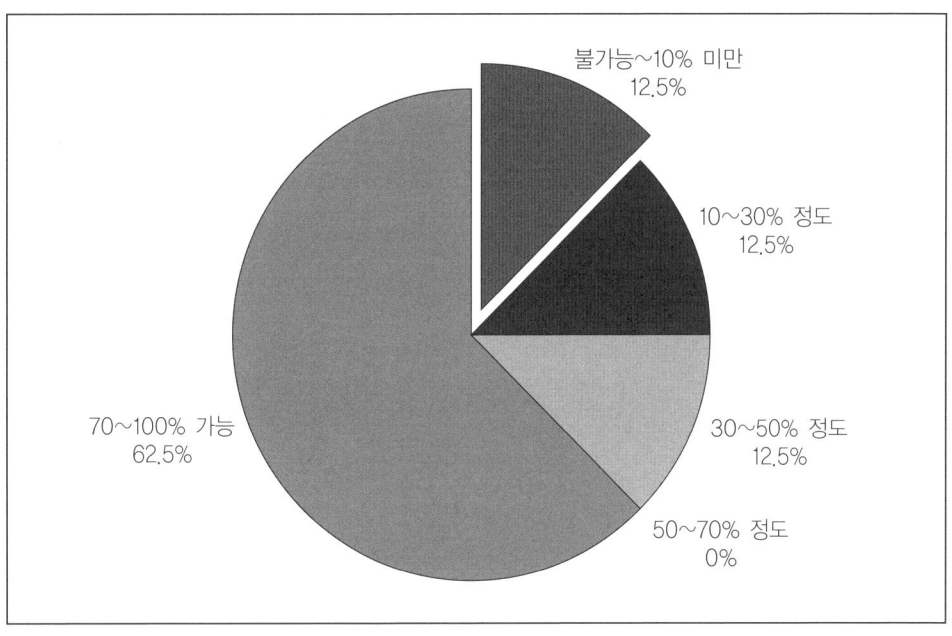

불가능~ 10% 미만의 업무 내역

- A제품의 제조

찾아보기

AAR · 155
After Action Report · · · · · · · · · · · · · · · 155
back to normal · · · · · · · · · · · · · · · · · · 113
BCM · 6,172
BCMS · 176
BCP · 4, 6
BCP발동의 판정 · · · · · · · · · · · · · · · · · · 112
BCP에 포함되지 않는 범위 · · · · · · · · 48
BIA 리포트 · 72
BIA · 56
Business Continuity Management · · · · 6,172
Business Continuity Management
  System · 176
Business Continuity Plan · · · · · · · · · · · · · 4
Business Continuity Strategy · · · · · · · · · 86
Business Impact Analysis · · · · · · · · · · · · 56
disaster · 43
exercise · 131
FEMA · 131
Good Practice Guidelines 2010 · · · · · · 132
ICS · 170
Incident Command System · · · · · · · · · · 170
ISO/TC 223 · 177
maximum tolerable period of downtime
  · 59
MBCO · 60
minimum business continuity
  objective · 60
MTPD · 59
nuclear technology review2011 · · · · · · · 12
organizational resilience · · · · · · · · · · · · 20
PDCA 사이클 · 174
recovery level objective · · · · · · · · · · · · · 60
Recovery Point Objective · · · · · · · · · · 225
recovery time objective · · · · · · · · · · · · · 59
resilience · 19

RLO · 60,95
RPO · 224
RTO · · · · · · · · · · · · · · · · · · · 59,87,95,224
scope · 44
SNS · 211
tabletop exercise · · · · · · · · · · · · · · · · · 131
Twitter · 211
UPS · 223

【ㄱ】
간이형 BCP · 33
개별 자원 · 80
개별 자원의 위험물 평가 · · · · · · · · · · · · 80
경영자 · 36
경영 자원 · 57
경영자의 약속 · · · · · · · · · · · · · · · · · · · 183
경영 전략 · 63
경험 위주 · 17
공급망 관리 · · · · · · · · · · · · · · · · · · 22, 231
공급자 · · · · · · · · · · · · · · · · · · · 45,179,231
공용 자원 · 80
공용 자원의 위험물 평가 · · · · · · · · · · · 83
관리자층 · 37
교육 프로그램 · · · · · · · · · · · · · · · · · · · 162
교육 · 162
국제규격 · 177
국제표준화기구 · · · · · · · · · · · · · · · · · · 177
귀가 곤란자 · 199
긴급 시 커뮤니케이션 · · · · · · · · · · · · · 217

【ㄴ】
내부감사 · 193
넓은 의미의 BCP · · · · · · · · · · · · · · · · · · 30

【ㄷ】
다기능공화 · 206

찾아보기

대책 본부 · · · · · · · · · · · · · · · · · · · 99,104,108
대책 본부의 설치 요건· · · · · · · · · · · · · · · · · ·101
대책 본부의 운영· ·104
대체 요원 리스트 ·205
대체 자원· ·116
데이터 센터 ·63,229
동일본대지진 · · · · · · · · · · · · · · · · ·230,234,247
드래프트 BIA 시트 ·65
드래프트 BIA ·64
디자인 담당자 ·139

(ㅁ)
매니지먼트 시스템 · · · · · · · · · · · · · · ·176,183
매니지먼트 평가 ·194
목표 복구 레벨 ·60
목표 복구 시간 · · · · · · · · · · · · · ·59,87,95,224
무정전전원장치 ·223
문서 체크 ·159
문서 관리 규칙 ·168
문서 관리 규정 ·123
물류 중계 기지 ·244
미국 연방 긴급사태관리청 · · · · · · · · · · · · ·131

(ㅂ)
발생하면 곤란한 일 ·81
발생 확률 ·77
방사능 오염 ·13
방사능 오염 재해 ·247
방재 매뉴얼 ·32,40
방재 수첩 ·120
유지 보수 ·166
보틀넥 자원 ·18
복구 레벨 ·95
부적합 ·194
블랙 스완 ·19
비용 대 효과 ·81,89
비용 전가 ·48

(ㅅ)
사건사태 대응계획 · · · · · · · · · · · · · · · · · · ·107
사건사태 ·101,107,189
사업 연속성 매니지먼트 시스템 · · · · · · · · ·176
사업 연속성 매니지먼트 · · · · · · · · · · · · ·6, 172
사업 연속성 계획 · · · · · · · · · · · · · · · · · · ·4, 124
사업 연속성 대응 ·31
사업 연속성의 조직 · · · · · · · · · · · · · · · · · · ·114
사업 연속성 전략 시트 (타입1) · · · · · · · · · · ·92
사업 연속성 전략 시트 (타입2) · · · · · · · · · · ·83
사업 연속성 전략 · · · · · · · · · · · · · ·86,113,188
사업선정 매트릭스 ·46
사업 영향도 분석 · · · · · · · · · · · · · · · · · ·56,187
사업의 이전 ·48
사이버 테러 ·12
사회안전보장 ·177
상세 BIA (패턴 1) 시트 · · · · · · · · · · · · · · · · ·67
상세 BIA (패턴 1) ·64
상세 BIA (패턴 2) 시트 · · · · · · · · · · · · · · · · ·69
상세 BIA (패턴 2) ·64
상정외 ·19
섀클턴 ·15
스코어링 방식 ·75,77
스태프 집합 리스트 · · · · · · · · · · · · · · · · · · ·206
시나리오 ·142
시정조치 ·194
신형 인플루엔자 · · · · · · · · · · · · · · ·12,53,245

(ㅇ)
업무플로 ·62
연속적 개선 ·195
연습 계획 시트 ·139
연습 시나리오 디자인 시트 · · · · · · · · · · · ·143
연습 ·131,158
연습 결과 보고서 ·155
연습의 연차 계획 ·157
영국 BCI ·132
영향도 ·77
예상치 못한 사태 ·26
오리엔테이션 ·134
오프사이트 ·228
우선순위 결정 ·57
운용 규정 ·123
원격지 ·228
위기관리홍보 ·217
위험값 ·78

찾아보기

위험 이동 ······················75
위험 회피 ······················74
위험대응 업무능력 ············10,15
위험 대책 ······················81
위험 분석 ······················75
위험 수용 ···················49,75
위험 저감 ······················75
의존처 ························57
이해관계자 ················3,44,182
인식 ························186
인증취득 ·····················177

최악의 상황 ····················17
취약성 ························78

(ㅋ)
카트리나 ······················53
커뮤니케이션 ·········127,137,186,217
커뮤니케이션 훈련 ·············145
콜드사이트 ···················229
크라이시스 커뮤니케이션 ········217
크로스 트레이닝 ···············206
클라우드 서비스 ···············229

(ㅈ)
자가발전설비 ·················223
자원 ·························186
자위소방조직 ···············32, 108
잔류 위험 ······················75
재택근무 ·····················223
재해 시 협정 ··················237
재해복구 ······················31
재해복구의 조직 ···············115
재해선정 ······················53
재해 상황 확인 ················112
재해용게시판 ·················211
적용범위 ···················27,44
정보기구 ·····················104
정성 평가 ·····················75
정전대책 ·····················221
조직도 ························61
조직의 회복탄력성 ··············20
좁은 의미의 BCP ···············32
중심 멤버 ····················103
중요한 활동 ·················57,62
지구 온난화 ····················11
진행자 ···················139,148

(ㅌ)
탁상연습 ·················131, 134
테스트 ·······················158
텔레워크 ·····················223
톱 다운 ·······················37
트리거 ·······················245
트리아지 ······················39

(ㅍ)
판데믹 ··················12,53,245
퍼포먼스 ·····················192
평가담당자 ···················139
프로젝트 ······················36
프로젝트 계획서 ················38

(ㅎ)
핫 사이트 ····················229
핫코다산 설중행군조난사건 ······15
해저드 맵 ·····················51
행동계획 ···················30,97
허브 기업 ·····················23
회복 탄력 공급 사슬 ············22
회복 탄력 ·····················19
회사기능의 유지 ···········106,117

(ㅊ)
참가자 앙케트 ················153
초동 대응 조직 ················108
초동 대응 ·················107,119
최고경영자 ················15,183
최대 허용 정지 시간 ············59

〈저자 약력〉

콘 마사카즈(昆 正和)

'사업 연속성' 연구가, BCP 책정지원(어드바이저), AMBCI(영국 BCI 인정회원), 방재사, 번역가. 1986년 도쿄도립대학 경영학부 졸업. 환경보전기기 메이커, 소프트웨어 개발회사에서 오랫동안 경영기획·마케팅 업무를 경험한 후, IT 및 기업정보계의 산업번역가로서 독립. 2001년 9·11테러로 BCP(Business Continuity Plan)이라는 위기관리수법이 기능한 사례에 흥미를 갖게 되어, 이후 디재스터리 커버리의 기술이나 사업 연속성 계획의 구축·운용방법, 위험관리의 방법에 대한 독자적인 조사·연구의 진행 중에 있다. 주로, 중소기업을 위한 BCP책정지원, 연수 세미나·강연의 실적 다수.

〈주요저서〉

「실천 BCP 책정 매뉴얼 -사업 연속성 매니지먼트의 기초」 (옴사)
「실천 BCM 운용·정착 매뉴얼-사업 연속성 매니지먼트 정착을 위한 실천 테크닉」 (옴사)
「어떤 회사에도 반드시 도움이 되는 당신이 만드는 쉬운 BCP 제2판」
(일간공업신문사) 기타 잡지 기고, 논문 다수.

- 이 책의 내용에 관한 질문은 옴사 개발부「실천 BCP 책정 매뉴얼 제2판」 담당자 앞, E-mail(kaihatu@ohmsha.co.jp) 또는 서신, FAX(03-3293-2825)로 부탁드립니다. 질문 받는 내용은 이 책에 소개한 내용에 한정됩니다. 그리고 전화로는 질문에 대답해 드릴 수 없는 점 다시 한번 양해 부탁합니다.
- 만일 이 책에 낙장이 있거나 손상된 부분이 있는 경우, 당사배송부담으로 교환해 드리겠습니다. 당사 판매관리과 담당자앞으로 보내주세요.
- 이 책의 일부 내용의 복사복제를 희망하시는 경우, 책 앞 '표제지' 뒷면을 참조해 주세요.
  JCOPY〈(사)출판자저작권관리기구 위탁출판물〉

부록 2 / 참고정보

참고문헌

- 内閣府中央防災会議『事業継続ガイドライン 第二版』
- 日本規格協会『ISO/FDIS 22301 最終規格案 英和対訳版』
- ジェトロバンコク事務所資料 PDF『タイ大洪水に関する被災企業アンケート調査結果の公表について』
- ナシーム・ニコラス・タレブ著／望月衛訳『ブラックスワン』ダイヤモンド社
- 新田次郎著『八甲田山死の彷徨』新潮文庫
- 「幸畑陸軍墓地 雪中行軍遭難資料館資料」
- アーネスト・シャクルトン著／木村義昌、谷口善也訳『エンデュアランス号漂流記』中公文庫 BIBLIO
- 大鹿靖明著『メルトダウン ドキュメント福島第一原発事故』講談社
- 昆正和著「大震災におけるBCPの意義と有効性」『ISOマネジメント』2011年6月号（日刊工業新聞社）
- 昆正和著『実践BCP策定マニュアル 事業継続マネジメントの基礎』オーム社
- 昆正和著『実践BCM運用・定着マニュアル 事業継続マネジメント定着のための実践テクニック』オーム社
- 昆正和著「事業継続計画のA to Z」『ISOマネジメント 2011年4月号』（日刊工業新聞社）
- 昆正和著「オフィスの防災対策と災害時の行動プラン」『企業実務』臨時増刊号2011年No.694（日本実業出版社）
- 昆正和著「中小企業におけるBCP策定のポイントと課題」『調査月報』2011年8月号（日本政策金融公庫総研）
- 昆正和著「震災後の日本企業のBCP 危機や災難に対処するための最終的なBCPは「組織力」」『オムニ・マネジメント』2012年4月号（一般社団法人日本経営協会）
- アルバート・ラズロ・バラバシ著／青木薫訳『新ネットワーク思考 世界のしくみを読み解く』NHK出版
- アマンダ・リプリー著／岡真知子訳『生き残る判断 生き残れない行動』光文社
- 資源エネルギー庁『夏期最大電力使用日の需要構造推計（東京電力管内）平成23年5月』
- マーク・ブキャナン著／水谷淳訳『歴史は「べき乗則」で動く 種の絶滅から戦争までを読み解く複雑系科学』ハヤカワ文庫NF
- デイヴィッド・オレル著／大田直子、鍛原多惠子、熊谷玲美、松井信彦訳『明日をどこまで計算できるか？ 「予測する科学」の歴史と可能性』早川書房
- ゲルト・ギーゲレンツァー著／吉田利子訳『リスク・リテラシーが身につく統計的思考法 初歩からベイズ推定まで』ハヤカワ文庫NF
- 福田充著『リスク・コミュニケーションとメディア 社会調査論的アプローチ』北樹出版
- 平川秀幸、土田昭司、土屋智子著『リスク・コミュニケーション論（シリーズ環境リスクマネジメント）』大阪大学出版会
- 田中正博著『実践危機管理広報』時事通信出版局

참고정보

- W. Timothy Coombs 『Ongoing Crisis Communication: Planning, Managing, and Responding(Third Edition)』 Sage Publications
- Pamela (Ferrante) Walaski 『Risk and Crisis Communications: Methods and Messages』 Wiley
- Regina Phelps 『Emergency Management Exercise』 Chandi Media
- IAEA 『Nuclear Technology Review 2011』
- World Economic Forum 『Global Risks 2012 Seventh Edition』
- Business Continuity Institute (BCI) 『A Management Guide to Implementing Global Good Practice in Business Continuity Management』 『Good Practice Guidelines 2010』 (BCI)
- British Standards Institution 『Business Continuity management-Part 1:Code of practice』, 『Business Continuity management – Part 2: Specification』
- Andrew Hiles 『The Definitive Handbook of Business Continuity Management』 John Wiley & Sons
- Susan Snedaker 『Business Continuity & Disaster Recovery for IT Professionals』 Syngress Media
- Michael Wallace, Lawrence Webber 『The Disaster Recovery Handbook: A Step-By-Step Plan to Ensure Business Continuity and Protect Vital Operations, Facilities, and Assets』 AMACOM Books
- Thomas L. Friedman 『The World Is Flat: A Brief History of the Twenty-first Century』 Picador
- Jared Diamond 『Collapse: How Societies Choose to Fail or Succeed』 Penguin
- Albert Gore 『An Inconvenient Truth: The Crisis of Global Warming』 Viking Children's Books
- Naomi Klein 『The Shock Doctrine: The Rise of Disaster Capitalism』 Picador

참고 웹사이트

- 名言集.com (http://www.meigensyu.com/)
- NASA's Hurricane Katrina Archive (http://www.nasa.gov/vision/earth/lookingatearth/h2005_katrina.html)
- Resilience (organizational), from Wikipedia, the free encyclopedia (http://en.wikipedia.org/wiki/Resilience_(organizational))
- IS-139 Exercise Design (EMI Home>Independent Study Program Home>Course Downloads) (http://training.fema.gov/emiweb/IS/is139lst.asp)
- Maximum Tolerable Outage Alphabet Soup (http://www.opscentre.com.au/blog/maximum-tolerable-outage-alphabet-soup/)
- London Resilience Team Business continuity (http://londonprepared.gov.uk/businesscontinuity/)
- Federal Emergency Management Agency(FEMA) (http://www.fema.gov/)
- Ready Business-US Department of Homeland Security (http://www.ready.gov/business/)
- Disaster Recovery Journal (http://www.drj.com/)
- Institute for Business & Home Safety (http://www.ibhs.org/)
- DRI International (http://www.drii.org/)
- Business Continuity Institute (BCI) (http://www.thebci.org/)
- Australian National Audit Office (ANAO) (http://www.anao.gov/au/)
- Canadian Centre for Emergency Preparedness (CCEP) (http://www.ccep.ca)

재난과 위기에서 빛나는
지속가능경영

2017. 3. 21. 1판 1쇄 인쇄
2017. 3. 27. 1판 1쇄 발행

지은이 | 콘 마사카즈(Masakazu Kon)
감역 | 김철
역자 | 김필호
펴낸이 | 이종춘
펴낸곳 | BM 주식회사 성안당
주소 | 04032 서울시 마포구 양화로 127 첨단빌딩 5층(출판기획 R&D 센터)
10881 경기도 파주시 문발로 112 출판문화정보산업단지(제작 및 물류)
전화 | 02) 3142-0036
031) 950-6300
팩스 | 031) 955-0510
등록 | 1973. 2. 1. 제406-2005-000046호
출판사 홈페이지 | www.cyber.co.kr
ISBN | 978-89-315-8026-6 (13320)
정가 | 25,000원

이 책을 만든 사람들
책임 | 최옥현
진행 | 김정인
본문 디자인 | 김인환
표지 디자인 | 박원석
홍보 | 박연주
국제부 | 이선민, 조혜란, 고운채, 김해영, 김필호
마케팅 | 구본철, 차정욱, 나진호, 이동후, 강호묵
제작 | 김유석

■ 도서 A/S 안내

성안당에서 발행하는 모든 도서는 저자와 출판사, 그리고 독자가 함께 만들어 나갑니다.
좋은 책을 펴내기 위해 많은 노력을 기울이고 있습니다. 혹시라도 내용상의 오류나 오탈자 등이 발견되면 "좋은 책은 나라의 보배"로서 우리 모두가 함께 만들어 간다는 마음으로 연락주시기 바랍니다. 수정 보완하여 더 나은 책이 되도록 최선을 다하겠습니다.
성안당은 늘 독자 여러분들의 소중한 의견을 기다리고 있습니다. 좋은 의견을 보내주시는 분에게는 성안당 쇼핑몰의 포인트(3,000포인트)를 적립해 드립니다.
잘못 만들어진 책이나 부록 등이 파손된 경우에는 교환해 드립니다.